Constanze Suhr (HG)

Der Platz

Geschichten um einen ehemaligen Todesstreifen in der Berliner Innenstadt

© Wolfgang Rausch, 1990, an der Mauer Bouchéstraße

Inhaltsverzeichnis

KAPITEL 4

KAPITEL 5

KAPITEL 6

KAPITEL 7

Einleitung

Ein entzaubertes Bild und die unvollendete Geschichte

© Horst Siegmann, Landesarchiv Berlin, 1961 an der Mauer Harzerstraße, Ecke Mengerzeile

Gedanken über Grenzen

Als ich noch – bis 2014 – ein kleines Archiv im Treptower Atelierhaus Mengerzeile im Pförtnerhäuschen hatte, saß ich oft vor dem Eingang und blickte über den Platz auf das viele Grün, das im Sommer tröstlichen Schatten spendete und uns von der tosenden Außenwelt, dem Verkehr auf der Harzer Straße, abgrenzte. Die Häuser dort gehörten bereits zum Bezirk Neukölln. Es war eine willkommene Grenze. Eines Tages, die Atelierhauskatze stromerte auf dem Vorplatz des Haupteingangs herum und checkte ihr Revier, kam eine Künstlerin aus dem Haus, setzte sich zu mir, folgte meinem Blick und sagte: „Irgendwie fühlt sich das hier an wie im Gallischen Dorf. Wie lange wird das wohl noch gutgehen?"

In der Tat tobte die Immobilienspekulation bereits im Norden Neuköllns, und täglich kamen KünstlerInnen vorbei und erkundigten sich nach einem freien Atelier, weil sie „da drüben" auf der Neuköllner Seite oder auch im anliegenden Kreuzberg nichts Bezahlbares mehr fanden. Unsere Vermieterin Carla Riedel, die Enkelin des Pianofabrikgründers, in dessen Gebäude wir arbeiteten, war damals bereits schwerkrank, aber ihre Tochter hatte mit uns einen weiteren Vertrag über drei Jahre abgeschlossen. Wir ahnten noch nichts vom Verkauf des Hauses an einen Investor nach dem Tod der alten Frau – oder besser gesagt: Wir hofften, es würde noch eine Weile „gutgehen".

Hier im ehemaligen Grenzgebiet zwischen Treptow und Neukölln, zwischen Ost und West, waren wir uns auch gewahr, wie unüberwindlich die sozialen Grenzen oft verlaufen. Trotz intensiver Bemühungen, das Atelierhaus selbst zu erwerben, kam dem KünstlerInnenverein letztendlich jemand zuvor, der über schneller abrufbare und weitaus höhere finanzielle Mittel verfügte. Die Künstlerinnen und Künstler haben sich – wieder mit enormem Aufwand – mit dem Investor inzwischen geeinigt, unter bestimmten Konditionen im Haus bleiben zu können.

Auf der „Hundewiese", dem Areal, das dem Erben Joachim Hildebrandt zustand, das er aber zu 25% des Verkehrswertes kaufen musste, wurde ebenfalls ein Deal getätigt. Die ehemalige Brache hatte er nach dem Erwerb an einen Investor verkauft, der dort eine Eigentumswohnanlage mit 276 Apartments und Lofts sowie 30 Tiefgaragen errichtet hat. Ist damit auf dem Platz eine neue, eine soziale Grenze entstanden?

Abgrenzungen gibt es auch noch immer aufgrund der unterschiedlichen Sozialisation in Ost und West, auch wenn die Mauer seit 30 Jahren nicht mehr als Bauwerk existiert. Für ältere Menschen ist es noch immer ein Thema, woher jemand kommt und ob derjenige die gleichen Erfahrungen teilt oder die Zeit der Trennung ganz anders erlebt hat. Wer fühlt sich durch eine Grenzziehung geschützt, wer fühlt sich ausgegrenzt? Und letztendlich ist die Erkenntnis wichtig, dass Grenzen nicht nur gezogen, sondern auch beseitigt werden können. Das haben uns zum Beispiel die Ereignisse 1989 in der DDR gezeigt.

Als 2015 das Schild des Grundstückserben Joachim Hildebrandt verschwand, auf dem er seine Empörung über das „Mauerunrecht", das „nicht zu Recht" werden dürfe, kundtat und das letztendlich aufgrund der Kontaktadresse darauf Investoren auf der Suche nach Bauland anlockte, als ein Bauzaun um das Grundstück gezogen wurde und die Bagger anrückten, da wusste ich, dass ich die Geschichte dieses ganz besonderen Platzes dokumentieren muss.

Das Konzept

Das Konzept der Publikation folgt der Logik eines virtuellen oder auch realen Rundgangs um das Grundstück mit diversen ZeitzeugInnen-Gesprächen, die ich – je nach Alter – unter anderem gefragt hatte: Wie war das vor dem Mauerbau in Berlin, als man an den durch die Stadt gezogenen Sektorengrenzen der Alliierten kontrolliert wurde? Wie fühlte es sich an, innerhalb von so gut wie unüberwindlichen Grenzen zu leben? Wie haben die jeweiligen Personen die Teilung, die Mauer, die Öffnung der Mauer wahrgenommen? Wer kennt die Geschichte dieses Platzes, wer hat sie miterlebt? Wer von denen, die heute hier wohnen, interessiert sich dafür? In den folgenden Kapiteln entsteht ein Netzwerk aus unterschiedlichen Schilderungen von Erlebnissen, Ansichten und Informationen, die nicht nur auf diesen speziellen Platz bezogen einen Eindruck der sozio-kulturellen und politischen Ereignisse der jüngeren Berliner Geschichte von der Nachkriegsära bis heute vermitteln.

Als ich mit dem Rundgang um den Platz begann, bei dem es um die vielen persönlichen Erfahrungen von AnwohnerInnen geht, wurde diese Geschichte unweigerlich zu einer sehr intimen Angelegenheit, nicht nur für die vielen ZeitzeugInnen, die im Gespräch so viel von sich preisgaben – und deshalb oft anonym bleiben wollen –, sondern auch für mich. Wenn mich heute jemand fragt, ob ich aus dem Osten oder dem Westen komme, sage ich immer: Beides. Geboren in Prenzlauer Berg (bzw. in der Charité!) und aufgewachsen in Wilmersdorf, zähle ich mich zur „Vormauer-Generation", die sozusagen beide Seelen in einer Brust beherbergt. Bei Bemerkungen wie „die Westler" oder die „Ostler" bekomme ich einen dicken Hals. Verallgemeinerungen bauen Barrieren auf und verhindern die Verständigung.

Die Aufbereitung des Rundgangs um den „Platz" erfolgt in Reportage-Form, ein wissenschaftlicher Anspruch konnte innerhalb dieses Projekt-Rahmens nicht erfüllt werden und wurde auch nicht angestrebt. Hiermit soll die Geschichte eines Kiezes als ein Teil von Berlin dokumentiert werden, der auch exemplarisch für die Entwicklung dieser Stadt steht. Dabei wurden viele Fragen aufgeworfen, die ohne Beantwortung bleiben, aber sicher Stoff für Diskussionen bieten, die innerhalb des Rahmenprogramms zum Projekt „Der Platz – Geschichten um einen ehemaligen Todesstreifen in der Berliner Innenstadt“ stattfinden können.

Die Idee

Die Szene mit den beiden Freundinnen, die sich im August 1961 über die Mauer an der Mengerzeile, Ecke Harzer Straße hinweg unterhalten, inzwischen weltberühmt und seit 2011 ins UNESCO-Register „Memory of the World“ aufgenommen, brachte mich zuerst auf die Idee, das Buch mit einem Zwiegespräch zwischen zwei Freundinnen aus Ost und West zu beginnen.

Anfangs sollte sogar die Suche nach diesen beiden jungen Frauen zum Projekt gehören, das wurde jedoch aufgrund der innerhalb dieses Rahmens zu aufwendigen Recherche aufgegeben. Das Museum Treptow-Köpenick, wo das Foto von Horst Siegmann seit vielen Jahren hängt – es existieren mehrere Aufnahmen dieser Szene, unter anderem eine, die im Stern abgebildet wurde, und eine Filmszene –, hatte dieselbe Idee und als Bezirksmuseum weitaus bessere Voraussetzungen für dieses Unterfangen – und auch Erfolg!

Im Juni 2019 trafen sich die beiden auf dem Foto abgebildeten Frauen, damals 15 Jahre alt, am selben Ort wieder zu einem Fototermin für die Medien. Das Bezirksamt Treptow-Köpenick hatte im Februar 2018 einen Aufruf gestartet und die Öffentlichkeit um Mithilfe bei der Suche nach den beiden Zeitzeuginnen gebeten. Auf einen Artikel in der Berliner Woche hin meldete sich wenige Wochen später Rosemarie Badaczewski, die auf dem Foto links zu sehen ist, beim Museum. Dann wurde auch die zweite Protagonistin dieser Szene, Kriemhild Meyer, anhand der Hinweise Rosemarie Badaczewskis in der Schweiz ausfindig gemacht. Auf Einladung des Museums Treptow reisten die beiden ehemaligen Schulfreundinnen, die sich 58 Jahre nicht gesehen hatten, nach Berlin.

Seit ich während meiner Recherchen zum Platz vor vielen Jahren auf dieses Foto gestoßen bin, hängt es bei mir im Arbeitszimmer an der Wand. Die Symbolkraft dieser Szene ist beeindruckend und fesselte mich immer wieder. Fast jeden treibt die Neugier beim Betrachten: Worüber reden die beiden? Was macht dieser offensichtlich sehr junge Grenzer da an der Seite mit einer Blume in der Hand? Warum hindert er die beiden nicht am Gespräch? Haben sie sich jemals wiedergesehen, blieben sie in Kontakt? Wie verlief ihr weiteres Leben?

Auch wenn die Geschichte dahinter nicht weniger dramatisch ist als das, was die Imagination daraus macht – Kriemhild Meyer war bereits Anfang der 1950er Jahre aus dem Osten nach Neukölln übergesiedelt, Rosemarie Badaczewski kurz nach dem Gespräch, bei dem es um ihre Flucht ging, mit der Mutter aus dem

Hochparterre-Fenster zur Harzer Straße in den Westen gesprungen –, so ist das Aufdecken der realen Hintergründe auch eine gewisse Entzauberung des Bildes, das bisher so viele mögliche Geschichten erzählte.

Die unvollendete Geschichte

In diesem Buch zum 30. Jubiläum der Maueröffnung, in dem ich, unterstützt von fünf jungen AutorInnen, die Historie des Platzes zwischen Harzer Straße, Mengerzeile und Bouchéstraße erzähle, geht es auch noch immer um Ost-West-Beziehungen – nach fast 45 Jahren der Trennung und zwei so unterschiedlichen Entwicklungen der beiden deutschen Staaten verständlich –, aber auch in hohem Maß um die Hinterfragung des Systems, in dem wir heute leben. Für einige bedeutet die Enttäuschung, nach der Wiedervereinigung nicht „zum Zuge" gekommen zu sein, sich von der Sehnsucht nach dem Vergangenen verführen zu lassen. Andere, die vor allem mit dem Hintergrund des brisanten Themas Mietsteigerung feststellen, dass die „Trickle-down-Theorie" nicht funktioniert und der Turbo-Kapitalismus nicht nur die Zerstörung unserer Umwelt zur Folge hat, sondern die Schere zwischen Arm und Reich unerträglich spannt, wollen zu radikaleren Methoden wie „Deutsche Wohnen enteignen" greifen. Das Thema der Vergesellschaftung – die es nicht nur in der DDR, sondern auch in der Bundesrepublik gegeben hat – ist ein heiß umstrittenes Feld und gehört letztendlich zu der Frage, wie wir in Zukunft überhaupt leben wollen und können.

ZeitzeugInnenberichte sind wichtige, unerlässliche Säulen für das Aufzeichnen von Geschichte. Auch wenn wir alle wissen, dass unser Gedächtnis nicht immer die „Wahrheit" sagt, sondern sich gern von Überflüssigem beziehungsweise Unangenehmem befreit, damit sich unsere Lebensgestaltung schließlich als logisches Gebilde darstellt. Aber aus allen Widersprüchen wiederum kann ein Geflecht von Hergängen zusammengestellt werden, das sich beim Lesen dieses Buches hoffentlich dann am Schluss zu einem Bild zusammenfügt.

Das zuvor angedachte Zwiegespräch zweier Freundinnen aus Ost und West erwies sich als nicht für einen direkten Vergleich nützlich. Dafür gab es einfach zu viele unterschiedliche Lebensentwürfe im Westen wie im Osten. Die Psychologen Hans-Joachim Maaz (Ost) und Michael Lukas Moeller (West) haben kurz nach der Wende, 1991, ein ganzes Buch mit ihrem Zwiegespräch gefüllt („Die Einheit beginnt zu zweit. Ein deutsch-deutsches Zwiegespräch") und konnten trotzdem nur wenige Aspekte thematisieren. Marcus Decker bat 2015 dreißig Menschen aus Ost und West zu einem Zwiegespräch („Was ich dir immer schon mal sagen wollte. Ost-West-Gespräche") und hat von den vielen Themen, die sich anbieten, nur einige herausgreifen können. Auch Petra Köppings „Streitschrift für den Osten", „Integriert doch erst mal uns!" von 2018 ist so etwas wie eine Aufforderung zum Zwiegespräch, gingen doch die Beschwerden und Kritiken an die im Titel Angesprochenen im Westen, die noch unerwidert ist. Bis heute scheint der Versuch der Verständigung eine unendliche Geschichte zu sein, es herrschen nach wie vor Missverständnisse und Vorurteile und vor allem diese Kategorisierung Ost und West.

Obwohl ich Verallgemeinerungen sehr skeptisch betrachte, sind mir doch einige Mechanismen aufgefallen, die westlich beziehungsweise östlich Sozialisierten zugeordnet werden können – noch. Das oben angeführte Zwiegespräch der beiden Psychologen Hans-Joachim Maaz und Michael Lukas Moeller liest sich da fast exemplarisch. In der Eröffnung des Gesprächs, die beiden waren nicht befreundet, sondern hatten sich erst im Laufe dieses Projekts kennengelernt, schildert Maaz sehr offen seine Verwirrung nach der Wende:

„Obwohl ich mich in dem damaligen System oft nicht wohl fühlte und innerlich dagegen rebellierte, obwohl ich mitunter verzweifelt, empört oder hasserfüllt war, wusste ich doch immer genau: Hier lebe ich, hier habe ich meinen Platz, hier habe ich meine Bedeutung – und hier habe ich auch meine Möglichkeiten, mich unangenehmen Dingen zu entziehen. Ich empfand in den repressiven Strukturen der DDR eigenartigerweise immer ein Sicherheitsgefühl und hatte mich ganz gut eingerichtet: ich lebte so, als würde das Ganze ewig so weitergehen. Manchmal hat mich das zwar deprimiert, aber es hat mir auch Geborgenheit gegeben. Das alles ist jetzt verlorengegangen. Ich weiß nicht, wo mein Platz ist, was meine Aufgabe ist, wie ich mich in den neuen Verhältnissen einrichten soll. Meine bisherige Identität ist in Frage gestellt, und gleichzeitig tut sich eine Fülle neuer Möglichkeiten auf, die mich begeistern oder ängstigen. Noch völlig unklar ist mir, wie ich mich in Zukunft unangenehmen Ansprüchen der neuen Macht entziehen kann. Wie kann ich den neuen repressiven Strukturen, der Bürokratie, dem Konkurrenzkampf, den neuen Lippenbekenntnissen, dem verwirrenden Terror der Überangebote halbwegs entkommen.“ (Maaz/Moeller S.18)

Da öffnet sich jemand, zeigt seine Verletzlichkeit, und sein Gegenüber stößt in diese Schwachstelle, ohne von sich selbst etwas preiszugeben, außer dass er sich in gewisser Weise überlegen fühlt. Ein typisches Konkurrenzverhalten, jahrelang im Kampf um einen Platz in der freien Marktwirtschaft trainiert …

Moeller: (…) „Mich überkam zuerst ein Gefühl von Fremdartigkeit und Interessiertheit, so wie in einer spannenden, anderen Welt. Doch während ich in dem Zug [von Leipzig nach Halle] saß, eine dreiviertel Stunde durch den Abend fuhr und draußen die Häuser sah, überkam mich ein Gefühl tiefer Traurigkeit. Früher hatte ich immer ein Stück Abwehr der DDR gegenüber. Da waren zu viele unangenehme Erlebnisse mit den Kontrolleuren, mit dieser Zwanghaftigkeit, die mich belästigte. Ich lebte in der Vorstellung, jeder müsse sich diesem Regime gegenüber unheimlich korrekt verhalten, und wenn man abweiche, habe man gleich eine schlimme Strafe zu gewärtigen. (…) Zum anderen wurde mir bewusst, was das für eine ungeheure Zeitspanne ist, diese vierzig, fünfzig Jahre an ungelebtem Leben! Was ist da alles versäumt worden, unterdrückt worden und nicht zum Leben gekommen?" (Maaz/ Moeller S.19/20)

Jetzt erwacht der zuerst vertrauensvolle Gesprächspartner Maaz und geht auf Verteidigungskurs, führt selbst einen Stich aus: „Ich spüre Unmut und Ärger, wenn ich mir sagen lassen muss: ‚Warum habt ihr nicht dafür gesorgt, dass es hier ordentlicher und sauberer ist, dass hier bessere Verhältnisse sind?' In gewisser Weise ist eine solche Anklage berechtigt, andererseits aber auch ungerecht, weil es sehr schwer war, etwas zu verändern. Eigene Initiativen sind immer wieder gebremst worden oder haben sich an den Widerständen einfach wundgelaufen. Oder sie wurden als eigensinnig oder sogar als subversiv diffamiert, wenn sie von der ‚Parteilinie' oder auch nur von der Gewohnheit abwichen. Irgendwann haben wir uns dann dem Trott überlassen und den Verfall gar nicht mehr richtig wahrgenommen. (…) Verkörpern wir Ossis vielleicht nur die unbewusste Schattenseite der West-Bürger, die auf diese Weise ihre eigene seelische Armut, den inneren Verfall gar nicht mehr spüren mussten? Ich habe übrigens an dem Verfall bei uns nicht nur gelitten, er hatte auch etwas Anheimelndes. Denn das Leben ist für mich nicht nur Erfolg und Sauberkeit, und jedes Zuhause hat nicht nur eine gute Stube, sondern auch ein Kellerloch." (Maaz/ Moeller S.21/22)

Im Gespräch begann schließlich jeder seine Lebensweise zu verteidigen, auf intelligente Weise, psychologisch geschult, und man „einigte" sich letztendlich darauf, dass es in beiden Systemen Vor- und Nachteile und Negatives gab. Beide billigten dem Gegenüber ein gewisses Terrain zu, auf dem er „besser ist", und das alles geschieht wieder im Rahmen von Verallgemeinerungen. Es kommen wieder Wendungen wie „wir" und „ihr" ins Gespräch. Doch beide, Ost wie West, kommen zu dem Schluss, dass sie nicht so leben konnten oder können, wie sie es „im Innern" wollen.

„Welche Vorstellungen hast du von dem gesellschaftlichen System, in dem du gern leben möchtest?" lautete eine meiner Fragen an die ZeitzeugInnen. Die Antwort darauf zu finden ist nicht so einfach

Constanze Suhr, August 2019

Kapitel 1

Fischer, Fischer, wie tief ist das Wasser?
30 Jahre nach Maueröffnung -
Zwiegespräche, Grenzgänge
und Erneuerungsversuche

Besuch auf dem Domfriedhof in Mitte

Der alte Mann auf dem Friedhof an der Liesenstraße im Wedding bückt sich nach einem achtlos weggeworfenen Plastikteller auf dem vom Regen noch feuchten Boden. Dabei blitzen seine goldene Uhr am Handgelenk und die Ringe an den Fingern, die er meiner Freundin Ulrike und mir nachher stolz zeigt, während er bedauert, keine Tochter zu haben, der er seinen Schmuck vererben kann. Er sei hier öfter, um das Grab seines Sohnes zu besuchen, erzählt er. Auch seine Frau hatte hier lange Zeit ihre letzte Ruhestätte. Dann ließ er sie aber in die alte Heimat am Rande Berlins bringen. Fünfzig Jahre hat er hier gewohnt, sagt er und zeigt auf das Hochhaus, das hinter den S-Bahn-Gleisen und dem dominant aufragenden Geländer der Liesenbrücke zu sehen ist. „Die Grenzer haben uns immer in die Fenster geleuchtet", erinnert er sich, und dann die kläffenden Wachhunde auf dem Grenzstreifen. Alles, was sich an Gräbern und Grün dort noch befunden hatte, war im Zuge des Ausbaus der Grenzanlage dem Erdboden gleich gemacht worden. Seit 1961 war der Haupteingang verschlossen.

Nachdem wir durch das große Tor gekommen waren, hatten wir zuerst eine weiträumige Wiese überquert – der ehemalige Todesstreifen, auf dem sich vor dem Mauerbau die alten Gräber befunden hatten –, bis wir das sieben Meter hohe goldene Kreuz erreichten. Es ist das alte Kuppelkreuz des Berliner Doms, das 2006 wegen Rostschäden vom Dach der Kirche entfernt worden war und nun auf der Friedhofsbrache mit einer Gedenktafel für die ehemals hier Bestatteten und die Mauertoten thront. Die steinernen Torengel von Josef Limburg auf beiden Seiten des Weges zur St. Annen-Kapelle bekommen seit der Maueröffnung nach und nach wieder neue Gräber, die sie bewachen können.

Der Zugang zu den Friedhöfen St. Hedwig und Französische Domgemeinde – ursprünglich von der Liesenstraße – war nach dem 13. August 1961 nur für DDR-BürgerInnen von der Rückseite durch eine Wohnanlage an der Wöhlert–straße in Mitte möglich, und das nur mit einer Grabkarte und Sondergenehmigung. Ulrike hatte aber keine Grabkarte, und wir rätseln auf unserem Rundgang, wie sie überhaupt aufs Friedhofsgelände gekommen ist, das ja Sperrzone war. Meine Freundin, aufgewachsen in der DDR, hatte in den 1970er Jahren hier ein aufschreckendes „Mauererlebnis", und wir versuchen, ihren Weg von damals noch einmal zu rekonstruieren.

„Als ich damals hier spazieren ging, herrschte eine fast mystische Stimmung", erinnert sie sich. „Leichter Regen, grau, eine wunderschöne Engelstatue, ich sinnierte vor mich hin. Und plötzlich kam so ein scharfer Pfiff von der Seite. Mitten auf dem Friedhof. Das passte einfach nicht zusammen. Ich sah hoch, und da stand ein Grenzer auf einem Wachturm. Das war so ein Schock, dieser Friedhof mit den alten steinernen Engeln, außer mir kein Mensch, Nieselregen, stimmungsvolle Ruhe und plötzlich – Mauer. Grenze. Ordinärer Pfiff. Das war eins der seltenen Male, wo ich das Gefühl von Mauer hatte, sonst habe ich die fast nie gespürt. Weil ich sie auch verdrängt habe."

© CSuhr, Domfriedhöfe 2019, Mauernarbe an der Liesenstraße

Ulrike und ich haben uns Anfang der 2000er Jahre beim Spanisch-Kurs kennengelernt. Ost-West war kein Thema. Mir fiel nur auf, dass sie sehr ungezwungen berlinerte. Im Westen war das ja verpönt, wenn man aufs Gymnasium ging und studierte. Im Osten wurde durch alle Zünfte Berliner Dialekt gesprochen. Und es glaubt mir heute niemand, dass ich bis in die 1970er Jahre unterscheiden konnte, ob jemand aus Kreuzberg oder dem Wedding kam. Und auch die Ostberliner hatten eine eigene Art zu berlinern. Später hatte sich das natürlich größtenteils vermischt, zumal dann auch noch die neuen Versionen der berlinernden Zugezogenen und türkischstämmigen Berliner kamen, die ihre eigene Note einbrachten.

„Mauerbegegnungen"

„Das erste einschneidende Erlebnis hatte ich, als ich so um 1968 herum in Potsdam zur Schule ging", erinnert sich Ulrike an ihre „Mauerbegegnungen". „Potsdam war ja ziemlich nahe an der Grenze, und wir sind oft mit dem Zug nach Drewitz, heute Medienstadt Babelsberg, gefahren. Da standen auf den Gleisen zwei Grenzer, das Bild werde ich nie vergessen. Das hat mich in der Pubertät sehr beeindruckt. Dann kam die Lautsprecheransage: Alle aussteigen, dieser Zug endet hier. Die Gleise gingen ja offensichtlich noch viel weiter, aber dort standen diese beiden Grenzer. Das Gefühl der Unendlichkeit dahinter und gleichzeitig die Ansage, hier ist Schluss, da habe ich das zum ersten Mal ganz schockartig empfunden."

© PSB, Domfriedhöfe an der Liesenstraße, 1966

Während wir über das Friedhofsgelände laufen, auf dem noch so viele Spuren der Mauer und Sperrzonenanlage zu finden sind, versuchen wir uns zu erinnern, wie wir den Bau der Mauer erlebt oder wahrgenommen hatten.

„Im August 1961, als die Mauer gebaut wurde, ging ich noch mit meinem Zwillingsbruder zusammen in die dritte Klasse", erzählt Ulrike, Jahrgang 1952. „Da wurden wir im Unterricht gefragt: Warum ist die Mauer gebaut worden? Wir waren ja von zu Hause schon getrimmt, dass wir in der Schule vom antifaschistischen Schutzwall reden sollen, obwohl wir ja wussten, die Mauer sollte verhindern, dass noch mehr Leute fliehen. Und ich gab wie so oft die falsche Antwort. Ich sagte: Na, weil so viele abgehauen sind. Und mein Bruder, der neben mir saß, fasste sich an den Kopf. Ich habe das nie kapiert, bis heute gebe ich noch oft aus Ungeschicklichkeit die falschen Antworten. Aber es war tatsächlich so, dass aus unserem Ort viele Leute weggegangen sind. Unter anderem unsere Ärztin. Das war eine richtige Katastrophe. Wir waren ja fünf Kinder und bekamen die typischen Kinderkrankheiten. Die hatte auch manchmal nachts Hausbesuche gemacht. Meine Schwester hatte oft so einen schrecklichen Husten und ist einmal fast erstickt. Und eines Nachts war die Ärztin weg, da konntest du niemanden mehr rufen, es war kein Arzt mehr da. So war das."

Ich, ebenfalls Jahrgang 1952, erinnere mich, dass ich am Tag des Mauerbaus in Crailsheim im Nordosten Baden-Württembergs war. Wir Berliner Kinder wurden oft in den Sommerferien „verschickt", wenn's im Elternhaus nicht für einen Urlaub reichte. Davor war ich bei einer Familie in Bielefeld, die sich immer amüsiert hatte, wenn ich eine „Schrippe", eine „Stulle" oder „Mülch" wollte. Jedenfalls weiß ich noch, dass wir am 13. August 1961 in dem Kinderferienheim gerade beim Essen saßen, als die Betreuerinnen uns von den Ereignissen berichteten. Unter uns war auch ein Mädchen aus dem Osten, das hat fürchterlich geweint aus Angst, nicht mehr nach Hause zu kommen. Ich hatte damals mit meinen neun Jahren gar nicht richtig kapiert, welche Konsequenzen das nach sich ziehen würde, und darauf vertraut, wieder dahin zurückgeschickt zu werden, woher ich gekommen war.

Genauso wenig verstanden hatte ich als Kind die Auswüchse des Kalten Kriegs in der Schule. Wir kamen aus Prenzlauer Berg, meine Eltern sind 1955 in den Westen übergesiedelt. Das ging relativ glimpflich über die Bühne, weil mein Vater einen Job im Westen hatte und von einem Arbeitskollegen die Wohnung übernehmen konnte. Es gab aber noch Verwandte im Osten, und ich hatte meine Großmutter oft in Friedrichshain besucht. Die kaufte immer das Neue Deutschland. Wir sollten dann in der Grundschule in Wilmersdorf für den Geschichtsunterricht, das war kurz vor Mauerbau, Zeitungsartikel über ein bestimmtes Thema sammeln. Ich hatte etwas aus dem Berliner Telegraph ausgeschnitten, aus dem Tagesspiegel und auch aus dem Neuen Deutschland. Daraufhin wurde ich von der Lehrerin wegen „Ostpropaganda" zum Direktor eskortiert. Ich weiß heute nicht mehr, welche Konsequenzen das gehabt hatte, in meinen alten Zeugnissen standen zwar Tadel und Verweise, aber das gab es jedes Jahr, weil ich nie den Mund halten konnte. Ich weiß also nicht, ob ich deshalb einen Tadel bekommen hatte oder der Direktor einfach abgewinkt und die übereifrige Lehrerin hatte abblitzen lassen.

Zeiten des Kalten Kriegs

Beim Lesen des Buches „Reichstrümmerstadt“ von Sylvia Conradt und Kirsten Heckmann-Jantz über das Nachkriegsleben in Berlin, erschienen 1987, also in Unwissenheit der bald folgenden Wiedervereinigung geschrieben, erstaunt und entsetzte mich die Tatsache, wie sich im Laufe der immer feindlicher und aggressiver werdenden Beziehung zwischen den Westalliierten und der Sowjetunion nach 1945 bereits in den 1950er Jahren in der Bevölkerung Deutschlands ein so tiefer Riss bemerkbar machte, so viel gegenseitiger Hass und Intoleranz herrschte. Peter Schneider beschreibt das sehr gut in seinem Buch „Der Mauerspringer“ von 1982. Schneider selbst ein regelmäßiger Besucher Ostberlins, wo er Kontakt zur Literaturszene der anderen Berliner Hälfte suchte, stellte fest: „Daß es gelungen war, in einem Volk, an dessen Wesen einmal die Welt genesen sollte, innerhalb von dreißig Jahren zwei entgegengesetzte Gesellschaftssysteme zu etablieren, war vielleicht schon erstaunlich genug. Erstaunlicher war, in welchem Maß dieser äußere Gegensatz in das Verhalten und in die Reflexe jedes einzelnen eingedrungen war.“ („Der Mauerspringer“, S.14-15)

Aber nicht nur Hass und Vorurteile hatten sich entwickelt, auch die verrückte Situation in Berlin mit den vier Sektorengrenzen, die man in der Stadt noch relativ einfach überqueren konnte, trieb nach der Währungsreform 1948 die seltsamsten Blüten. Nach der Reichsmark wurde die sogenannte „Kuponmark“ von den sowjetischen Besatzern in Berlin eingeführt, dann in Westberlin die D-Mark und im Osten der Stadt die „Aluchips“. Anfang der 1950er Jahre gingen in Westberlin über 300.000 Menschen stempeln, deshalb war für viele der günstige Einkauf im Osten der Stadt eine Rettung. Bei einem Umtauschkurs von 1:5 bis 1:7 Westmark für Ostmark konnte man sich „drüben“ äußerst günstig die Haare schneiden oder die Schuhe besohlen lassen, und am Potsdamer Platz gab es Lebensmittel und Haushaltsgegenstände auf dem Schwarzmarkt.

Ein ehemaliger Bewohner von Alt-Treptow, mit dem ich sprach, Jahrgang 1939, konnte sich noch gut an diesen grenzüberschreitenden Einkaufswahnsinn erinnern: „In den ersten Jahren der DDR-Zeit gab es am Potsdamer Platz ein großes Transparent: Der kluge Berliner kauft bei der HO“, erzählt Manfred Andersson. „Von der Westberliner Polizei wurde da natürlich sehr viel kontrolliert. Aber unsere Genossen hatten sich verrechnet, weil der Ansturm so groß war, dass sie gar nicht mehr liefern konnten. Und 1952 war dann Schluss. Ich kann mich erinnern, in unserem Haus in der Graetzstraße, heute Karl-Kunger-Straße, gab es den Fischladen Henschel, der musste dann später auch raus, das wurde ein HO. Was es in diesen Jahren um 1950 da für Fische gab, das kann man sich nicht vorstellen. Die habe ich später nie wieder gesehen. Das ganze Schaufenster war vollgepackt. Erstaunlich.“

Für die Westberliner Geschäfte war der Osteinkauf ein Desaster. 1951 zogen Kreuzberger Bäckermeister, Gesellen und Lehrlinge durch die Straßen und protestierten gegen „Herrn Schimpf und Frau Schande", die im Westen Geld verdienten und im Osten einkauften. Westberliner Unternehmen, die Firmen und Dienstleistungen aus dem Osten beauftragten oder billige Arbeitskräfte aus der DDR einstellten, machten sich so die zwei unterschiedlichen Währungen zunutze. Im Tagesspiegel aus Westberlin stand am 17. Januar 1952:

Weil in der Öffentlichkeit immer noch Unklarheit darüber besteht, ob Einkäufe im Ostwährungsgebiet erlaubt sind oder nicht, teilt der Senat mit, daß nach den geltenden Bestimmungen jede Art von Einkauf, auch in kleinsten Mengen, im Währungsgebiet der Ostmark durch Einwohner von Westberlin nicht statthaft und unter Strafe gestellt ist. Durch die Interzonenhandelsverordnung vom 18. Juli 1951 und die dazu ergangene Durchführungsverordnung wurde lediglich eine Ausnahme in dieser generellen Regelung gestattet. Sie betrifft Grenzgänger und Lohnumtauschberechtigte, also Personen, die in Westberlin wohnen und im Gebiet der Ostmark arbeiten, die unter ganz bestimmten Voraussetzungen Waren des lebensnotwendigen Bedarfs, welche ohne Zuhilfenahme von Fahrzeugen transportiert werden können, nach Westberlin mitnehmen dürfen. Anderen Personen, auch Erwerbslosen, ist das nicht erlaubt.

Arbeitslose im Westteil Berlins konnten es sich jedoch nicht leisten, die Verbote zu beachten, wenn es ums Überleben ging. „Meine Eltern, die im Ostteil wohnten, haben uns geholfen", erzählt eine Zeitzeugin den Autorinnen von „Berlin halb und halb" (S.95). „Mal brachten sie uns Brot, mal ein Stück Fleisch. Ich bin auch selber rübergefahren und habe dort eingekauft. Dabei hatte ich immer Angst, vom Westzoll erwischt zu werden. Einmal habe ich mir das gefrorene Fleisch, das ich drüben billig erstanden hatte, um den Bauch gebunden. Es war eisig, ich konnte es kaum aushalten." Sobald sie im Westen war, hatte sich die Frau im nächstbesten Hausflur davon befreit. Ihre Freundin nähte ihr daraufhin einen Faltenrock mit tiefen Taschen für die folgenden Einkäufe.

Mit einer selbst genähten Trageweste ausgerüstet, transportierte eine Frau aus Karow 56 Hühnereier in den Westen. Nachdem sie bei einer Kontrolle auf dem S-Bahnhof Schönhauser Allee erwischt worden war, erschien ihr Foto mit Angabe des vollständigen Namens in der in Ostberlin erschienenen Berliner Zeitung vom 12.10.1955, die „Schieberin" wurde öffentlich an den Pranger gestellt.

Die Parole vom klugen Berliner, der bei der HO einkauft, wurde also schnell wieder fallen gelassen, weil die GrenzgängerInnen aus dem Westen den OstberlinerInnen die Läden leer gekauft hatten. Und die DDR-Regierung ging unter anderem mit der „Verordnung zur Verhinderung der Spekulation mit Lebensmitteln und Industriewaren" vom November 1952 ihrerseits gegen Einkäufe von WestberlinerInnen im Osten vor. Durch die Eingliederung Westberlins in das Finanzsystem der Bundesrepublik Deutschland im Sommer 1952 wurde für den Berliner Haushalt erstmals eine feste Grundlage dafür geschaffen, dass die „Selbstständige Einheit Westberlin" nun am Finanzausgleich der Länderhaushalte teilnehmen und durch weitere Bundeszuschüsse langsam am wirtschaftlichen Aufschwung Westdeutschlands teilhaben konnte.

Wer im Osten arbeitete und wohnte, gönnte sich aber auch gern mal etwas aus dem Westen. Hannelore Schulz aus Prenzlauer Berg, Jahrgang 1934, erinnert sich noch an diesen wunderbaren Luxus, den sie von ihrem kargen Lohn als Friseurin bezahlt hatte. „Manchmal bin ich über die Oberbaumbrücke nach Kreuzberg. Da waren so tolle Läden, und ich habe mir ab und zu ein kleines Fläschchen Parfüm gekauft. Das hat eine Mark West gekostet, ich habe, je nach Kurs, so um die fünf Mark Ost bezahlt." Aber es gab natürlich auch die GrenzgängerInnen mit Wohnung im Osten und Arbeitsstelle im Westen, genauso wie WestberlinerInnen, die eine Arbeit im Ostteil der Stadt hatten. Bis es 1961 mit der Grenzgängerei in Berlin ein Ende hatte. Beliebt waren die Ost-West-GrenzgängerInnen auch nicht bei allen. So schilderte eine Anwohnerin aus Alt-Treptow, wie sie mit ihrem Mann am 13. August 1961 zur Puschkinallee an der Grenze zu Kreuzberg gelaufen ist, um nachzusehen, was da passierte. „Keiner wusste so richtig, was los ist. Und da sahen wir, wie dort Stacheldraht ausgerollt wurde. Ein paar Frauen standen an der Grenze und weinten, weil sie jetzt nicht mehr zu ihrem Job im Westen kamen. Das geschieht euch recht, dachte ich. Die haben da drüben gearbeitet und viel Geld verdient, und bei uns fehlten die Arbeitskräfte."

Wir Kinder hatten in den 1950er Jahren natürlich in den Ruinen gespielt, die damals in Westberlin noch zahlreich zur Verfügung standen. Gegenüber von unserem Haus gab es ein riesiges eingezäuntes Eckgrundstück mit zusammengefallenen Häusern, da sind wir als Cowboys und Indianer durchgestreift. Meine Mutter hatte mir ein Squaw-Kleid genäht, und wir bekamen auch ein selbst gebautes Indianerzelt. Damals gab es winzige Marmeladengläschen zum Probieren, damit wurde im Wigwam ein Picknick veranstaltet, wenn gerade keine Kämpfe stattfanden oder Mutproben erledigt werden mussten. Ich hatte eine große braune Vase mit einem Muster, das auch als Indianermuster hätte durchgehen können, und bin mit der Vase auf dem Kopf über die Straße, um Wasser zu holen, dabei kam ich mir ungeheuer abenteuerlich vor.

© Privatarchiv, 1958

„Haben sie euch nicht vor Blindgängern gewarnt?“, fragt Ulrike sofort. Daran kann ich mich überhaupt nicht erinnern, vielleicht ja, vielleicht nein, wahrscheinlich. Meine Mutter hatte sich bestimmt auch keine Gedanken darüber gemacht, die war froh, dass wir da spielten und uns beschäftigten, während sie tagsüber bei der Arbeit war. Ulrikes Eltern waren da offensichtlich vorsichtiger. „Also wir wurden immer scharf verwarnt, weil in den Wäldern rund um Berlin, wo wir aufgewachsen sind, ständig irgendwelche Blindgänger lagen, die Kinder gefunden haben“, erinnert sie sich. „Man sieht ja heute noch teilweise in diesen Wäldern viereckige Gruben, das müssen solche Gräben gewesen sein, wo Soldaten sich verschanzt haben.“

Ich kann mich überhaupt nicht daran erinnern, ob irgendwann etwas passiert ist. Aber mir fällt noch eine Geschichte von meinem Bruder ein, wo es mir nachträglich mulmig wird. Der ist mit einem Nachbarsjungen vor Mauerbau in den Osten zum Potsdamer Platz, wo das alte Museum für Vor- und Frühgeschichte stand. Das war völlig zerbombt. Die beiden sind in der Ruine rumgekraxelt und haben Steinzeittöpfe und Werkzeug aus den Trümmern gekramt. Mein Bruder hatte seine Beute in einem Netz in den Westen transportiert, für jeden sichtbar. Aber keiner hatte sich darum gekümmert, was der Zehnjährige da für alte Töpfe herumträgt. Unser Vater hatte ärgerlicherweise den Museumsdirektor angerufen, der dann alles abholte. Finderlohn gab’s nicht. Diese Artefakte lagen jahrelang in der Ruine, ohne dass sich jemand darum gekümmert hatte.

„Bei Kindergeburtstagen haben wir uns oft Gruselgeschichten erzählt“, erinnert sich Ulrike an ihre Kinderspiele damals. „Und offenbar hatten solche Geschichten, darüber habe ich später nachgedacht, ja immer einen Kern Wahrheit. Ein Mädchen hat erzählt, sie kennt eine Familie, wo nachts jemand abgeholt wurde. Und es war ja tatsächlich so in den 1950ern, dass immer mal irgendwelche Leute auf Nimmerwiedersehen verschwanden. Das haben wir ja alles erst später erfahren. Das zweite, an das ich mich so leicht gruselnd erinnere, waren die russischen Soldaten, wenn die durch die Wälder mit ihren Panzern rasten. Wir sind ja oft Pilze sammeln gegangen, und dann wurde uns vorher gesagt: Wenn ihr die Russen hört, versteckt euch im Wald! Die wären brutal und würden jeden überfahren. Tatsächlich hörte man nachts solche Geräusche … Wenn die durch die Dörfer fuhren, dann waren am nächsten Tag die Straßen kaputt. Repariert wurden die Wege ja sowieso nie. Daran kann ich mich noch erinnern. Das war eher im Bereich des Mystischen, diese Geräusche, wenn die Panzer durch die Orte brausten. Ich weiß nicht, warum die überhaupt da langgefahren sind. Wir hatten nie Kontakt zu denen.

Später in Merseburg, als ich während des Studiums ein Jahr im Internat gewohnt habe, war nebenan eine Russenkaserne. Man konnte durch die Ritzen in den Zäunen gucken, das war eine ganz andere Welt. Ich weiß noch, dass da junge Männer mit rasierten Köpfen rumliefen, aber die hat man nie auf der Straße gesehen. Manchmal sind welche abgehauen. Darüber wurden auch

Gruselgeschichten erzählt, dass sie angeblich ins Internat kamen und Mädchen vergewaltigt haben. Ob das stimmte, weiß ich nicht. Im Internat saß ja unten immer eine Art Wache.

Offizielle Kontakte gab es schon, aber nur zu Offiziersfamilien. Es gab ja die Deutsch-Sowjetische Freundschaft, in der man automatisch Mitglied war, wir lernten ja auch Russisch. Dort gab es Veranstaltungen, wo man zusammen an einem Tisch saß. Die Treffen zwischen Russen und Deutschen waren aber total reglementiert, im FDJ-Club oder Ähnlichem oder zu bestimmten Feiertagen. Aus der Schulzeit auf der EOS [Erweiterte Oberschule], auf dem Weg zur Musikschule und später, als ich nach dem Studium in Potsdam lebte, erinnere ich mich an ein Viertel, in dem die Offiziere mit ihren Frauen und Kindern wohnten. Man konnte da reingucken, die Häuser waren bunt gekalkt, rosa und hellblau statt weiß wie bei uns. Und ich erinnere mich an die russischen Läden in der Nähe sowjetischer Kasernen, Magasin hießen die, da gab es Produkte, die man sonst gar nicht fand. Wir sind manchmal da rein, ich hatte russischen Tee gekauft und einmal einen Emaillekrug, den habe ich heute noch. Und Fischbüchsen und Süßigkeiten. Dabei war das faszinierende Gefühl des Fremden, das wir ja in der DDR sonst kaum erlebten.“ Ulrike denkt an die einfachen Soldaten, die in der Kaserne eingesperrt waren und die man eigentlich nie zu Gesicht bekam. „Die müssen ein schreckliches Leben geführt haben. Das Komische ist, ich habe mir damals keinen Kopf darüber gemacht.“

Ines Geipel beschreibt in ihrem Buch „Umkämpfte Zone“ ihre Besuche als Pionierin bei den russischen Besatzern. „Ich erinnere mich an unsere Schulbesuche in zahllosen sowjetischen Kasernen, an unsere Abzeichen, Wimpel, Halstücher, Blumen, an unsere auswendig gelernten Sätze: Wir sind stolz. Wir geloben. Wir sind die Kämpfer fürs Glück. Ich erinnere mich an grell ausgeleuchtete, riesige Säle, spiegelglatte Fußböden, an scheppernde Balalaikamusik, an die Hymnen, das Pathos, die immer höher und russischer aufsteigenden Melodien, an die seltsam überzeichnete Heroik des Ganzen, den Knoblauchgeruch, der über den Tischen waberte, vor allem aber an unsere kahlgeschorenen sowjetischen Helden. Blutjunge Soldaten. Wir drückten ihnen hastig unsere Blumen und Wimpel in die Hand. Vor uns standen die traurigsten Männer der Welt, mit riesigen, brennenden Augen. Wie soll man die je wieder aus dem Kopf bekommen?“ (S.149)

Ich hatte als Kind die West-Alliierten, vor allem die Amerikaner, wirklich als Beschützer betrachtet. Und ich liebte John F. Kennedy. Im Juni 1963 stand ich mit Familie vor dem Schöneberger Rathaus und habe dem amerikanischen Präsidenten zugewinkt. In dem Gewimmel hatte ich natürlich nichts gesehen, aber mein Herz war voll dabei. Als er erschossen wurde, habe ich geheult wie ein Schlosshund. Später waren die Amerikaner bei mir vor allem mit der Musik verbunden, die ich liebte, und ich schaltete immer AFN ein oder später RIAS 2, wenn Rik De Lisle sich meldete: „Hier ist der alte Ami Rik De Lisle“, und die neuesten Hits spielte. Ambivalent wurde das Gefühl dann mit dem Vietnam-Krieg, aber irgendwie konnte ich Politik von Musik trennen.

Chaim Noll, Jahrgang 1954, aufgewachsen in der DDR, schrieb in seinen Erinnerungen „Der Schmuggel über die Zeitgrenze“: „Amerika zu verachten war selbstverständlich – zugleich hörten wir die Hollies, Beatles, Doors, Bob Dylan oder Neil Diamond wie unsere Altersgenossen im Westen, Jim Morrisons ‚Light My Fire‘, die Zombies mit dem leicht hysterischen ‚She’s not there‘, Albert Hammonds ‚Down by the River‘ oder die damals berühmte Fassung des alten Südstaatenliedes ‚House of the Rising Sun‘ von den Animals. Das war sicher schizophren, der Hass auf Amerika und die lustvolle, alltägliche Infusion durch seine Popkultur, doch auch diese Schizophrenie wurde dadurch annehmbar, dass wir sie mit unseren linken Altersgenossen im Westen teilten.“ (S. 154)

Nachdem Ulrike und ich uns durch die dichten Büsche in der Friedhofsecke geschlagen haben, entdecken wir das Stück Mauer, das noch an der Liesenstraße übrig geblieben ist und nun unter Denkmalschutz steht. Ein etwa fünfzehn Meter langer Abschnitt der „Grenzmauer 75“ mit dem kletterhinderlichen Betonrohr am oberen Abschluss. Es ist der kürzeste der drei noch erhaltenen Abschnitte der eigentlichen Berliner Grenzmauer, als „Vorderes Sperrelement“ bezeichnet. Von der äußeren Seite wurde er bereits von unermüdlichen „Mauerspechten“ bearbeitet. Die anderen beiden Mauerstücke stehen in der Bernauer Straße (Gedenkstätte Berliner Mauer) und in der Niederkirchnerstraße (Topographie des Terrors).

„Mauerabwehr“

Als Ulrike in den 1970er Jahren in der Treptower Kiefholzstraße wohnte, hatte sie die Mauer direkt vor der Nase. „Fast alle Straßen in der Nähe waren durch die Mauer abgeschnitten, es war eine ziemliche Insellage“, erinnert sie sich. „Man sah die Mauer nicht, da war nur dieser Eisenbahnwall, und für mich war das einfach eine ruhige Ecke. Man hat ja nie einen Schuss gehört oder so. Nach der Wende habe ich erst begriffen, dass ja da die Mauer war. Und so ähnlich war das auch später, als ich in der Invalidenstraße wohnte. Da hat man allerdings die Geräusche vom Grenzübergang dort gehört, am Wochenende nachts zwischen zwölf und eins standen die Autos Schlange, und dieses Bremsen und Anfahren war total nervig.“

Lutz Rathenow schrieb 2011 im Band „Weltende – Die Ostseite der Berliner Mauer“ über die Verdrängung der Existenz von Grenze und Mauer: „Abreagieren und vernünftig bleiben, dachten viele Menschen und liefen offenen Auges an der Mauer vorbei beziehungsweise liefen so, dass sie sich der Mauer instinktiv gar nicht näherten.“ („Die Mauer und ihr Verdrängen im Alltag“, S.90)

Was für viele Ostberliner eine psychologische Überlebenstaktik war, trieb im Westen der Stadt ganz andere kuriose Blüten. Hier wurde zwar bei vielen nicht die Mauer als „Bauwerk“ verdrängt, sondern in den Alltag integriert, aber meist ohne sich an der Grenze an sich zu stören. Ein Beispiel des Auseinanderlebens und der Ignoranz während der Teilung bietet die Aktion „Der weiße Strich“ von 1986. Die fünf Künstler Frank Willmann, Wolfram Hasch, Frank Schuster, Thomas und Jürgen Onißeit aus der Weimarer Punk- und Undergroundszene wollten, nachdem sie nach West-Berlin ausgereist bzw. abgeschoben worden waren, die Mauer mit einem waagerecht gezogenen gut sichtbaren weißen Strich markieren und auf die Verharmlosung der Situation hinweisen, die sie durch das Umfunktionieren der Mauer als Event-Background von Westberliner KünstlerInnen sahen. Wolfram Hasch wurde bei der Aktion von DDR-Grenzposten festgenommen und in der DDR zu einer Haftstrafe verurteilt. Er saß sieben Monate im Gefängnis, bevor er von der Bundesrepublik freigekauft wurde.

In Wolfgang Müllers Buch „Subkultur Westberlin 1979-1989“ beschreibt der Autor diese Aktion in zwei Sätzen, offensichtlich ohne genauere Kenntnis der Hintergründe (Seite 474/475). Von Interesse war einzig, dass die maskierten Künstler ihren mit weißer Farbe getränkten Pinsel mitten durch ein Gemälde von Keith Haring zogen: „Das Kollektiv erzürnt mit seiner Strichaktion sowohl DDR-Behörden als auch verschiedene Künstler Westberlins, welche die Westseite der Mauer inzwischen als ihr persönliches Eigentum, als Leinwand in Privatbesitz betrachten. Längst ist die bunt bemalte Mauer zum beliebten Werbehintergrund für kommerzielle Videos und Werbeclips geworden …“ Danach folgt die Beschreibung zahlreicher künstlerischer Aktionen an der Mauer, kein Wort zu den Protagonisten aus dem Osten, von denen einer im DDR-Gefängnis landete. Und vor allem zum Anlass dieser Aktion: Nämlich dass die Mauer als gegeben hingenommen wurde!

Ich bin Anfang der 1980er Jahre regelmäßig mit der U-Bahn-Linie 8 in den Wedding bis zur Voltastraße gefahren, wo damals noch die taz-Redaktion war. Da ging es durch verdunkelte Bahnhöfe im Osten. Wenn der Zug langsam durch die schummrigen Tunnel fuhr, konnte ich in den Schatten verborgen Grenzsoldaten mit Gewehren sehen, dabei lief mir immer eine Gänsehaut über den Rücken. Irgendwann hatte ich mir dann was zum Lesen während der Fahrt mitgenommen, um dieses bedrückende Gefühl zu verdrängen. Auf dem Streckenplan hatte damals der Vermerk gestanden: „Bahnhof, auf dem die Züge nicht halten“. Auf dem Ostberliner Streckennetz waren diese Bahnhöfe gar nicht verzeichnet. Am Nordbahnhof stand an der Wand: Richtung feindwärts und Richtung freundwärts. Gruselig fand ich auch die Grenzer am S-Bahnhof Friedrichstraße, wo zwischen die Gleise eine große Wand aufgebaut worden war. Und unter dem Glasdach gab es einen Laufsteg, über den die Uniformierten mit Gewehr im Anschlag patrouillierten. Die hingen dann über uns wie bedrohliche Schatten.

In Ost-Berlin wurden die entsprechenden Eingänge verrammelt und nach und nach im Stadtbild so gut wie unsichtbar – natürlich nur für diejenigen ohne Fluchtgedanken. Westberlin gab es auf den Ostberliner Stadtplänen ja nur als weiße Fläche, und genauso existierten auch diese Bahnhöfe nicht mehr. Doch einige nahmen dieses unerreichbare unterirdische Leben schon wahr. Marianne Birthler schreibt in ihren Erinnerungen „Halbes Land, ganzes Land, ganzes Leben“: „Wenn ich beispielsweise am Rosenthaler Platz war oder die Friedrichstraße entlangging, konnte ich manchmal das Vibrieren der durchfahrenden Züge spüren, und aus den Luftgittern drang ein warmer Luftzug – sinnliche Botschaften einer anderen, unerreichbaren Welt.“ (S.62-63)

© PSB, Mauerbau 1961 im U-Bahn-Tunnel

© PSB, Mauerbau 1961 im U-Bahn-Tunnel

Päckchen von „drüben“

Nach dem Bau der Mauer begann eine rege Ost-West-Kommunikation in Päckchenform. „Ich erinnere mich an Care-Pakete, als ich klein war“, sagt Ulrike, „weil da oft ein Riesentopf Honig drin war, der auf der kalten Veranda überwinterte, und meine Mutter sich über manche überflüssigen Dinge wie zum Beispiel Backpulver ärgerte, das wir ja bei uns auch bekamen. Offenbar gab es im Westen Ratschläge für diese Pakete, die aber nicht immer wirklich einen Mangel trafen. Später erhielten wir von der Frau unseres West-Onkels wunderbare Pakete, vor allem mit Westklamotten,

die in der Pubertät für mein Selbstwertgefühl wichtig waren. Ich musste nämlich sonst immer die abgelegte Kleidung meiner größeren Schwester tragen. Wenn ich dann mit Westklamotten in Merseburg auftauchte, war das natürlich schon der Hit.“

Ich muss sofort an die regelmäßig eintreffenden Päckchen von unserer Tante Emma aus Erfurt denken, die unter anderem immer die neuesten DDR-Sonderbriefmarkensätze enthielten. Einmal waren sogar Dreiecksmarken dabei, so was gab’s sonst in Deutschland nicht, deshalb weiß ich noch genau, dass es blaue Marken waren. Die Pioniere hatte ich gar nicht so wahrgenommen – es waren Sondermarken zum Pioniertreffen 1964 in Chemnitz –, das hatte mich damals weniger interessiert. Es kamen auch viele Kinderbücher aus der DDR. An ein Buch erinnere ich mich auch noch: Die Geschichte vom Chemiker Justus Liebig aus dem 19. Jahrhundert von Charlotte Thomas. Liebig experimentierte als Kind in der Werkstatt seines Vaters und fuhr auf chemische Versuche ab, als Zehnjähriger wollte er Gold herstellen. Einmal hat er seine Schule fast abgefackelt, als bei einem seiner Experimente mit Knallsilber was explodierte, das fand ich spannend. Später, als ich älter war, profitierte ich von den Rhöntropfen, die Tante Emma immer ins Päckchen

für uns packte. Meine Schulfreundin Ilona fragte ständig, ob denn schon wieder der fürchterlich gute Kräuterlikör aus Thüringen gekommen sei, mit dem wir uns dann am Wochenende die Kante gaben.

Wir schickten das Übliche in den Osten. Tante Emma oder besser die Familie, die unserer gehbehinderten Tante immer half, bekam Jacobs Krönung, den hatten sie sich gewünscht, weil sie aufgrund der Westwerbung im Fernsehen dachten, das wäre der beste. Wir selbst konnten uns so was gar nicht leisten und mussten für unseren Eigenbedarf No-name-Kaffee kaufen. Tonkassetten hatten wir nie verschickt, die besaßen wir damals selbst auch gar nicht. Aber bezüglich des Ärgernisses, dass die Päckchen in den Osten nicht nur ewig unterwegs waren, sondern auch durchwühlt oder unvollständig ankamen, gab es nach 1989 ziemlich interessante Informationen. So sollen Tapes so gut wie nie die EmpfängerInnen im Osten erreicht haben. Dafür fanden sich nach Maueröffnung haufenweise gelöschter Tonbandkassetten in der Stasizentrale. Auf den Tonträgern hatte das MfS nämlich die mitgehörten Telefongespräche gespeichert. Das Material war ja knapp, so wusste man sich also zu helfen. (Vgl. „Das Westpaket")

Reisen

Ulrike und ich stehen vor der S-Bahntrasse und suchen nach Spuren des ehemaligen Tunnels, der hier von den Grenzbeamten als Kolonnenweg angelegt und später zugemauert worden war, können aber nichts mehr erkennen. Auf der anderen Seite an der Chausseestraße soll sich noch ein Teilstück des Kolonnenwegs vom Grenzabschnitt Liesenstraße befinden.

Wir kehren wieder um und laufen über das Friedhofsgelände zu dem kleinen Tor hinüber, durch das Ulrike in den 1970er Jahren den Friedhof betreten hatte. Inzwischen sind wir beim Thema Reisen angelangt. Für uns im Westen war es zwar möglich, überallhin zu fahren, in den 1950er Jahren war ja Italien der Renner, aber für solche Trips hatte unsere Familie gar kein Geld. Im Sommer ging's an den Grunewaldsee. In den 1960ern, als die Mauer schon stand, sind wir mit Bekannten nach Schleswig-Holstein zum Camping an die Kieler Bucht in der Nähe von Eckernförde gefahren, mit einem (für mich damals) riesigen LKW. Auf der Ladefläche war ein Zwei-Etagenbett für sieben Leute aufgebaut, unten drei Erwachsene, oben vier Kinder. Wir hatten alles Mögliche mitgenommen, um es uns gemütlich zu machen, auch Federbetten. An der Grenze zur Transitstrecke haben die Grenzer uns bei der Kontrolle gefragt, ob wir umziehen.

© Privatarchiv, 1962, Kieler Bucht

„Meine Eltern hatten auch wenig Geld“, erzählt Ulrike. „Erst in den 1960er Jahren sind wir immer im Sommer nach Polen an die Ostsee gefahren mit Decken, Schlafsäcken und Campingkocher. Meine Mutter hatte ein Zelt selbst genäht, dabei hatte ich auch noch mitgeholfen. Da trafen wir uns mit dem West-Bruder unseres Vaters, der kam mit einem schicken Wohnwagen, das muss so 1968 gewesen sein, und brachte immer die billigen Nylonhemden aus dem Westen mit. Die hat mein Vater in Polen verkauft. So haben wir unseren Urlaub finanziert. In der Zeit gab es für staatliche Betriebe schon Gewerkschaftsreisen der FDGB, aber da kam nicht jeder ran.

© Privatarchiv, 1960er, polnische Ostseeküste

Später, ab 18, bin ich dann alleine gefahren, mit Freundinnen oder der Studentengemeinde. Während des Studiums bin ich getrampt, ich hatte ja extrem wenig Geld. Ich erinnere mich an eine Tramptour mit einer Freundin nach Prag. Oder es ging auch mehrfach nach Polen. Hier weiß ich noch von einer Tour vor der Jaruzelski-Zeit, als ich in Gdansk so fasziniert von den Jazzkneipen und der lebendigen Kultur war. Ich glaube, das war die Reise mit der Studentengemeinde, bei der wir uns in Polen mit einer West-Studentengruppe trafen. Die Kirche hat ja derartige Treffen mit Partnergemeinden sehr gefördert. Später mit meinem Freund, der dann mein Ehemann und Vater unseres Sohnes wurde, ging es durch Rumänien und Bulgarien bis an die türkische Grenze. Das war übrigens eine weitere ‚Mauererfahrung', dass wir von da aus nicht einfach weitertrampen konnten. Wieder einmal war unsere Welt zu Ende. Aber immerhin, auch wir hatten unser On-the-road-feeling."

Getrampt bin ich in den 1970er Jahren mit einer Freundin zusammen auch. Vor allem ging es mit diversen LKW nach Spanien. Allerdings war das manchmal ziemlich anstrengend, weil wir als zwei junge Frauen in sämtlichen Sprachen erklären mussten, dass wir kein sexuelles Interesse an den Fahrern hätten. Irgendwann wurde mir das zu riskant, vor allem wenn ich allein und nachts auf der Autobahn war. Meine alte Schulfreundin Ilona und ich hatten später beim Trampen zwei wirklich nette Schweizer LKW-Fahrer getroffen, die diese Strecke bis Barcelona oft fuhren und mit denen wir uns auch manchmal für eine Fahrt verabreden konnten. Die hatten uns erzählt, dass es tatsächlich Frauen gab, die nicht nur von hier nach da, sondern auch noch was anderes wollten. Das machte mir die Typen aber auch nicht sympathischer, die offensichtlich nicht in der Lage waren, uns als die Personen wahrzunehmen, die wir waren.

Besuche „drüben"

Ich kann mich noch an die Besuche vor dem Mauerbau bei der Großmutter in Friedrichshain erinnern, was für mich auch schon eine Reise war. Wir sind von Wilmersdorf bis zum S-Bahnhof Storkower Straße gefahren, wo wir dann durch einen furchtbaren langen Tunnel laufen mussten, der in die Ewigkeit ging, so kam mir das als Kind vor. Später erfuhr ich, dass sich darunter noch was viel Schrecklicheres befand, nämlich der „Zentralviehhof", wo die Kühe zerlegt wurden. Trotzdem hat mir das Rindfleisch mit der dunkelbraunen Soße, Kartoffeln und Bohnen bei der Oma immer sehr gut geschmeckt. Ihr damaliger Lebenspartner arbeitete auf dem Zentralviehhof und musste wohl kiloweise Fleisch von dort angeschleppt haben. Zum Nachtisch gab es Mohnpielen, ein Rezept aus Pommern, das meine Oma aus Mohn, Milch, Rosinen und alten Schrippen machte. Ich sehe sie heute noch mit der riesigen Schüssel auf dem Schoß, in ihrer Kittelschürze, wie sie in diesem Milch-Brot-Mohngemisch rührt. Die Schrippen schmeckten mir immer besser als im Westen und waren für 5 Ostpfennig auch preiswerter. Genauso wie das Vanilleeis, ein kleines Kekskörbchen voll für 5 Pfennige! Nur mit den Ost-Comics konnte mir keiner kommen. Ich weiß noch, dass meine Oma mir eine Freude damit machen wollte und es mir sehr schwerfiel, mit dem Bummi-Heft in der Hand glücklich auszusehen, ich als großer Donald-Duck-Fan! Die Abrafaxe oder Digedags, wie sie damals hießen, waren wahrscheinlich immer ausverkauft. Eindruck hinterlassen hat bei mir auch der typische „Ostgeruch", ein Gemisch aus chemischen Reinigungsmitteln auf Bahnhöfen und in öffentlichen Gebäuden und verbrannten Braunkohlebriketts aus den Schornsteinen, durchzogen vom Qualm der Zweitaktmotoren der PKW, die durch den Auspuff ominöse bläuliche Wolken bliesen.

Nachdem wir WestberlinerInnen ja ab 1961, bis auf eine Ausnahme Weihnachten 1964, bis 1972 nicht nach Ostberlin fahren durften, hatte ich 1973 mit Freunden einen Trip zum Alexanderplatz unternommen, weil wir uns die Veranstaltungen zu den Weltjugendfestspielen ansehen wollten. Das war ein ziemliches Besäufnis, das Bier war unglaublich billig. Irgendwann hatten wir versucht, mit ein paar FDJlern an unserem Tisch ins Gespräch zu kommen, aber die schimpften nur über den Westen mit dem Kapitalismus und den Drogen. Gegen den Kapitalismus hatte ich auch einiges einzuwenden, aber diese Frontalangriffe gingen mir auf die Nerven. Vor allem bog sich der Tisch unter den leeren Biergläsern. Später erfuhr ich auch, dass sich in der DDR nicht wenige mit Medikamenten einen geballert hatten, zum Beispiel mit dem Schlafmittel Dormutil, kombiniert mit Alkohol, oder sich „Nuth"-Zigaretten bastelten, indem sie die Filter vor dem Rauchen mit diesem Fleckenentferner beträufelten. Es scheint jedenfalls ernst genug gewesen zu sein, um die Ärztin und CDU-Politikerin Sabine Bergmann-Pohl, letztes Staatsoberhaupt der DDR, im Deutschlandfunk am 26.1.2017 bei „Zeitzeugen im Gespräch" sagen zu lassen: „Wir haben zum Beispiel in der DDR ein großes Drogenproblem gehabt, also Alkohol und Tabletten und solche Dinge. Und ich habe dann mit kirchlichen Menschen Kontakt aufgenommen, wir haben gemeinsame Initiativen gestartet." Also Wege zum Rausch gab es im Osten genauso wie im Westen.

Mit meiner Kunstklasse von der Schule für Erwachsenenbildung sind wir dann noch mal nach Ostberlin, um uns eine Ausstellung über den sozialistischen Realismus anzusehen. Dummerweise hatten irgendwelche Schlauberger noch Unterlagen über Kunst im Nationalsozialismus dabei, um Vergleiche anzustellen. Die wurden an der Grenze eingesackt. Bei meiner folgenden Ostberlinreise wurde ich in einer winzigen Kabine gefilzt und mein nächster Passierscheinantrag dann abgelehnt. Ohne noch lebende Großeltern im Osten erstarb damit mein Interesse am anderen Teil der Stadt. Dazu kam noch der Ende 1964 eingeführte Mindestumtausch eins zu eins West- gegen Ostgeld bei Grenzübertritt. Das waren anfangs 5 Mark pro Tag, ab 1974 dreizehn Mark und ab 1980 sogar 25 Mark. Vier Jahre später, 1984, wurde es wieder weniger, aber da hatte ich der DDR bereits den Rücken gekehrt. Mein Bruder dagegen hatte mit einem Schulfreund eine Fete in Ostberlin besucht, zu der sie von KünstlerInnen eingeladen worden waren, die der Schulfreund in Ahrenshoop kennengelernt hatte. Das war in den 1970ern gewesen. Irgendwann war das Bier alle, und der Gastgeber hatte ihm und seinem Freund einen Plastik-Spielzeug-Tankwagen in die Hand gedrückt. „Wir sind nach nebenan in die

Kneipe, haben das Ding auf den Tresen gestellt und volltanken lassen", erzählte er mir. Leider hatte ich solche Leute nicht kennengelernt. Also ließ ich es bleiben, nach Ostberlin zu fahren, ich war auch im Westen voll ausgelastet.

Versuche der Veränderungen

Nach dem Unfall im US-amerikanischen Kernkraftwerk in Harrisburg 1979 hatte ich mich während des Publizistikstudiums an der FU in der Anti-Atomkraftbewegung engagiert. Außerdem kamen gerade im Zuge der Frauenbewegung die Selbstuntersuchungskurse auf, in denen wir uns mit Spekulum und Spiegel selbst untersucht und Joghurt gegen Pilze eingeführt hatten. Aber mein Versuch, mich in Frauengruppen zu integrieren, scheiterte. In den latzhosenlastigen Kreisen, die wir ausmachten, wurden meine Freundin Hilde und ich skeptisch betrachtet, weil wir uns die Wimpern tuschten und Lippenstift auftrugen, das war mir zu dogmatisch.

Erst vor Kurzem habe ich einen Aufsatz von Freya Klier, erschienen in Ostberlin im Juni 1990, gelesen. Sie hat darin nicht nur eine sehr kluge Analyse der Situation der DDR-Frauen geliefert, sondern auch äußerst humorvoll die Begegnung von Frauen Ost mit Feministinnen aus dem Westen beschrieben. Hier trafen fremde Welten aufeinander. „So hatten wir jüngeren DDR-Frauen also bald einen festen Standort. Von diesem aus bewerteten wir all das Unbekannte, das langsam aus der westlichen Frauenbewegung zu uns herüberdrang", schrieb sie. „In den 70er und Anfang der 80er Jahre gab es häufig ‚Frauenbesuch'. Für uns Eingezäunte war solcher Besuch notwendig und erfrischend. Doch wurde er immer dann zum Problem, wenn erklärte Feministinnen anrückten. Mit Neugier, Furcht und einem Grundgefühl schwesterlicher Wärme erwarteten wir sie. Ihre Gangart war härter als die unsere, auch ballerten sie mit Begriffen durch den Alltag, die uns fremd waren. Und sie hatten Antworten parat auf Fragen, deren Lösung wir in näherer Zukunft für unwahrscheinlich hielten. (...) Sahen uns die Feministinnen beispielsweise Kaffee kochen, so verpaßten sie unseren Freunden, die selbstverständlich zu keinem Gespräch zugelassen waren, eine scharfe Note, weil frau (wie unser argloses ‚man' stets korrigiert wurde) einen herablassenden Zug um seinen Mundwinkel ausgemacht hatte. In Gegenwart von Feministinnen wurden wir deshalb von einem heftigen Gluckeninstinkt erfaßt. Schützend stellten wir uns vor die Getadelten, betonten ihre Toleranz und ihren Haushaltsfleiß. Erst nachdem die Frauen gegangen waren, nahmen wir unser Nörgeln an männlicher Egozentrik wieder auf." („Die Frau zwischen Kombi und Kreißsaal" in „DDR-Identitäten", S.15ff.)

In den 1970er Jahren hatte ich mich auch noch in der „Initiative Winterfeldtplatz" engagiert, da in der Zeit eine Unzahl von Altbauten abgerissen und die MieterInnen der Häuser vertrieben wurden. Was es mit dem Begriff „warmer Abriss" auf sich hatte, wurde mir klar, als ich in meiner WG-Wohnung in der Habsburger Straße eines Nachts von unglaublicher Hitze und starkem einfallenden Licht aufwachte. Das Haus gegenüber, dessen Besitzerin, die katholische Kirche, es gern abgerissen hätte, stand in lodernden Flammen. Merkwürdig, dass es in Berlin so oft dort, wo alte Gebäude durch Neubauten ersetzt werden sollten, gebrannt hatte. Pflastersteine erlangten in dieser Ära eine neue Bedeutung, aber da hielt ich mich schon lieber raus.

© CSuhr, 1978, Goltzstraße 30 in Schöneberg

In derselben Wohnung in der Habsburger Straße erlebte ich den ersten Smog-Alarm in Berlin, das war im Januar 1982. Ich bin morgens von Lautsprecheransagen aufgewacht und dachte, ich wäre im Science-Fiction: „Achtung, Achtung, hier spricht die Polizei. Es ist Smog-Alarm Stufe eins. Wir bitten Sie, Ihre Autos stehen zu lassen, wenn keine dringenden Nutzungsgründe vorhanden sind, und wenn möglich, die Heizung zu drosseln! Bitte schließen Sie die Fenster! Menschen mit Kreislauf- und Bronchialerkrankungen sollten möglichst in der Wohnung bleiben. Schalten Sie das Radio an und hören Sie weitere Anweisungen!“

Das ging so vier Wochen, Heizung drosseln bei minus 15 Grad! Logischer hätte ich es gefunden, das Autofahren in der Stadt außer bei dringenden Gründen zu verbieten. Smog-Alarm gab es in Westberlin hauptsächlich, wenn der Wind aus Südosten kam, aus Richtung der Tschechoslowakei oder auch den Industriegebieten in Leipzig und Bitterfeld (Vgl. „Dicke Luft“, Zeit 4/1982). Ostberlin hatte nicht ein einziges Mal Smog-Alarm, aber besser war die Luft dort nicht.

„Wir veranstalteten einen privaten Salon in unserer Wohnung“, erzählt Ulrike von ihrer Zeit in den 1970ern in der Kiefholzstraße. „Da wurden Vorträge gehalten, und in diesen Vorträgen ging es nicht ausschließlich um DDR-Analyse, sondern auch um Wissenschaft. Rudolf Bahro haben wir auch dort besprochen. Irgendwie habe ich immer versucht, nicht so sehr in die Dissidentenecke abzurutschen, denn ich habe immer gedacht, die Idee des Sozialismus ist ja wirklich faszinierend, man müsste aber genau hingucken in der DDR, wo was falsch läuft, und nicht immer prinzipiell dagegen sein. Deshalb hatte ich eine Zeitlang in der Jugendhilfe mitgearbeitet. Nicht nur, um nicht in dieser Antihaltung zu verharren, sondern auch, weil mir klar wurde, dass wir als Intellektuelle zu abgehoben leben. Gewissermaßen aus einem sozialen Manko heraus. Denn erst war ich nach der Geburt meines Sohnes drei Jahre zu Hause, dann habe ich in einem Wissenschaftsverlag gearbeitet. Wir haben als normale Nachbarn sogenannte Problemfamilien betreut und die entsprechenden Behörden beratend unterstützt. Heute, wo wir mehr über die negative Rolle der DDR-Jugendhilfe wissen, darf man ja bei der Schwarzweiß-Malerei in bestimmten Kreisen gar nicht sagen, dass man das Jugendhilfesystem nicht generell schlecht fand, abgesehen davon, dass es auch total mit Stasi unterlaufen war.

Wir haben die Familien zu Hause besucht, Kühlschränke kontrolliert und deren Lehrer befragt und Erziehungstipps gegeben. Wir trafen uns mit den Zuständigen, also Eltern, Lehrern, Kindergarten-Vertretern und Abschnittsbevollmächtigten zu Beratungen über das Schicksal der jeweiligen Kinder. Wir als Laien konnten natürlich nichts entscheiden, aber bei den Verantwortlichen der Jugendhilfe unsere Einschätzung geben. Ich habe dort nie politische oder menschliche Voreingenommenheit erlebt, auch nicht die für die DDR sonst typische Behörden-Arroganz, sondern ausschließlich Besorgtheit um die Kinder.

Ich hatte auch kirchliche Kontakte, es gab die Kirche von unten und so, aber ich habe auch vieles abgelehnt, was in der Kirche ablief. Wie gesagt, ich habe die Dissidentenkreise etwas differenzierter gesehen, weil sie oft schon so außerhalb standen. Dabei hätte ich doch seit dem obligatorischen ZV-Lager im Studium – eine sehr negative Erfahrung nicht nur wegen des militärischen Unterrichts in Zivilverteidigung, sondern auch mit dem Zusammenleben zu zehnt in einer Stube – oder spätestens seit der Biermann-Ausbürgerung wissen müssen, dass das rigide System nicht korrigierbar war. Aber ich wollte diesen vereinnahmenden Kapitalismus nicht.

Ich erinnere mich, dass ich später eine Art Déjà-vu-Erlebnis hatte, als unser Sohn eingeschult wurde. Die ganzen Probleme mit Pionier oder nicht wollte ich ihm ersparen, weil zu dem Zeitpunkt ohnehin alle Kinder dabei waren. Aber in der ersten Klasse erlebte ich ein paar Situationen, die mich nachdenklich machten. Wir liefen durch eine ganz normale, nicht besonders schöne Altberliner Straße, und der Kleine an meiner Hand sagte: Und das alles haben wir den Sowjetsoldaten zu verdanken. Ein anderes Mal, da war er aus irgendeinem Grund besonders gut gekleidet, und ich sagte: Aber mach dir keinen Fleck auf die Hose – oder den Pullover, ich weiß nicht mehr. Und er darauf: Vor allem nicht auf das Pionierhemd, denn wir Pioniere sind stolz darauf. Ich war sehr erleichtert, dass das ganz schnell von allein aufhörte. Ich wollte ihn nicht durch meine Einmischung in Konflikte bringen, denn ich war sicher, dass Kinder Verlogenheit schnell durchschauen. Aber dass er auch bald verstand, dass man in manchen Dingen besser lügt, hat mich dann an meine eigene Kindheit erinnert. Sein erstes richtig dickes Buch las er in den ersten großen Ferien, es war eine Kinderbibel. Ich fand das beeindruckend und lobte ihn und schlug vor, dass er das in sein sogenanntes Lektüretagebuch eintragen sollte, in das Kinder außerhalb des Unterrichts gelesene Bücher eintrugen, wofür sie dann in der Klasse gelobt wurden. Seine Reaktion: Aber doch nicht so ein Buch! Mit sieben Jahren hatte er schon so viel vom System durchschaut."

In den kirchlichen Kreisen gab es doch viele, die nicht generell gegen die DDR waren, sondern den Sozialismus verbessern wollten, wende ich ein. „Ja, in der Kirche in der Plesserstraße fand auch viel statt", erinnert sich Ulrike. „Die war ja in meiner Nähe, als ich in der Kiefholzstraße wohnte. Mit einigen aus der Gruppe waren wir auf einer Art Umweltfestival in der Bekenntniskirche und haben eine Wanderung zu illegalen Mülllagerstätten gemacht. Die Stasileute liefen immer hundert Meter hinter uns. Aber meine Aktivitäten in diesen Kreisen, so toll ich es auch fand, waren eher sporadisch. Zu der Zeit habe ich im Verlag gearbeitet und meine Dissertation geschrieben, und unser Sohn war noch klein, da hatte man mit Kinderkrankheiten und so weiter viel um die Ohren."

Umweltbewegung der 1980er Jahre

Holger Strohm schrieb 1971 bereits das Buch „Friedlich in die Katastrophe", in dem er über die Gefahren der Atomenergie aufklärte. Das wurde zuerst im Eigendruck aufgelegt, dann 1973 im Kleinverlag „Association", nachdem 80 Verlage es abgelehnt hatten. 1979 passierte das Unglück im AKW von Harrisburg, da wachten viele auf. 1981 erschien das Buch dann bei Zweitausendeins, die gleich schon mal 130.000 Stück verkauften. Es wurde ein echter Bestseller. Der Verlag schickte das Buch auch per Einschreiben an politische EntscheidungsträgerInnen der Bundesrepublik, an KirchenvertreterInnen, Bundesämter, Gewerkschaften, Abgeordnete im EU-Parlament (damals EG-Parlament), Verbände, Organisationen, WissenschaftlerInnen, Stiftungen, Vereine etc. Auch der Staatsratsvorsitzende der DDR, Erich Honecker, und der Ministerratsvorsitzende Willi Stoph erhielten ein Exemplar. Vielleicht haben sie's ja dann fünf Jahre später gelesen, als Tschernobyl in die Luft ging.

Nach dem Supergau in Tschernobyl im April 1986 war das Vertrauen in die Kernkraft weltweit erschüttert, „auch in der DDR, obwohl die SED die Bevölkerung anscheinend Glauben machen wollte, die Grenze hielte auch radioaktive Wolken von uns fern", schrieb Marianne Birthler in ihren Erinnerungen „Halbes Land, ganzes Land, ganzes Leben". „Plötzlich verwandelten sich die Auslagen der Lebensmittelläden in Ost-Berlin auf wundersame Weise. Ich erinnere mich vor allem an prachtvolle Salatköpfe, die es nie zuvor gegeben hatte, schon gar nicht im April. Es war klar: Die DDR hatte vermutlich zu Spottpreisen frisches Obst und Gemüse aus den europäischen Risikoregionen aufgekauft. Doch wer wie die meisten Käufer die Nachrichten und Warnungen aus dem Westen verfolgt hatte, ließ die verlockende Ware liegen. Auch Anna, meine vegetarisch lebende Tochter, widerstand der Versuchung. Der GAU von Tschernobyl wurde zum wichtigsten Thema oppositioneller Arbeit, umso mehr, als vernünftige Informationen von offizieller Seite ausblieben. Jetzt zeigte sich, dass die bereits existierenden Umweltgruppen handlungsfähig waren. Nur kurze Zeit nach der Katastrophe fanden Informationsveranstaltungen statt, im Juni erreichte ein von den meisten Gruppen unterzeichneter Appell mit dem Titel ‚Tschernobyl ist überall' die Öffentlichkeit, und in der Berliner Zionsgemeinde wurde, unterstützt von Pfarrer Hans Simon, von Christian Halbrock, Wolfgang Rüddenklau, Carlo Jordan und anderen die Umweltbibliothek gegründet – eines der Zentren der Berliner Opposition, das noch von sich reden machen sollte." (S. 10)

Wie hast du 1986 auf Tschernobyl reagiert?, frage ich Ulrike. „Geschockt“, sagt sie, „denn unser Sohn war gerade erst sieben … wir haben uns natürlich Informationen vermutlich aus dem Westfernsehen geholt und untereinander Tipps weitergegeben. Zum Beispiel hat keiner mehr grünen Salat gegessen. Und wir waren erschüttert von der Verantwortungslosigkeit der DDR-Führung, die in Honeckers Satz ‚Wir hatten früher auch Salat im Garten, und der wurde immer abgewaschen‘ gipfelte. Generell begann in dieser Zeit das Umweltbewusstsein zu wachsen. Irgendwann fragte ich mal meinen Bruder, der in der Landwirtschaft tätig war, ob bei Tieraufzucht auch Hormone verwendet wurden. Er meinte, nur aus Mangel nicht, sonst würde man es sicher auch in der DDR machen. Man ging ziemlich verantwortungslos mit verwendeten Zusätzen um, nur die Mangelwirtschaft hat uns vermutlich vor mehr Schäden bewahrt.“

Ulrike und ich stehen vor einem bunt geschmückten Grab, das einen Hauch von buddhistischem Gedankengut verrät. Wer sich hier auf den Domfriedhöfen bestatten lassen will, muss nicht mehr unbedingt katholisch sein. Die neueren Gräber werden zusehends farbenfroher, nicht selten hockt ein kleiner kitschiger Engel am Rand, oder ein buntes Windrad grüßt die Verstorbenen mit kreisendem Leben und kindlichem Gemüt. Auch Buddha-Figuren finden wir ab und zu. Da der Friedhof wieder von beiden Seiten zugängig ist, wird er zudem häufig von AnwohnerInnen als Abkürzung benutzt. Gerade schreitet ein Mann in Hemdsärmeln mit seinem Jackett über dem Arm entschlossen über den Weg, ohne sich für die Grabstellen zu interessieren und offensichtlich mit dem Ziel, das andere Ende der Anlage so schnell wie möglich zu erreichen.

In einem der eingezäunten Gräber mit den verwitterten dunklen Grabsteinen fallen kleine grüne Plastikschildchen ins Auge. Sie sind jeweils mit einem Namen, Geburtstag, Todesdatum und einer Nummer versehen. Hier liegen Tote, die sich eine so großzügige Bestattung mit teurem Gedenkstein nie hätten leisten können. Für die alten schmucken Gräber aber sind die Nutzungsrechte abgelaufen, deshalb hat sich die Friedhofsverwaltung zu dieser sozialen Lösung entschlossen. Ein Friedhofsgärtner pflegt den Bewuchs und säubert gerade die Anlage, die von einem kunstvoll geschmiedeten Gitter umgeben ist. Dass diese „Armengräber“ hier untergebracht sind, habe auch noch den Vorteil, dass nun diese schmiedeeisernen Zäune nicht einfach abgerissen werden könnten, erläutert er, als wir ihn ansprechen. Und die Grabsteine nebenan ohne Grab, die uns gerade aufgefallen sind, dienten außerdem der Orientierung für die MitarbeiterInnen. Als wir ins Gespräch kommen und erzählen, warum wir hier sind, fragt er mich prompt, ob ich Ost oder West wäre. Wieder kommt meine Standardantwort „beides“, und er nickt wissend. „Ah ja, und wann sind Sie rüber?“ Hier gäbe es ja so viele verschiedene Geschichten zu erzählen, fügt er noch hinzu und meint damit nicht unbedingt nur die der Lebenden.

„Ich finde die Idee des Sozialismus nach wie vor faszinierend“, sagt Ulrike, „aber ich weiß inzwischen, dass sie nicht realistisch ist. Wir haben nach der Wende ja weiter heftig diskutiert über Sozialismus und Kapitalismus. Irgendwann im Laufe dieser Zeit wurde mir klar, dass – trotz der Faszination der Idee des Kommunismus – dieser wegen der Unvollkommenheit des Menschen nicht realisiert werden kann, da er eigentlich den ‚guten Menschen‘ verlangt. Wegen des dem Menschen innewohnenden Konkurrenzverhaltens ist offenbar leider für ein effizientes Wirtschaftssystem das kapitalistische System passender, auch weil die lange erkämpften demokratischen Strukturen, die ja im Sozialismus fehlten, Opposition zulassen.“

Chaim Noll schrieb in seinen Erinnerungen „Der Schmuggel über die Zeitgrenze“: „Wir waren überzeugt, dass der Sozialismus das humanere System sei, achtbar in seinem Versuch, die soziale Ungerechtigkeit aus der Welt zu schaffen, selbst in seiner Unvollkommenheit sympathischer als der dreiste, reiche Kapitalismus im Westen – nur: Er funktionierte nicht. (...) Was wir vor allem bezweifelten, war die Realisierbarkeit des utopischen, wenngleich schönen Gedanken der Egalité, der allgemeinen Gleichheit. Er war schon im Ansatz widersinnig. Ungleichheit, Unterschiedlichkeit ist eine der großen Antriebskräfte des menschlichen Lebens, folglich muss der Versuch, sie zu mindern, zu einer Verkümmerung innergesellschaftlicher Vitalität führen. Zur Unterdrückung von Impulsen, Verringerung von Bewegung, schließlich zu Lähmung und Erstarrung. Jede Gleichschaltung oder Homogenisierung von Leben, mit welcher hochherzigen Begründung immer, ist ein hoffnungsloses Ansinnen. Was nicht heißt, dass sich nicht immer wieder Menschen ernsthaft bis zum Fanatismus solchen Versuchen widmen würden.“

„Wir hatten als Studentengemeinde eine Partnergemeinde aus Süddeutschland, die uns regelmäßig in Merseburg besucht hat“, erinnert sich Ulrike. „Einmal haben wir mit denen auch gemeinsam in Polen Urlaub gemacht. Was mich damals sehr zum Nachdenken gebracht hat, diese Diskussionen, wir waren ja alle um die zwanzig und haben immer heftig über Politik diskutiert. Aber da kamen wir überhaupt nicht zusammen, weil sie so vom DDR-System überzeugt waren, und wir haben unseren realen Sozialismus inzwischen selbst eher kritisch gesehen und konnten ihnen das nicht nahebringen. Durch unseren Studentenpfarrer Friedrich Schorlemmer erfuhren wir ja auch nicht offizielle Fakten, und er lieh uns Bücher wie zum Beispiel den Archipel Gulag. Die Übergabe musste immer heimlich auf der Straße passieren. Zwischen uns und den jungen Westleuten, die zu uns kamen, war irgendwie eine Mauer im übertragenen Sinn auch.“

Dazu fällt mir der Beitrag von Ulrike Lieberknecht, „Aber das machen doch alle! Erinnerungen ans Anderssein“ in dem Band „Anpassen oder Widerstehen in der DDR“ ein, wo sie von überzeugten West-Kommunisten berichtete: „Ich habe schon neun Monate Haft wegen ‚versuchter Republikflucht‘ hinter mir,

Ulrike-West ist mit einem DKP-Sympathisanten liiert. Eines Tages schickt dieser Freund einen Brief mit, in dem er mir seine Kritik am Kapitalismus erläutert und die Vorzüge des DDR-Systems preist. Ich habe wenig Hoffnung, ihn schriftlich über die Verhältnisse hier aufklären zu können. Bald darauf will meine Brieffreundin mit einer Gruppe von DKP-Mitgliedern und Sympathisanten in den Osten reisen – gratis, auf Einladung der SED. Auf ihrem Programm stehen Sehenswürdigkeiten und Betriebsbesichtigungen in Dresden und Leipzig. (…) Beim Essen erzähle ich munter drauflos von meinen jüngsten Erfahrungen mit dem sozialistischen Staat und gebe meinen Entlassungsschein aus dem Gefängnis herum. Das gefällt dem Reisegruppenleiter der DKP ganz und gar nicht. Am Ende der Reise sollen die schönen Erlebnisse zu einer positiven Sicht auf die DDR führen. Er widerspricht mir energisch, agitiert und wird schließlich aggressiv. Die Westkommunisten bleiben unbeeindruckt von ihrem Führer und stellen mir weitere Fragen. Auch geben sie mir zu verstehen, ich solle den Reiseleiter nicht so ernst nehmen. Am Ende bin ich erschrocken darüber, welche Ähnlichkeit dieser DKP-Funktionär mit den Parteigenossen bei uns hat. Dass sich manche seiner Parteifreunde von solchen propagandistischen Vorführungen nicht beeindrucken lassen, tröstet mich …"

Ich selbst kann mich noch erinnern, dass wir im Publizistikstudium an der FU in den 1980ern Friedrich Engels und Karl-Marx gelesen haben. Mir ist damals besonders die Ambivalenz aufgefallen, die in den Schriften in Bezug auf Frauen herrschte. In der FU war die linke Ideologie weit verbreitet, ich selbst fand es theoretisch eine super Vorstellung, die Kluft zwischen den sogenannten Klassen abzuschaffen und allen die gleichen Möglichkeiten zu geben, statt das Geld regieren zu lassen. Sehr beeindruckt hatten mich damals als Geschichtsmuffel die beiden Bände von Bernt Engelmann, „Wir Untertanen" und „Einig gegen Recht und Freiheit" aus den 1970er Jahren, das war für mich fast wie eine Offenbarung, Geschichtsschreibung, die wirklich zum Verständnis der Gesellschaft beiträgt. Aber was in den Diskussionen und auf Demos so an Sprüchen und Theorien verbreitet wurde, die Mao-Bibel, Ho Chi Minh und Che Guevara als Vorbilder, das hatte nichts mit mir zu tun. Vor allem hatte ich schon ziemlich früh festgestellt, dass die sogenannte „Arbeiterklasse" gar nicht von den StudentInnen „befreit" werden wollte. Für mich gab es Leute, die nachdachten, und solche, die sich in ihren eigenen eingezäunten Kreisen bewegten, denen Haus und Auto und was weiß ich wichtiger waren als die Umwelt oder Gerechtigkeit.

Exkurs: Die „Mini-DDR"

Zu diesem Thema interessierte mich das Leben in der Freistadt Christiania in Kopenhagen, wo ich dann 1978 vier Monate gewohnt und gearbeitet hatte. Für mich war das im Nachhinein betrachtet fast so etwas wie eine Mini-DDR, wenn auch mit anderen Gründungsgedanken, die letztendlich an den Schwächen der Menschen für Bequemlichkeit, Neid und Missgunst, der Gier nach Macht und eigener Bevorteilung gescheitert ist. Christiania existiert noch, aber die Ideen der Freistadt sind mehr oder weniger ausgehebelt worden – wer auf einem solchen Filetgrundstück in einer Großstadt lebt, wird unweigerlich der Macht des Geldes unterliegen.

Als ich im Juli 2019 in der Schmiede Christianias, der Smedien, anrief, hörte ich zuerst auf dem Anrufbeantworter Prebens Stimme. Preben, den ich noch von 1978 kannte, der seit Anfang an in der Schmiede gearbeitet hatte, wo die typischen Christinia-Bikes und die zu Ruhm gelangten Pedderson-Räder zusammegeschweißt wurden – die Einzelteile hatten KollegInnen schon damals auf Fünen und Bornholm hergestellt. „Hier in Christiania kannst du dich nicht vergrößern", kommentierte ein Mitarbeiter der Fahrradwerkstatt damals. Diese gehörte neben der Schmiede, der Schreinerei und Ofenrestauration zu den Werkstätten, die zu gutgehenden Betrieben avanciert waren. Bei meinem Anruf im Juli hatte ich eine junge Mitarbeiterin der Schmiede am Telefon, die nur wusste, dass Preben nicht mehr dort arbeite und auch aus Christiania verschwunden sei. Das hat mich schockiert, obwohl es doch genau das war, was ich erwartet hatte. Bei meinem letzten Besuch 2006 hatte Preben noch zu mir gesagt: „Ich lebe und arbeite hier seit 31 Jahren und habe fast die ganze Entwicklung von Christiania mitgemacht. Für mich wäre es eine Katastrophe, wenn Christiana zerstört würde." Natürlich müsse man sich weiterentwickeln, sagte er, aber nicht in Richtung Konsumgesellschaft. „Es ist ganz, ganz wichtig, dass es hier einfach bleibt, weil wir so umweltbewusst wie möglich leben wollen." Und nun ist er weg, und die neuen Leute wissen nicht, wohin er gegangen ist. „Ich arbeite nur hier in der Werkstatt, keine Ahnung."

© CSuhr, 1978, Freistadt Christiania in Kopenhagen, in der Schmiede

Umweltbewusst, einfach leben mit Rücksicht auf die Gemeinschaft, die Schwächeren unterstützen – das gehörte neben der Ablehnung von Waffen, Gewalt und harten Drogen zu den Grundsätzen der Freistadt Christiania, die am 26. September 1971 gegründet worden war.

Ein halbes Jahr nach Auszug des dänischen Militärs hatten HausbesetzerInnen, StudentInnen und AussteigerInnen sich in dem verlassenen und teilweise mutwillig zerstörten, weil unbewachten Kasernengelände im Südosten Kopenhagens eingerichtet. Die Polizei hatte einige erfolglose Versuche unternommen, das Areal zu räumen. Zum Ende des Jahres waren dort bereits um die vierhundert Menschen ansässig, die sich nach und nach organisierten, Versammlungen abhielten und Arbeitsgruppen zur Lösung meist praktischer Probleme wie die Strom- und Wasserversorgung bildeten. Noch bis in die 1980er Jahre gehörte es zum gehobenen Standard in der Freistadt, über eine intakte Stromversorgung und Dusche zu verfügen. Hinter dem Wallgraben, auf dem ländlichen Teil Christianias, „Dyssen“ getauft, gab es lange Zeit weder Strom noch fließend Wasser.

Viele Jahre wurde Christiania der Status „soziales Experiment“ zugebilligt, und die auf bis zu tausend BewohnerInnen angewachsene Gemeinschaft entwickelte ein Selbstverwaltungssystem mit Gebietsversammlungen und Vollversammlung als höchster Instanz, auf der nicht nach Mehrheitsbeschluss, sondern nur in Übereinstimmung aller anwesenden ChristianiterInnen abgestimmt wurde, ein Konsensbeschluss genauso wie bei den Runden Tischen in der DDR von Dezember 1989 bis März 1990.

Läden, Bäcker, interne Post, Badehaus, Kinderbetreuung, ein Müll-Team und natürlich Kneipen – es wurde eine richtige kleine Community, die allerdings immer – im Gegensatz zur DDR – für alle zu beiden Seiten offen war. Es gab solche, die in der Freistadt lebten und „draußen“ arbeiteten, in Christiania waren nur wenige Jobs vorhanden. Und dann wohnten viele in der Freistadt, die es im Haifischbecken des Kapitalismus nicht geschafft hatten zu überleben. Es entwickelte sich unweigerlich eine Art Klassengesellschaft.

Eines der großen Probleme wurde der in Christiania genehmigte Haschhandel, der bereits Ende der 1970er Jahre rapide anwuchs und die Dealer harter Drogen nach sich zog. Viele Versuche, dagegen anzukämpfen, mussten scheitern – Gewaltlosigkeit gegen Gewalt. Von den ChristianiterInnen wurden Sozialisierungsprogramme für Heroinsüchtige eingerichtet, letztendlich entlastete die Freistadt so den dänischen Staat mit dieser Sozialarbeit.

Im Mai 1989, kurz bevor die Berliner Mauer fiel, verrammelte eine Gruppe von hundert Christiana-BewohnerInnen im Morgengrauen den Haupteingang mit einem fast zwei Meter hohen und einen Meter dicken Wall aus Beton und Eisenbahnschwellen und verlegte den Durchgang zur Freistadt um ein paar Hundert Meter. Die Pusher wurden hinter eine Linie verbannt, wo sich dann nach dem „Mauerbau“ die Verkaufsstände und Tische ansammelten. Doch das Problem blieb. Nicht zuletzt aufgrund des regen Tourismus‘, der immer ungebändigter und nicht mehr handhabbar wurde. Christiania wurde meist nicht mehr aufgesucht, um die Ideen der Freistadt kennenzulernen, sondern um in Kneipen und Restaurants zu gehen und sich mit Drogen zu versorgen. Da half auch der „Streik“ der Hasch-Dealer 1994 nicht, der mit einem „Smoke-In“ gegen die Drogenpolitik des dänischen Staates mobil machte.

Je nachdem wie die Wahlen in Dänemark und Kopenhagen ausfielen, mussten sich die ChristianiterInnen auf neue Restriktionen gefasst machen. Immer wieder wurden Räumungsbefehle erteilt, woraufhin Solidaritätsbekundungen der Bevölkerung Kopenhagens und weitere Duldung folgten. Es gab Bücher über das alternative Leben in Christiania, ArchitektInnen und StadtplanerInnen äußerten sich begeistert über die Ideen und Konzepte der Freistadt. Hier wurden mit wenig Geld, Einfallsreichtum und idealistischem Elan viele Projekte ins Leben gerufen wie zum Beispiel ein Waschzentrum mit Regenwasser und Wiederaufarbeitung von Brauchwasser.

2001 entwarfen die Rechtsliberalen einen Sanierungsplan für Christiania, der die Umwandlung des ehemaligen Kasernengebiets in ein Wohnareal mit Eigenheimen vorsah. Fünfundsiebzig Prozent der KopenhagenerInnen setzten sich daraufhin mit ihrer Unterschrift für den Erhalt der Freistadt ein. Anfang 2004 mussten die HanfhändlerInnen aus der legendären Pusherstraße ihre Stände abbauen. Während zahlreiche Dealer noch im Gefängnis saßen, fand eine der originellsten bemalten Büdchen, in denen die braunen Klumpen angeboten wurden, Einzug in das dänische Nationalmuseum, zwei Jahre später folgte eine Wandmalerei, die in den 1990ern von der Fassade des ehemaligen Informationszentrums abgetragen worden war. Christiania und die Ideologie seiner BewohnerInnen wurden museumsreif.

2011 bekamen die ChristianiterInnen das Angebot der dänischen Regierung, die Gebäude und Boden im städtischen Teil Christianias und Häuser in der „Zwischenzone“ zu kaufen und das Land zu mieten sowie die Gebäude und das Land im ländlichen Teil Christianias zu mieten. Dieses Angebot wurde angenommen, da es die einzige Möglichkeit bot, die Freistadt in irgendeiner Form zu retten. Am 1. Juli 2012 gründeten die ChristianiterInnen eine Stiftung zum Kauf von einem Teil Christianias, Preis 125,4 Millionen Dänische Kronen, fast 17 Millionen Euro. Mit dem Versprechen, Gewässer und Landschaft sowie Strom- und Wasserversorgung, Wege und Boden im ländlichen Gebiet zu sanieren und zu erhalten, konnten die BewohnerInnen der Freistadt den Kaufpreis noch um 40 Millionen Kronen reduzieren. (Vgl. www. bygst.dk)

Über 500.000 BesucherInnen strömen jährlich durch das reichlich begrünte, ca. 66.000 Quadratmeter große Gebiet mit Wällen, Wallgräben und ungefähr 104 Gebäuden des Militärs aus dem 17. und 18. Jahrhundert, ergänzt durch die seit 1971 entstandenen über zweihundert neuen Kreationen der Christiania-BewohnerInnen. Dazu gehört unter anderem auch das „Bananahuset“, das deutsche wandernde Gesellen in Form einer Banane aus Material von Abrisshäusern Mitte der achtziger Jahre nach dem Entwurf von ChristianiterInnen errichtet hatten.

Die Maueröffnung hatte Ulrike in ihrer Wohnung in der Invalidenstraße erlebt. „Mein Sohn war zehn. Mein Mann hatte Dienst, der war nicht da, und ich habe die Maueröffnung verschlafen. Ich war fix und fertig, weil wir nächtelang diskutierend am Fernseher gesessen haben und verunsichert waren. Am 7. Oktober war ja der Tag der DDR mit vielen Demos, wo so viele festgenommen wurden, das bekamen wir alles durch das Westfernsehen mit. Und ich konnte nicht mehr, ich habe gesagt, ich muss jetzt einfach mal den Fernseher nicht anschalten und früh ins Bett gehen. Und das war genau am Tag der Maueröffnung. Am nächsten Morgen habe ich's natürlich mitbekommen. Mein Sohn kam aus der Schule und sagte: Hey, wir müssen unbedingt rüber! Ich weiß auch, wie wir das machen, wir müssen hier rüberlaufen, dann in die S-Bahn steigen und zum Kudamm fahren. Das wusste der mit zehn Jahren, der hat das von den anderen Leuten gehört, die in der Nacht vorher da waren.

Ich hatte aber in der Nacht was knallen gehört. Ich war so fiebrig, ängstlich durch die Wochen davor, dass ich dachte, oh, jetzt schießen sie. Das müssen aber Sektkorken gewesen sein. Und ich hatte wirklich Angst und hab einfach durchgeschlafen. Und dann hing ich da oben im dritten Stock aus dem Fenster und unter mir im zweiten Stock die Nachbarin. Wir guckten uns an: Wollen wir rübergehen? Wir haben die Massen da langgehen sehen. Das Kuriose war, und das hat mir gezeigt, wie die Psyche funktioniert, ich konnte über die Mauer rübergucken, und ich sah die Menschen da langlaufen. In der Lehrter Straße. Ich konnte aus meinem Fenster bis zur Lehrter Straße gucken, warum habe ich da vorher nie rübergesehen? Das ist ein Phänomen.

Wir beide waren ein bisschen ängstlich, die Nachbarin und ich, und haben dann gesagt, okay, wir gehen jetzt zusammen. Und dann sind wir losgezogen, ich habe aber an der Mauer zu ihr tschüss gesagt, weil wir uns eigentlich gar nicht richtig verstanden, und bin mit meinem Sohn allein weiter. Und dann standen da links und rechts Leute, die einem was geschenkt und einen umarmt haben. Scientology war auch schon da und hat uns ein Buch in die Hand gedrückt. Wir sind zum Kudamm gefahren und haben das Begrüßungsgeld abgeholt. Das Erste, was ich mir davon gekauft habe, mein Sohn hat sich natürlich einen Comic oder so was geholt, das war ein historischer Atlas. Das werde ich nie vergessen, denn ich wollte unbedingt meine peinliche Erinnerung an den versuchten Buchdiebstahl vor Jahren korrigieren.

Wenn internationale Buchmessen zum Beispiel in Leipzig stattfanden, haben wir immer versucht, Westbücher zu klauen. Und einmal, ungefähr ein Jahr vor Maueröffnung, bin ich erwischt worden. In einer Ausstellung in der Humboldt-Uni wurden amerikanische Collegebücher präsentiert, und ein historischer Atlas hat mich so fasziniert. Da war auf einer Seite die Karte und auf der anderen die Beschreibung mit den Daten. Das fand ich so toll, vom Didaktischen her, und in unseren Atlanten fehlte ja immer die Hälfte der Welt. Aber das war ein riesiges

Format, und ich hab das Buch unter die Jacke gesteckt, was natürlich gar nicht ging. Es war klar, dass ich erwischt werden musste. Die waren aber total locker und haben nur gesagt, na, gib mal wieder her. Ich hätte ja richtig Ärger kriegen können. Mir war das aber extrem peinlich. Deswegen habe ich dann als Erstes diesen historischen Atlas gekauft."

Nach der Wende

„Das erste Jahr nach der Wiedervereinigung war aufregend", berichtet Ulrike. „Aber das hing in meinem Fall auch mit der privaten Situation – die Trennung von meinem Mann und dem Beginn einer neuen Arbeit – zusammen. Eigentlich änderte sich für mich alles, ich hatte gar keine Zeit hinterherzukommen. Im Sommer wurde innerhalb eines Wochenendes die Kaufhalle zum Supermarkt, dann die Geldumstellung. Es gab alles zu kaufen! Man musste nicht mehr Schlange stehen! Dann fing die Beschäftigung mit dem Schulsystem an, denn mein Sohn sollte ein Jahr später aufs Gymnasium. Ich besuchte mehrere Schulen an den Tagen der Offenen Tür. Von einer Waldorffschule war ich begeistert, weil es da so angenehm roch. Überall sah ich mir auch die Toiletten an. Bei uns war dagegen alles so heruntergekommen und ungepflegt. Jedenfalls hatte mein Sohn ja schon mit dem Russisch-Unterricht angefangen. Zum Glück gab es an der alten DDR-Grundschule eine Initiative, die ein paar Kindern, die aufs Gymnasium gehen wollten, die Anfangsgründe in Englisch beibrachten, den Rest lernten wir in den Sommerferien, sodass er in ein Gymnasium im Westen gehen konnte. Das war mir ungeheuer wichtig, weil ich befürchtete, dass die alten Genossen an den Ostschulen nun ihren Frust an den Kindern auslassen würden. Und auf der Arbeit mussten wir uns wegen der Änderung der Trägerschaft für dieselbe Stelle nach zwei Jahren noch mal neu bewerben. Ich ließ mir, weil ja völlig unerfahren in westlichen Bewerbungsmodalitäten, von einer Westfreundin helfen.

Im Großen und Ganzen begannen für mich völlig neue Erfahrungen. Ich konnte ja nun die weite Welt entdecken. Ich fing noch mal an, Sprachen zu lernen, Französisch und Spanisch, ich reiste, ich entdeckte Lateinamerika, wo ich dann sogar ein halbes Sabbatjahr lebte, aber ich musste auch viel arbeiten. Hier hatte ich allerdings Glück, denn ich war nie arbeitslos, ich hatte immer genügend Geld für meine Reisen und den Alltag. Irgendwann dachte ich dann, ich bin ja jetzt der Wessi und müsse auch Pakete in den Osten, in diesem Fall nach Rumänien, schicken. Als von dort aber Forderungen nach ganz bestimmten Markenschuhen kamen, die ich mir selbst auch nicht kaufe, ließ ich es sein."

Mein „Wendeerlebnis" hatte eigentlich gar nicht sattgefunden. Ich war im Mai 1989 aus Ibiza wieder nach Berlin zurückgezogen, zusammen mit meinem damaligen Mann, den ich in Spanien kennengelernt hatte. Da hatte ich gar nicht richtig registriert, was in der DDR passierte, weil wir uns eher um die Wohnungs- und Jobsuche kümmern mussten. Das war damals schon ziemlich schwierig, wir hatten zuerst immer in irgendwelchen Wohnungen oder WG-Zimmern gehaust, die uns durch die Mitwohnzentrale vermittelt wurden, bis wir dann eine total überteuerte dunkle Anderthalb-Zimmer-Hinterhofwohnung in Neukölln gefunden haben, wo ich nie in meinem Leben hatte hinziehen wollen. Damals war Neukölln noch echt die Härte. Jedenfalls kann ich mich erinnern, dass ich im Radio die Ereignisse der Maueröffnung verfolgt hatte. Klar musste ich auch heulen. Aber meine Verwandten waren im Osten entweder inzwischen gestorben oder wir hatten überhaupt keinen Kontakt mehr, ich hatte zu dieser Zeit einfach keinen Grund und keine Lust, nach Ostberlin zu fahren. Und dieses Gedrängel auf dem Kudamm war nicht mein Ding.

Ein komisches Erlebnis hatte ich kurz nach der Währungsunion. Die Mauer war ja an vielen Stellen so schnell abgebaut, dass ich mich gar nicht mehr auskannte. Unterwegs in Kreuzberg bin ich plötzlich in einer Gegend gelandet, die mir völlig fremd war, weil ich mich schon in Mitte befand. Dann habe ich einen Zeitungskiosk entdeckt und eine Zeitung gekauft. Als die Frau mir das Wechselgeld in die Hand drückte, guckte ich verwundert auf meine Handfläche, weil ich gar kein Gewicht spürte. Die Zeitungsverkäuferin hatte mir Ostgroschen rausgegeben. Ich sagte bloß: Wat is'n dit? Und die Frau erwiderte flapsig: Na Jeld! Ich wollte mich wegen der paar Groschen nicht streiten, außerdem muss ich gestehen, war ich mir zu der Zeit nicht so sicher, ob das nun schon aus dem Verkehr gezogen war oder nicht. Wie gesagt, ich war ziemlich mit meiner Wohn- und Arbeitssituation beschäftigt.

Des Rätsels Lösung?

Die drei zusammenhängenden Domfriedhöfe verströmen den Atem von Berliner Historie der vergangenen 150 Jahre mit zwei Weltkriegen und dem Mauerbau. Viele Gräber sind inzwischen von dichtem Efeu bewachsen, Stuck und Verzierungen mancher Grabstellen bröckeln neben alten verknorpelten Bäumen. Zahlreiche Einschusslöcher in den alten Gemäuern zeugen noch von den blutigen Kämpfen, die hier zum Ende des Zweiten Weltkriegs stattgefunden hatten, dazu kommen die Narben vom Mauerbau, durch Grabplünderei und Vandalismus. Herausgerissene Bronzegitter und abgebrochene Köpfe von Statuen stehen als stille Zeugen menschlicher Schwächen, die sich in so rabiaten Handlungen äußern. Und hinter den verletzten Mauern lugen diverse schicke neue Bauten oder auch die Hälse sich drehender Kräne hervor, die das Gefühl vermitteln, als befänden wir uns in einem Zeittunnel mit Fenster zur Zukunft.

Das schmale Tor an der Wöhlertstraße ist heute während unseres Besuchs am Nachmittag verschlossen, das Tor, durch das Ulrike gegangen ist und das laut Friedhofsverwaltung und anderen historischen Quellen Tag und Nacht durch Personal bewacht wurde, das in einem kleinen inzwischen abgerissenen Pförtnerhäuschen saß. Dahinter sehen wir einen gemütlichen Hinterhausgarten mit Grill und Sitzgelegenheiten. Ein Mieter stellt hinter dem Zaun sein Fahrrad ab. Von uns auf das geschlossene Tor angesprochen, erklärt er, der Grund sei, dass die HausbewohnerInnen durch zu viele Neugierige und Partys auf dem Friedhof gestört wurden. Andere Quellen berichten, dass der Friedhof vor den Festen der HausbewohnerInnen selbst bewahrt werden musste. Ulrike und ich sind inzwischen nach vielen Überlegungen der Meinung, dass der diensthabende Wachmensch am Tor wahrscheinlich gerade mal einem dringenden Bedürfnis nachgegeben hatte und sie so in diesem Moment in ihrer mystischen Stimmung ungesehen ins Sperrgebiet geriet …

© PSB, 1950er, „Wach"-Soldaten an der Harzer Straße zwischen Mengerzeile und Bouchéstraße

Freundschaft über die Mauer hinweg: Lotte und Susanne überwinden die Grenze

Czeslaw Niemens angeraute Stimme schallt durch das Wohnzimmer auf den Balkon heraus, als wir uns bei Susanne in ihrer Kreuzberger Wohnung treffen. Der 2004 an Krebs gestorbene „Große der polnischen Musik" gehört zu den Lieblingsmusikern der „in den Ostblock verliebten" Slawistin. Als 1981 das Kriegsrecht über Polen verhängt worden war, hatte der Musiker sämtliche Konzerte abgesagt und sich für vier Jahre komplett zurückgezogen. „Der große Abwesende" hieß er bei einigen auch.

© Privatarchiv, 1970er, Bahnhof Friedrichstraße

Seit über vierzig Jahren verbindet Susanne, geboren in der Nähe von Kiel, eine lebhafte Freundschaft mit Lotte, die Mitte der 1970er Jahre mit ihren Eltern und Geschwistern in Schöneiche bei Berlin wohnte und dort Mitglied der dortigen Kirchengemeinde wurde. „Die Kirchengemeinde war ja in der DDR so ein geschützter Raum", sagt die ehemalige Theologiestudentin, die heute an einem Gymnasium Religion unterrich tet. Die Kirche war es auch, die sie mit Susanne aus dem Westen zusammengebracht hatte.

Seit 1972 bestand eine Partnerschaft zwischen den Kirchengemeinden Schöneiche und Raisdorf in Schleswig-Holstein, deren Mitglieder sich das erste Mal 1973 in Ostberlin am Alexanderplatz im Haus des Lehrers trafen. „Wir Wessis durften ja nicht nach Schöneiche", erzählt Susanne, „weil das schon Brandenburg war. Da hätten wir extra ein Visum gebraucht." Die beiden Pfarrer Jürgen Huhn und Heinz Regel, die diese Treffen zweimal im Jahr bis zur Wende in Ostberlin organisierten, waren sich schnell einig, dass diese Partnerschaft „ein Fenster hinüber und herüber offen halten" sollte.

„Wir waren auch mal zusammen in Polen, in der Tschechoslowakei und in Ungarn", erinnert sich Susanne. „Im Sommer 1982 hatten wir uns in Budapest getroffen und uns auf dem Campingplatz verabredet. Von da aus sind wir zum Balaton getrampt, da war dann die ganze Gruppe." Auf einem kürzlich von Susanne organisierten Alumni-Treffen hatten sich dann viele der Ehemaligen in Schöneiche wiedergefunden. Einige der Freundschaften bestehen noch immer, so wie die zwischen Lotte und Susanne. „Wir kamen damals sofort ins Quatschen und haben uns gut verstanden, dann wurden Adressen ausgetauscht", sagt Lotte. „Die Austauschtreffen fanden immer unter einem Thema statt, und manchmal ging es darum: Wie läuft das bei euch? Sodass man die Unterschiede kennenlernte. Ich kann mich zum Beispiel an eine Situation erinnern, da hat Susanne mir erzählt, dass sie manchmal versucht, mit ihrer Art, sich zu kleiden, Leute zu irritieren, indem sie unterschiedliche Signale bezüglich ihrer Einstellung sendet. Das war für mich irgendwie neu. Gut, bei uns hat man schon so'n bisschen mit der Kleidung klargemacht, wo man sich befindet, auch zu DDR-Zeiten. Ich weiß noch, dass es mal Mode war, diese weißen Männerunterhemden zu tragen, da habe ich von meinem Vater immer die Hemden aus dem Schrank genommen. Also dieses ein bisschen Schlampige als Statement gegen das System. Aber dieses Wechseln, das Spielen mit den Vorurteilen anderer, das fand ich cool. Für mich wäre das gar nicht möglich gewesen, ich hatte ja die Klamotten dafür gar nicht, und überhaupt auf so eine Idee zu kommen. Bei mir war die Kleidung das Statement, dass man aus diesem Normalen rausfallen wollte. Die DDR war ja auch sehr eintönig, was die Kleidung betraf."

Susannes Mutter stammt aus der DDR und war 1953 ausgereist. „Dadurch sind wir regelmäßig zu den Verwandten gefahren", erzählt Susanne. „Also das war für mich jetzt in dem Sinne alles nicht neu. In dem Umfeld in der Nähe von Kiel, wo ich großgeworden bin, hatte sonst niemand DDR-Kontakte. 1982 bin ich nach Berlin gezogen, war dann aber zwei Jahre in Polen, da habe ich ein Freiwilligenjahr für Aktion Sühnezeichen gemacht. Davon gibt es auch ein paar Stasi-Akten. Die DDR hat sich schon mit den Polen ausgetauscht. Die Unterlagen von Lotte und mir sind nicht mehr da, weil ihr Onkel bei der Stasi war und alles mit ihrem Nachnamen verschwunden ist. Da gibt es nur einen Hinweis, dass ich mit ihr Kontakt hatte. Ich war ja oft bei ihr. Das war schon eine ähnliche Welt, aber die Rahmenbedingungen waren so komplett andere. Ich hatte auch immer das Bewusstsein, wenn es mir nicht gefällt, gehe ich wieder. Das ist noch mal eine andere Situation, als wenn man das Land nicht verlassen kann."

„Das war schon eine Einschränkung", erklärt Lotte. „Ich hatte zwischendurch auch mal nachgedacht, ob ich ausreise, aber das wäre ja alles so kompliziert gewesen, dann ist die Frage, nehme ich das auf mich? Wenn du das illegal machst, riskierst du dein Leben, das war klar, und wenn du das legal machst, kann es sein, dass du jahrelang wartest. Und es hat diese Endgültigkeit, du kannst dann nicht mehr zurück zu deiner Familie und so." Es war in dem Sinne keine „normale" Freundschaft, da Lotte die Freundin nicht besuchen konnte. „Wir waren befreundet, aber ich kannte ihre Wohnung gar nicht, ihr Umfeld." Das hatte sie einen Tag nach der Maueröffnung sofort nachgeholt. „Also ein komisches Gefühl hatte ich schon dabei", sagt Lotte, „weil ich im Westen auch übernachtet habe und erst am Sonntag wieder zurück bin. Was ist denn, wenn jetzt die Grenze wieder zugemacht wird? Dann habe ich das aber verdrängt. Später hieß es ja, dass ein Teil der Armee einen Putsch geplant hatte. Weiß ich nicht, ob das ein Gerücht war."

Auf ihren früheren gemeinsamen Reisen hatten sie sich, wenn sie Leute aus der DDR trafen, als Touristen aus dem Westen ausgegeben, bei Westlern hatten sie „beide einen auf Ossis gemacht." Das haben die Leute ihnen immer geglaubt. „Da ist niemand auf die Idee gekommen, dass wir sowohl als auch sind", sagt Susanne lachend. „Wir haben das aber auch ein bisschen als Schutzmaßnahme gemacht", wendet Lotte ein, „weil so ganz legal war das ja auch nicht." Die Campingplätze waren für CamperInnen aus dem Westen und dem Osten streng getrennt. Aber die beiden reisten nur mit einem Zelt. „Wir dachten, wenn das DDR-Leute sind, ist das ein bisschen doof, das zu sagen, man wusste ja nicht, ob irgendwelche Stasileute dabei waren."

Auf die Frage, ob sie sich mit ihrem jeweiligen Land identifiziert hätten, antwortet Susanne spontan: „Ja, schon", während Lotte einschränkt: „Aber eher kritisch." Sie fand es bei Susanne sympathisch, dass die „sehr offen und nicht von allem, was bei euch lief, überzeugt" war. „Als die Mauer aufging, war ich nicht so eingestellt wie: Ich will das Westgeld, und dann ist alles besser. Und das hatte glaube ich auch viel mit unserer Freundschaft zu tun, ich habe den Westen nicht nur aus der Werbung kennengelernt, sondern auch durch die kritische Betrachtungsweise von Susanne."

„Also in meiner Familie hatten wir es ja nicht so dicke", erzählt Susanne. „Jacobs Krönung haben wir nur gekauft, wenn wir in die DDR gefahren sind. Denn wenn wir der Verwandtschaft den Aldi-Kaffee mitgebracht hätten, wären die sauer gewesen." Lotte wundert sich über diese Haltung: „Das ist doch so eine Art Missgunst und Neid, da muss doch mehr dahinterstecken als nur die Verblendung durchs Werbefernsehen."

Wir reden noch vom obligatorischen Bücherklau auf der Leipziger Messe, und Lotte bestätigt, dass es Gang und Gäbe war, Westbücher zu stehlen. Aber wie soll man denn mit dieser Haltung den Sozialismus aufbauen? Lotte lacht. „Hat ja auch nicht geklappt."

Ein Pascha in Ostberlin: Arslan sucht Gold und findet Berlin

Eigentlich war es nur die Abenteuerlust, die Arslan Sabah aus seinem Dorf getrieben hatte. Finanziell ging es der Familie gut. Der Vater besaß ein Teppichweberei-Unternehmen in Karahıdır, einem Dorf bei Bünyan in der Provinz Kayseri, im Zentrum der Türkei. Hundert DorfbewohnerInnen arbeiteten ihm zu, das war fast ein Drittel der Bevölkerung dort. Die Mutter kam aus Kappadokien, dort wo die Häuser in den weichen Tuff-Felsen gehauen wurden. Eine einzigartige Architektur, die seit 1985 ins UNESCO Welterbe aufgenommen wurde. Arslan ging in Karahıdır fünf Jahre zur Dorfschule. Er hat auch am Webstuhl gearbeitet, aber das hat ihm keinen Spaß gemacht. „Fast jeden Tag, Mensch, ich hatte die Nase voll, ich hatte überhaupt keine Lust mehr gehabt."

Der Vater hatte auch Saz gespielt, die türkische Langhalslaute, und komponiert. Als Arslan zehn war, hat er ebenfalls eine Saz bekommen und spielen gelernt. Der Vater hatte immer zu ihm gesagt, bitte geh nicht, bitte geh nicht. Wer soll den Betrieb weiterführen? Aber er wollte nicht dableiben. Als Teenager hat er in Kayseri auf dem Bau gelernt und ist dann nach Antalya, wo er sechs Monate als Rohrleger schuftete. Und drei, vier Monate hatte er auf einer Musikschule sein Instrument weiter geübt. Als der Rohrleger-Job zu wenig Geld brachte, hatte er das Verputzen gelernt. Und dann ging es nach Jordanien zu einem älteren Bruder, um dort in dessen Baufirma zu arbeiten. Das war in der Grenzstadt Akaba, wo er dann auch ein bisschen Arabisch lernte, die „alte Schrift" kannte er bereits von den Koranstunden.

„Ich war sechzehn, siebzehn, da haben Kollegen gesagt, wir gehen nach Afrika, da gibt es gute Jobs und viel Geld", erinnert sich Arslan. „Das habe ich geglaubt. Dann sind wir nach Ägypten geflogen. Da wollten wir in einer Goldgrube in der Nähe arbeiten. Von Kairo sind wir nach Israel. Dort wurden wir festgenommen und waren fast sechs Wochen im Gefängnis, 1979 war das. Das türkische Konsulat hat uns gerettet. Wir sind in Handschellen zum Flugzeug gebracht worden. Wir mussten in Beirut zwischenlanden, da war Krieg. Am nächsten Tag sollte es in die Türkei gehen. Die haben uns ins Hotel gebracht. Wir sind am nächsten Tag nicht ins Flugzeug, wir sind dageblieben. Da draußen wurde geschossen, mein Gott, mein Gott. Zwei Wochen waren wir da und haben dann Arbeit gesucht, unser ganzes Geld war verbraucht. Wir wollten nicht in die Türkei. Ich wollte ein Abenteuer erleben oder was weiß ich."

© Privatarchiv, 1960er

Schließlich landete er dann im Oktober in Berlin, wo seine Schwester mit Familie wohnte, das war 1980, nach dem Militärputsch in der Türkei. Als er in der Kreuzberger Wohnung ankam, war er schockiert. „Deutschland, Deutschland, haben sie gesagt, ist so schön. Ich war eine Woche schockiert. Es war so dunkles Wetter, und die Häuser sahen auch blöd aus, alles grau. Ich habe gesagt, was habe ich gemacht." Dann bekam er einen Job auf dem Bau und blieb erst mal. „Ich habe über zwanzig Berufe im Bau gelernt, jetzt bin ich gut. Manche große Firma mit 3000 Leuten gibt mir Aufträge für Arbeiten, die andere nicht können. So, so, ich bin ein guter Fachmann geworden, natürlich, wenn du über vierzig Jahre im Bau bist. Ich arbeite auch für den Denkmalschutz als Stuckateur."

In ihrem Buch „Westbesuch" schreibt Jutta Voigt 2009, dass sie ein „arabischer Mann" mit den Worten „Willst du sein meine Frau, wenn ich komme zu Besuch in Osten?" an der Friedrichstraße begrüßt und ihr versprochen hatte: „Bringe ich schöne Strumpfhose und schöne Kaffee." Die Angesprochene war so perplex, dass sie nur „Nein danke" erwidern konnte. Als sie sich mit einer Westfreundin im „Lindencorso" unweit der Friedrichstraße traf, konnte sie einen regen Ost-West-Austausch beobachten. Dunkelhaarige Westmänner trafen Ostfrauen beim Tanzen. Um Mitternacht überquerten die Westmänner die Grenze, zahlten weitere 25 D-Mark Eintritt und kehrten wieder zurück, während die Ostfrauen ihnen die Plätze freihielten.

Arslan hatte von diesen Reisen nach Ostberlin von einem Arbeitskollegen gehört. „Es war so 1984, da hatte er mir erzählt, dass Yücel, ein Bekannter, eine Frau aus Ostberlin geheiratet und in den Westen gebracht hat." Dann ist

Arslan jeden Abend nach der Arbeit nach Ostberlin gefahren und hat seine 25 Mark an der Grenze bezahlt. „Und wenn man dann noch zehn oder zwanzig Mark schwarz gewechselt hat … oh, oh! Eins zu neun war das damals."

In Ostberlin gab es dann bereits die eingefahrenen Gleise. „Wir sind immer ins Café Moskau am Alex oder Clärchens Ballhaus und in ein Café, wo jetzt ein großes Steakhaus ist." Kennenlernen konnte man sich beim Tanzen, aber bereits an der Friedrichstraße war bei vielen der Deal gemacht. „Wenn wir über die Grenze Friedrichstraße kamen, standen da viele Frauen, die suchten einen reichen Mann oder was weiß ich, wir haben immer viele getroffen. Da gab es 60-jährige Männer, die haben junge Frauen kennengelernt, die sahen aus wie Models. Wirklich. Schade, aber so war es. Man hat sofort gemerkt, wer jemanden sucht."

Um die 6.000 Westberliner Türken sollen monatlich die Grenze zur Hauptstadt der DDR überschritten haben. Ab und zu fischten ihnen die Grenzkontrolleure eine Liste mit zahlreichen Kontaktadressen in Ostberlin aus der Tasche. Nicht wenige Ostberlinerinnen hatten gehofft, jemanden heiraten zu können und dann leichter in den Westen zu kommen (Vgl. „Anatolische Fliegenfänger", Spiegel, 4.2.2004). Doch vielen genügten die begehrten Mitbringsel. „Manche brauchten auch Geld oder Obst, Gemüse", erzählt Arslan. „Viele Türken haben Obst mitgebracht, Bananen oder so was, das gab es da nicht, da gab es nur Äpfel und saure Gurken."

Und manchmal sind sie auch mit dem Auto über den Check Point Charlie mit einem Tagesvisum oder fürs Wochenende auch für zwei Tage. Wenn die dunkelhaarigen Männer mit einem schicken BMW aufkreuzten, machte das Eindruck. „Das war eine schöne Zeit", schwärmt Arslan. „Ich habe mich gefühlt wie ein Pascha, besser als ein Pascha. Wenn du zwanzig Mark gewechselt hast, hattest du zweihundert Ostmark, das war viel Geld im Osten. Einen Abend Essen gehen, was trinken, das kostet nicht mal hundert Ostmark. Den Rest haben wir den Freundinnen immer dagelassen, darauf haben sie auch schon gewartet."

Aber mit nach Hause genommen haben die „Monikas" ihre türkischen Liebhaber meist nicht. „Manche waren bestimmt auch verheiratet", vermutet Arslan. „Wir sind nicht ins Hotel, sondern in ein normales Haus, ich kannte ein paar. Eins war von einer alten Dame, da musste man fünf Mark bezahlen, die hatte mehrere Zimmer. Es gab auch einen großen Raum mit mehreren Betten, für jeden kostete es fünf Mark pro Bett. Zweimal war ich da." Die anfängliche Scheu, sich in einem Raum mit mehreren Gleichgesinnten in Aktion zu befinden, hatte er notgedrungen abgelegt. „Das erste Mal bekommst du einen Schock, ein Paar liegt da, ein anderes da, mein Gott. Aber jeder macht schon, dann machst du auch."

Peinlich wurde es bei Maueröffnung, dass nicht wenige der eifrigen Grenzgänger auf beiden Seiten eine Familie hatten. „Viele hatten auch Kinder im Osten und im Westen. Als die Mauer geöffnet wurde, mussten sie eine

Entscheidung treffen." Und Ärger gab es sicher auch. „Aber wie!"

Was der Reiz dieser eifrigen Ostbesuche war, kann Arslan schnell auf einen Punkt bringen: „Gehst du rüber, sind alle nett, du kannst schön leben, dann kommst du zurück, alles ist anders. Natürlich wollte man dann jeden Tag in den Osten gehen." Das änderte sich schlagartig, als der Grenzgang nicht mehr einseitig war. „Damals waren die im Osten sehr nett. Als die Mauer aufging, wurde das gleich anders. Das war vorher viel besser."

Interessiert hat sich für ihn keine der Ostberlinerinnen mehr, wenn sie ihm im Westen über den Weg liefen. „Eine Freundin habe ich eine Woche nach der Maueröffnung bei Karstadt getroffen. Die ist mit mir nach Neukölln gekommen, wo ich in der kleinen Einzimmer-Hinterhofwohnung von Freunden vorübergehend war. Die kam aber nur einmal mit, dann habe ich sie nicht mehr wiedergesehen. Eine Freundin ist mir in der U-Bahn begegnet, sie hat mich angeguckt und sich umgedreht. Ich hab gedacht, Mensch, was ist los, ich habe natürlich auch nichts gesagt. Aber es war eine schöne Zeit."

Einmal hatte er sich sogar verliebt, aber das war leider nur einseitig. „Sie war bei der Stasi, das hat sie aber nicht gesagt, nur dass sie einen geheimen Beruf hat. Sie hat mir eine Telefonnummer gegeben und gesagt, wenn es sehr wichtig ist, kannst du hier anrufen. Einmal habe ich angerufen, und ich wurde gefragt, wer bist du denn? Dann habe ich sie nie mehr gesehen. Das war eine schöne Frau. Ich habe wochenlang an dieser Weltuhr am Alex gewartet und gehofft, ich sehe sie noch mal. Ich habe darüber auch ein Lied geschrieben. Wir hatten uns ein paarmal getroffen am Alex. Vielleicht kommt sie, dachte ich, aber sie hat nur gesagt, ruf mich nie wieder an." Eine Studie der Birthler-Behörde beschrieb Anfang der 2000er Jahre, dass die Stasi unter türkischen Migranten auch zahlreiche IM anwarb, die ausreisewillige DDR-Frauen ködern sollten. (Vgl. „Anatolische Fliegenfänger", Spiegel, 4.2.2004)

Und heute spürt Arslan schon wieder das Wanderfieber. Bereits in den 1980ern hatte er festgestellt: „Deutschland ist scheiße." Inzwischen schalten viele Baufirmen aus Osteuropa mit ihren unschlagbar niedrigen Löhnen so manche türkische Konkurrenz aus. „Die haben eine Firma in Bulgarien oder Rumänien angemeldet und nicht mal die Hälfte von dem genommen, was wir für einen Auftrag wollten. Die arbeiten immer noch für weniger." Und auch wenn er sich inzwischen in der Türkei nicht mehr richtig zu Hause fühlt, plant er, in wenigen Jahren an die Ägäis zu gehen. „Ich habe einen Garten in Antalya. Im Dorf haben wir ein großes Haus vom Vater. Irgendwie will man immer sehen, wo man geboren ist. Eigentlich eine schöne Ecke. Ich kaufe ein kleines Auto, vielleicht fahre ich ein paar Monate nach Kayseri, ein bisschen Antalya. Ich werde weiter komponieren. Was ich erlebt habe, habe ich in meinen Liedern geschrieben. Warum ich von da weg wollte? Ich weiß nicht. Das steckt wohl in unserem Blut, unsere Vorfahren sind doch aus dem chinesischen Grenzgebiet, da gibt es ein Turkestan mit 60 Millionen Türken. Die wollten immer weiter, weiter, ins Ausland gehen."

Versuche der Erneuerung: Besuch bei Sabine Landschek

Was als Erstes in Sabine Landscheks Wohnung in Treptow auffällt, in der sie seit 1983 lebt: Die vielen Bücher. Für unser Gespräch zieht sie den vordersten Karton aus einem der zahlreichen Regale – einer von dreien – und fängt an auszupacken. Aufrufe, Protokolle, Fotos, Matrizendrucke, alle Unterlagen, die sie während ihrer Aktivitäten beim Verband Berliner Künstler (VBK), der DDR-Berufsorganisation für KünstlerInnen, und der Arbeit für den Runden Tisch 1989/1990 aufgehoben hat. Während sie darin herumkramt, wundert sie sich über manches, was ihr in die Hände fällt. „Das ist wie aus einem anderen Leben."

Dann fängt sie an, die Überschriften und Slogans auf den Nachrichten und Flugblättern vorzulesen: „Initiative Schöneberg … Ja, die kamen dann alle rüber und haben sich solidarisiert. ‚Lieber raus auf die Straße als heim ins Reich', Königreich Kreuzberg, Gruppe Mauerblümchen … Wir wollten ja damals alles neu machen", erzählt sie beim Herumblättern, „bis mir dann ein West-Anwalt erklärt hat, dass das nicht geht … ‚Wirr ist das Volk', Gysi: Ich habe etwas aufgeschrieben, damit ich nachher noch weiß, was ich geredet habe' … Das hier ist vom Oktober 1989, noch vor Maueröffnung, also wir waren schon mutig. Hier, das ist vom 14. Dezember 1989, VBK, Treibhaus … Ich war ja Grafiker, und wir machten dieses Treibhaus, Kunst und Form hieß das. Alle Initiativen, die sich gegründet hatten, stellten sich vor. ‚Treibhaus versteht sich als Projekt der Reform'", liest sie vor. „Wir hatten einen Raum im unteren Bereich des Fernsehturms, alle wurden eingeladen …"

Am 10. September 1989 wurde ein Flugblatt mit der Überschrift „Aufbruch 89 – Neues Forum" verteilt, das die Bildung einer „politischen Plattform" bekanntgab. Hunderttausende von DDR-BürgerInnen brachen ihr Schweigen, und viele mischten mutig mit, indem sie Demonstrationen organisierten, Protestschreiben verfassten und Initiativen gründeten. Zusammen mit den Gründungsmitgliedern, unter anderem Michael Arnold, Bärbel Bohley, Jens Reich, Rolf Henrich, Sebastian Pflugbeil und Reinhard Schult, forderten viele die Zulassung des Neuen Forums, das die politische Diskussion in der breiten Gesellschaft anstoßen und eine Demokratisierung der DDR einleiten wollte. (Vgl. http://www.hdg.de/lemo/kapitel/deutsche-einheit/friedliche-revolution/montagsdemonstrationen.html., zuletzt besucht am 30.7.2019)

Am 7. Dezember 1989 trafen sich 15 RepräsentantInnen von sieben Oppositionsgruppen (SDP, Demokratischer Aufbruch, Demokratie Jetzt, Initiative Frieden und Menschenrechte, Neues Forum, Grüne Partei, Vereinigte Linke) mit ebenso vielen VertreterInnen der SED und der vier Blockparteien aus dem wenige Tage zuvor aufgelösten ‚Demokratischen Block' (CDU, LDPD, Nationaldemokratische Partei Deutschlands, Demokratische Bauernpartei Deutschlands) zum ersten Zentralen Runden Tisch der DDR. Doch schnell stellte sich heraus, wie unterschiedlich die Intensionen und Vorstellungen auch unter den

Oppositionellen waren. Einige wollten die rigorose Abrechnung mit der Vergangenheit, andere eine sachlich orientierte Zusammenarbeit mit den bestehenden politischen Kräften, während bei nicht wenigen Profilierungswünsche und Machtstreben zum Vorschein kamen. (Vgl. „Die Runden Tische der DDR", S.24f)

„Dann wurde das aber ganz schnell zerschlagen", erinnert sich Sabine, „weil die anderen eben Westen sein wollten. Ich habe mich dann zurückgezogen und denen im Neuen Forum Treptow noch geschrieben, wenn ich den Karpfenteich retten soll, dann mache ich das auch mit katholischen Nonnen, weil es um den Teich geht. Das haben die anderen nicht verstanden. Alle waren dann so zerstritten wie die 1968er."

Sabine Landschek, Jahrgang 1945, ist 1951 mit der Familie aus Stuttgart in die DDR, nach Ostberlin gezogen, der Vater wollte den Sozialismus mit aufbauen. „1951 waren die Weltfestspiele", erinnert sie sich, „da war toll was los hier in Berlin. Unter unserem Dach schliefen die FDJler, meine Mutter hatte immer Kaffee gekocht, das weiß ich alles noch. Meine Oma kam aus Stuttgart mit der PanAm nach Westberlin geflogen und hat uns besucht, um was zu bringen, frische Äpfel und so", erzählt sie lachend. „Die Verwandtschaft in Stuttgart tat so, als lebten wir in Sibirien, so weit im Osten wie wir war noch nie einer aus der Familie."

Ab 1952 besuchte sie die Grundschule in Pankow, dann kam sie in die Wilhelm-Pieck-Schule, „weil meine Mutter dachte, ab der dritten Klasse Russisch ist sehr lehrreich für eine Schülerin. „Aber wir haben nur Stalin-Texte auswendig gelernt." 1957 ist die Familie nach Dresden gezogen, wo Sabine auch ihr Abitur gemacht hatte.

Ihre Caprihosen-Geschichte gibt Sabine gern zum Besten, denn das ist für sie ein einschneidendes Erlebnis gewesen, das ihr den Weg wies. „Ich hatte eine Tante, die nach Amerika emigriert war, und die hatte uns ein Paket geschickt, da war ich so zehn. In dem Paket waren rote Popelin-Hosen, enge Dreiviertelhosen mit einem Schlitz. Zum Pioniernachmittag bin ich dann mit diesen Hosen gegangen, und sofort fragte die Pionierleiterin, woher hast du diese Hosen? Du ziehst dich sofort um! Die anderen Mädchen hatten alle wie Stalins Tochter Tüllschleifen im Haar und Röckchen an. Ich sagte, die wären von meiner Tante aus Amerika. Du gehst sofort und ziehst diese Imperialisten-Hosen aus, befahl sie. Ich bin weinend nach Hause, und mein Vater war da. Der hat gesagt, du gehst jetzt wieder zurück und sagst der Lehrerin, die kann das nicht wissen, die ist Russin, das sind Jakobiner-Hosen, Revolution, Liberté, Égalité, Fraternité ... Ich bin wieder hin und durfte die Hosen anbehalten. Es gab auch keinen Eintrag, nichts. So war mein Vater, immer dagegenhalten und nie doppeldeutig sein. Danach habe ich mich dann auch immer gerichtet."

Es gab nur Studienplätze für StaatsbürgerkundelehrerInnen, das interessierte sie aber nicht, sie hatte stattdessen Schriftsetzerin gelernt. 1968, da war sie 23, hatte Sabine sich für ein Studium in der Ostberliner Fachschule für

Werbung und Gestaltung beworben. Noch vor Beginn des Studiums fuhr sie wie jedes Jahr im Sommer nach Bulgarien. „Wir sind mit dem Zug nach Prag, Bratislava, Budapest, Bukarest und dann die Küste runter getrampt. Wochenlang mit hundert Mark oder weniger, irgendwie. Haben gearbeitet, Kinder gehütet, so habe ich mich durchs Leben geschlagen. Im August kam ich zu meiner Mutter nach Dresden. Die fragte entsetzt, wo kommst du denn her? Und ich hatte in Prag gedacht, die drehen einen Film. Ich kam gar nicht auf die Idee, dass diese Panzer sozusagen böses im Sinn hatten. Ich hatte ja keine Zeitung gelesen und wusste gar nichts, das habe ich erst später zu Hause mitbekommen. Für mich ist 1968 kein einschneidendes Jahr wegen des Kampfes gegen die Eltern, was für die Wessis so wichtig war, diese 1968er-Bewegung. Das ist vollkommen an mir vorbei, aber dieses Prag … Das war für mich das Ende des Sozialismus' überhaupt. Alle Freunde saßen im Knast."

In Berlin hatte sie mehrmals die Wohnung gewechselt und zog dort ein, wo gerade ein Bekannter auszog. „Die Wohnungen wurden immer weitergereicht. Wenn einer woandershin zog, hat der gesagt, hier sind die Schlüssel. Wir haben Miete bezahlt, und die wurde angenommen, dadurch war das auch halb legal. Einmal haben wir sogar die Mauern zum Nebenhaus bei einer Party eingerissen, um die Wohnung zu vergrößern. Jeder musste einen Rucksack mitbringen, damit die Steine verschwinden konnten." Ihre erste Wohnung mit Innentoilette hatte sie mit 33 in Köpenick, ansonsten wurde auf Komfort weitgehend verzichtet. Durch ihre zahlreichen Verwandten, die entweder den Wehrdienst in der Bundesrepublik verweigert hatten oder aus anderen Gründen nach Westberlin gezogen waren, hatte Sabine regen „Westkontakt", weil sie von denen oft besucht wurde. „Ich habe für die Bücher und Klassikplatten besorgt, und die haben mir dieses und jenes gebracht, das war ein reger Austausch."

Nach dem Studium musste sie sich zwei Jahre bei einem Verlag, bei der Deutschen Werbe- und Anzeigengesellschaft (DEWAG) oder einem anderen Betrieb ihrer Branche verpflichten, bevor sie mit der freischaffenden Arbeit beginnen konnte. Sie ging zum Verlag Volk und Welt. Doch ihr politisches Engagement und die Kreise, in denen sie verkehrte – sie lebte damals mit Wolf Biermann zusammen –, hatten dann doch bald Konsequenzen. „Irgendwann wurde ich zum Kaderleiter bestellt und aus fadenscheinigen Gründen, wegen Umstrukturierung oder irgendwas, entlassen. Es gab aber kein Schreiben, das hatte ich gesucht für die Stasiunterlagenbehörde, aber es gibt kein Papier, gar nichts. Jedenfalls war ich draußen."

Sabine war keine Kirchgängerin, hatte sich aber 1971 „aus Protest" taufen lassen, um „in diesen Kreisen" soziale Arbeiten zu übernehmen. „Mit alten Nutten im Scheunenviertel in der Ackerstraße, das waren tolle Frauen. Da gab es ein Klo auf dem Hof, ein altes Holzklo, und das mitten in Berlin. Dahinter war der Garnisonsfriedhof. Ich habe mit denen Bücher gelesen, habe sie zur Apotheke begleitet, sie gestreichelt, weil die so ausgegrenzt waren, das hat mich gestört. Offiziell gab es die ja nicht, so was war alles nur im Westen. Bei uns gab es weder Nazis noch Nutten oder irgendwas."

Nachdem sie 1973 beim Verlag Volk und Welt fristlos gekündigt worden war, begann ein Jahr der Arbeitslosigkeit. „Ich war asozial und nicht versichert. Wo ich hinkam, lag schon meine Akte. Das ging ein Jahr, da bin ich nach Ahrenshoop und habe bei Künstlerfreunden Töpfe bemalt. Das war dann wieder die Solidarität, die es in der DDR gab. Die haben mir zu essen gegeben und Geld, wenn ich nach Hause musste. Für meine Menschwerdung war das alles richtig, dass es so war. So ein gerades Leben hätte ich mir gar nicht vorstellen können, das ging immer hin und her." Während dieses einen Jahres ohne Arbeit wurde sie regelmäßig zur gynäkologischen Untersuchung geschickt. „Als ob ich auf den Strich gegangen wäre. Das war in der Brunnenstraße, ich weiß nicht mehr, wie die Ärztin hieß, aber die hat für die Stasi gearbeitet. Das hat mich doch sehr irritiert, alle drei Monate musste ich da hin und alles selbst bezahlen."

Danach fand sie Arbeit beim Aufbau Verlag. „Da war ich ein Jahr, dann haben die Kollegen für mich gebürgt, damit ich im Verband Berliner Künstler aufgenommen werde. Und dann war ich freischaffend. Mit Vertrag vom Aufbau Verlag, soundso viele Bücher im Jahr zu gestalten. Das lief eigentlich ganz gut, und dadurch hatte ich gemacht, was ich wollte. Beim Militärverlag hätte ich mehr Geld verdienen können, daran hatte ich aber kein Interesse."

Ab und zu besuchte sie Versammlungen in der Alt-Treptower Bekenntniskirche in der Plesserstraße mit Pfarrer Hilse. „Ich habe immer gesagt, ich gehe zu Bofingers, so nannten wir das Casa Plesser, weil der Cartoonist Bofinger Stammgast da war und seine Bilder dort hingen, das war schräg gegenüber, dagegen konnte ja niemand was haben. Einmal war es kritisch, das war wohl kurz vor 1989, da hat der Pfarrer angeboten, wer Angst hat, kann dableiben. Denn draußen standen die Grenzsoldaten. Als wenn wir jetzt abhauen wollten, was keiner beabsichtigte. Für mich war diese Grenze gar nicht da, weil ich mit dem Auto immer eine andere Strecke gefahren bin. Ich kannte auch den Kiez um die Karl-Kunger-Straße eigentlich gar nicht, da ist man ja gar nicht hingegangen, warum denn auch", sagt sie schulterzuckend, das sei ja eine tote Ecke gewesen.

„Beim Lesen meiner Stasi-Akte habe ich's mit der Angst gekriegt", erzählt Sabine Landschek weiter. „Als die DDR noch existierte, habe ich nie Angst gehabt, weil ich die verachtet habe. Ich dachte, was bin ich jung und schön, und was sind das für Arschlöcher. Das hat mich gar nicht interessiert. Aber beim Lesen dann, wie gefährlich das war, da graute es mir im Nachhinein. Gleich als eine der Ersten, 1991, habe ich die Akten eingesehen. Wir wurden von einem Psychologen gestreichelt, damit wir nicht zusammenbrechen. Mit Günther Linke und Klaus Peter Thiele, wir waren immer eine Truppe, sind wir nach Schwerin gefahren zu einem Freund, der da ein einsames Haus mit Kastanienbäumen und einem Brunnen hatte. Um uns auszukotzen, was in Berlin alles Scheiße war. Und der war Spitzel. Das wussten wir nicht, im Nachhinein dämmerte es einem. Der hat sich abends, wenn wir im Bett waren, hingesetzt und aufgeschrieben, was jeder gesagt hat. Was gesprochen und welche Blicke geworfen wurden und alles. Der hatte Gelder veruntreut, und damit haben sie ihn erpresst. Meine Freundesgruppe hatte mich gefragt, ob ich mitkomme zu ihm an die Wismarer Bucht, wo er jetzt ist, um ihn zur Rede zu stellen. Da habe ich gesagt, nee, das ist sein Problem und nicht meins. Ich will damit nichts zu tun haben."

Als die Mauer durchlässig wurde, hatte sich Sabine zunächst verweigert. Obwohl sie Verwandte in Westberlin hat, ist sie nicht „rüber". „Ich kam von der Versammlung vom Neuen Forum", erzählt sie, „schaltete noch im Mantel den Fernseher an und dachte, was ist das denn? Ich hab es gar nicht geschnallt und meinen Sohn morgens in die Schule geschickt. Der kam dann wieder und sagte: Es ist keiner da. Die sind alle im Westen. Dann habe ich meine eine Nichte, die in der Sonnenallee auf der Westseite wohnt, angerufen, und die sagte, die sitzen schon alle bei mir in der Küche, willst du nicht kommen? Ich sagte, nee, heute nicht, aber nächste Woche. Ich habe auch kein Geld getauscht und gar nichts. Ich wollte ja die DDR verändern und nicht Westen werden. Das hat mich doch gar nicht interessiert. Das ging dann ganz schnell, alle haben geschrien: Westgeld. Beim Neuen Forum in Treptow rückten dann welche nach, die sich vorher nie haben blicken lassen, da kamen dann solche menschlichen Untugenden hervor. Das fand ich ganz interessant, das hätte ich nicht gedacht, dass das alles dann so schnell vorkommt."

Was hatte sie eigentlich für Vorstellungen, wie sollte eine veränderte DDR sein? „Na, demokratisch", erwidert Sabine sofort. „Wir wollten einfach, dass diese Spitzelei aufhört, dass man frei atmen, mehr bestimmen kann." Dass bei den ersten freien Volkskammerwahlen am 18. März 1990 dann aber die Mehrheit der DDR-BürgerInnen CDU wählte und „Westen werden" wollte, hatte viele der Oppositionellen tief enttäuscht und desillusioniert.

Kapitel 2

Wem gehört der Platz?
Die EigentümerInnen

© Anke Zeuner, 2016

Steffen Greiner

Die International Continental Gas Associatian

Prolog: Das Ende des grünen Treptow

Schultze und Massante, Hergonne und Rohrbeck hießen einige der Ackerbürger und Gärtner, die 1875 an der Bouchéstraße ihre Grundstücke bewirteten. Nicht wenigen der Namen im Kataster der Cöllnischen Heide hört man ihre hugenottischen, französischen Wurzeln an. Der Grundstücksplan von 1875 von der Bouchéstraße, Ecke Harzer Straße, verweist schon auf Probleme, die heute die Debatte um die Stadt prägen. Ein großes Grundstück gehörte dem Oberbaurat Günther, es war unbebaut und diente, so deutete 1987 der Stadthistoriker Gerhard Hänsel aus Berlin, Hauptstadt der DDR, den historischen Stadtplan, dem „Schacher mit Grundstücken" (Siehe „Alt-Treptow in Berlin", S.33/34). Es hat sich also zwischen den Zeiten des Stadtbaurats James Hobrecht im 19. Jahrhundert und denen der Berliner Senatorin für Stadtentwicklung und Wohnen Katrin Lompscher 2019 in dieser Sache kaum etwas verändert.

Eine starke Bebauung setzte in den folgenden Jahren ein. Verzeichnet das Berliner Adressbuch lange lediglich drei Häuser am damaligen Bouchéweg (bis 1889), notiert es ab 1891 Baustelle um Baustelle in der Bouchéstraße – und einen Exerzierplatz (Berliner Adressbuch Ausgabe 1891, II. Teil, S. 57). Treptow richtete 1896 die Berliner Gewerbeausstellung aus, die Infrastruktur wurde mehr und mehr urban. Durch den Spreetunnel zwischen Stralau und Treptow fuhr 1899 die erste Berliner U-Bahn. Mit dem Bau des Teltowkanals ab 1901 begann der Grundwasserspiegel in Treptow zu sinken, bei Abschluss der Arbeiten 1906 um beinahe zwei Meter. Gartenbau war wirtschaftlich so kaum noch möglich – umso besser aber trugen nun die Böden schwere Gebäude.

Innerhalb weniger Jahrzehnte war aus dem Sumpfgebiet ein begehrter Bauplatz geworden, aus dem Naherholungsgebiet ein Industriestandort mit explodierender Bevölkerungszahl: Bald erlaubte die Gemeinde den Bau von Hinterhäusern und von Gebäuden mit mehr als drei Stockwerken. Nur noch Massante betrieb weiter einen Garten, Ackerbürger gab es so gut wie keine mehr. Auf dem Übersichtsplan der Gemeinde von 1915 – Rixdorf war gerade Neukölln geworden und sollte 1920, ebenso wie Treptow, mit der Entstehung von Groß-Berlin auch Teil der Hauptstadt werden – ist schließlich ein neuer Besitzer eingetragen: Die Imperial Continental Gas Association, kurz ICGA (Vgl. „Alt-Treptow in Berlin", S.34).

Der Platz in der großen Politik: Die Gasindustrie, der Weltkrieg und die Geburt von Groß-Berlin

Wie das entstehende Groß-Berlin und die ICGA zusammenhängen – das erschließt sich erst auf den zweiten Blick. Aber schon in diesen Tagen war das Grundstück in der Bouchéstraße verknüpft mit der großen Politik. Die ICGA wurde 1824 in

London gegründet – mit dem Ziel, in ganz Europa zu wirken. Zehn Jahre nach dem Wiener Kongress, der den Kontinent in eine prekäre Balance von Großmächten und nationalstaatlichen Bestrebungen brachte, schien die Idee, alle europäischen Großstädte durch ein Unternehmen mit Gasbeleuchtung zu versorgen, eher utopisch. Sicher ging es Gründer Sir William Congreve nicht um Menschenwohl oder einen wie auch immer gearteten europäischen Gedanken, sondern um einen Markt mit gigantischem Potenzial: Im Vereinigten Königreich, damals technologisch führend in Europa, war Straßenbeleuchtung bereits Standard, auf dem Festland hingegen herrschte noch vormodernes Dunkel. Die Strategie des Unternehmens, den Ausbau der Infrastruktur durch langfristige Verträge wirtschaftlich zu machen, ging auf – auch dank bester Beziehungen zu den Botschaftern der europäischen Mächte und zum englischen Königshaus. 1825 brannten im Preußischen Hannover die ersten von der ICGA betriebenen Gaslaternen (Vgl: „Die Geschichte der Gasversorgung in Berlin. Eine Chronik", S. 16f).

In Berlin-Kreuzberg errichtete die ICGA 1825 das erste Gaswerk in der Gitschiner Straße, am 21. September 1826 standen die ersten leuchtenden Gaslaternen an der Straße Unter den Linden. Das letzte große ICGA-Projekt war die Versorgung der entstehenden südlichen Berliner Stadtteile und der Bau der Gasanstalt Mariendorf 1901. Welche Pläne das Unternehmen mit dem Grundstück in Treptow verfolgte, bleibt ungewiss. Eine industrielle Nutzung lässt sich nicht nachweisen, auch nicht der Aufbau einer Regelstation, wie sie auf Grundstücken ähnlicher Beschaffenheit errichtet wurden.

Die Stadt Berlin und die ICGA zerstritten sich jedoch rasch. Für die über tausend öffentlichen Laternen, die bis Mitte des 19. Jahrhunderts betrieben wurden, verlangte das Unternehmen aus Preußischer Sicht horrende Preise. Per Königlicher Kabinettsorder erhielt die Stadt das Recht, ab dem 1. Januar 1847 das Gasversorgungsnetz zu übernehmen. Mit zwei Produktionsstätten begannen die Städtischen Gaswerke als Konkurrenz zur ICGA den Betrieb von nunmehr über zweitausend stadteigenen Gaslaternen. Die ICGA verlegte den Absatz nun zunehmend auf private Gasherde – ein lohnendes Geschäft: Die Produktion von Gas in Berlin stieg von fünf Millionen Kubikmeter im Jahr 1850 auf 149 Millionen Kubikmeter Gas im Jahr 1890 an (Vgl.: „Die Geschichte der Gasversorgung in Berlin. Eine Chronik", S. 24ff).

Der Erste Weltkrieg 1914-1918

Es verwundert nicht, dass ein Unternehmen wie die ICGA, das international agierte, in einem Krieg zwischen europäischen Großmächten ins Schlingern geriet. Für die britische ICGA bedeutete der Kriegszustand zwischen Deutschland und Großbritannien aber zuerst, dass die Kommunikation der Unternehmenszentrale mit den einzelnen Niederlassungen stark eingeschränkt wurde. In Berlin hielt Chefingenieur Ernst Körting die Stellung und beruhigte die Aktionäre. Trotz des Krieges, beschwichtigte der Vorsitzende Charles Jessel bei der halbjährlichen

Hauptversammlung im Sommer 1915, blicke das Unternehmen auf eine Zukunft, die „nicht weniger befriedigend“ sein werde als die Vergangenheit (Vgl.: „Under Political Uncertainties: Organisational Changes in the Imperial Continental Gas Association, 1824-1987“, S. 5f).

Das änderte sich ein Jahr später. Im Juli 1916 begann die deutsche Regierung mit der Registrierung ausländischen Besitzes und der Abwicklung gerade der britischen Güter. Auch die ICGA wurde bald aufgefordert, die Masse ihrer Grundstücke, Gebäude, Technik, Rohrnetze aufzulösen. Während die eigene Berechnung der ICGA von einem Gesamtwert der deutschen Investitionen von 161 Millionen Mark ausgegangen war, berechneten die Regierungsexperten nicht einmal 60 Millionen – letztendlich musste das britische Unternehmen seinen Besitz im deutschen Reich für 82,5 Millionen veräußern. Am 27. März 1917 wurde die Besitzmasse der ICGA ausgeboten (Vgl.: „Die Geschichte der Gasversorgung in Berlin. Eine Chronik“, S. 79).

Groß-Berlin

Im April 1920 bildete sich aus 8 Städten, 59 Gemeinden und 27 Gutsbezirken die neue Stadtgemeinschaft Berlin. Groß-Berlin war aus dem Stand mit 3,8 Millionen Einwohnern die drittgrößte Stadt der Welt.

Den Zuschlag für die Liquidationsmasse der ICGA erhielten zunächst aber die Kreise Teltow und Niederbarnim. Der Landkreis Teltow, zu dem Treptow gehöte, bildete gemeinsam mit der Deutschen Continental Gasgesellschaft AG Dessau ein neues Unternehmen, die Deutsche Gasgesellschaft AG. (Vgl: „Die Geschichte der Gasversorgung in Berlin. Eine Chronik“, S. 80f)

Der letzte Besitzerwechsel vor den Zeiten der Blockkonfrontation fand 1937 statt. In diesem Jahr kaufte der Berliner Bauunternehmer Hildebrandt die 5600 Quadratmeter an der Bezirksgrenze, um dort zeitnah eine große Wohnanlage zu bauen. Dazu kam es nie. Familie Hildebrandt verlor im Berliner Bombenhagel ihre bisherige Unterkunft und verließ die Stadt in Richtung Wien, wo sie auch nach dem Zweiten Weltkrieg ansässig blieb. In Berlin zurück blieb ein Grundstück in bester Lage auf stabilem Baugrund, das auch zur Mitte des 20. Jahrhunderts eine jener Freiflächen blieb, die das Bild Berlins lange geprägt haben.

Epilog: Die Wiedervereinigung der Berliner Gasversorgung

Die Geschichte der Berliner Gasversorgung, in die das Grundstück für Jahrzehnte eingebunden war, als Peripherie, war also schon seit der Konkurrenz von ICGA und städtischer Versorgung, später zwischen den Unternehmen in Besitz der Landkreise, eine von Teilungen und Zusammenführungen. Die Berliner Wiedervereinigung steht also in den frühen Neunziger Jahren in alter Tradition. Dabei gab es schon zuvor, 1984, eine kleine Wiedervereinigung, als infolge weltpolitischer Entspannung das bis dahin auch in der Energieversorgung als Insel agierende West-Berlin an sowjetisches Erdgas angeschlossen wurde: „Die GASAG hat die Mauer geöffnet“, ließ damals deren Pressesprecher verbreiten (Vgl.: Tagesspiegel, 21.5. 2007).

Eher als Verwaltungsakt stellte sich hingegen die Vereinigung in den Jahren 1991 bis 1993 dar. Berlin-Ost wurde durch das VEB Energiekombinat versorgt, West-Berlin durch die seit 1923 agierende GASAG. Ersteres wurde 1990 durch die Treuhand in die Berliner Erdgas AG umgewandelt (Vgl.: „Die Geschichte der Gasversorgung in Berlin. Eine Chronik“, S.156f). Doch seit der Wiedervereinigung wurde von der Berliner Regierung angestrebt, die städtische Gasversorgung in eine Hand zu geben. Nach schwierigen Verhandlungen mit den jeweiligen Betriebsräten und Gewerkschaften wurde die GASAG in eine Aktiengesellschaft umgewandelt, um die Erdgas AG zu übernehmen. Das stieß bei den Belegschaften beider Betriebe auf Widerstand, war doch unsicher, ob Arbeitsplätze und erkämpfte Rentenrechte erhalten bleiben würden. Die Beschäftigten beider Betriebe sollten schließlich in den öffentlichen Dienst aufgenommen werden. Anfang 1992 bildete die GASAG unter Mitwirkung der Erdgas AG eine Fusions-Gruppe, am 11. Juni 1993 schließlich wurde die Verschmelzung der Betriebe unter dem Titel GASAG durch Eintragung ins Handelsregister wirksam (Vgl.: „Die Geschichte der Gasversorgung in Berlin. Eine Chronik“, S. 161ff).

Vier Jahre nach dem Fall der Mauer wurde die Gasversorgung Ost und West vereinigt. Für das Grundstück in Treptow sollte jedoch noch ein Kampf bevorstehen.

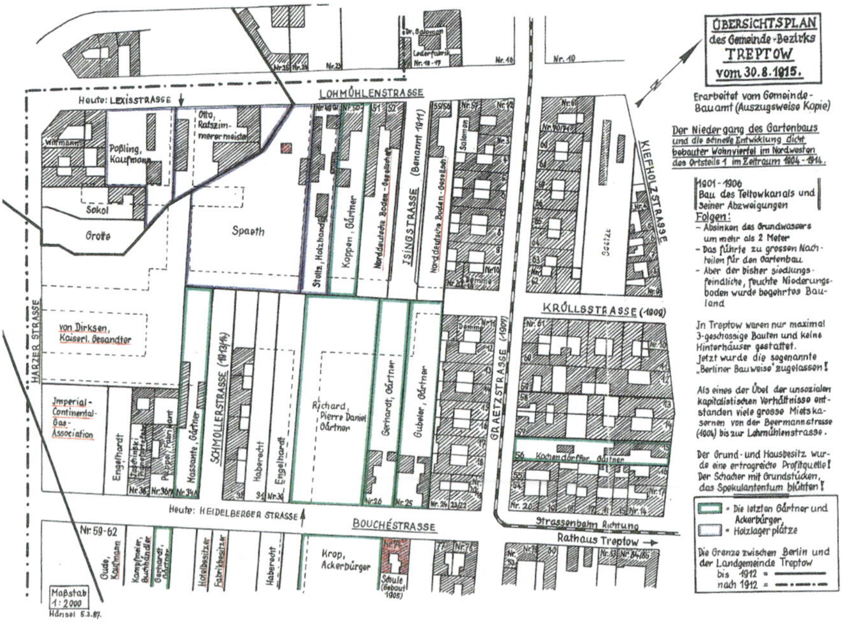

© Museum Treptow-Köpenick, Gemeindebezirke Treptow 1915 (Ausschnitt)

Petromax und die Laternen

Am 2.1.1866 gründete der Berliner Klempnermeister Albert Graetz (1831-1901) zusammen mit dem Kaufmann Emil Ehrich in Berlin die „Lampen-Fabrik Ehrich & Graetz OHG" und produzierte Dochtpetroleumlampen. 1899 zog das Unternehmen nach Treptow in das neu errichtete Fabrikgebäude an der Elsenstraße. Die Greatz-Söhne Adolf und Max, spätere Firmenchefs, stellten 1905 den „Graetzin-Gasanzünder" für Gasstraßenlampen vor, die bis dahin manuell entzündet werden mussten. Zu Ruhm gelangte die „Petromax" mit senkrechtem Vergaser, 1921 von Max Graetz zum Patent angemeldet und als Geburtsstunde der heute bekannten Graetz-Laterne bezeichnet. Es war ein echter Verkaufsschlager, der die Welt eroberte und noch immer hergestellt wird – von einem Sanitärartikel- und Kunststoffproduzenten in China. (Vgl. „Ist Hitler nicht ein famoser Kerl? Graetz. Eine Familie und ihr Unternehmen")

„Doch um die Stadt Berlin zu sehn, genügt die Sonne nicht", reimte Berthold Brecht in einem der Partykracher der Weimarer Republik, zu Kurt Weills Foxtrott „Berlin im Licht" – und das traf nicht nur für die Roaring Twenties zu. Damals entfaltete gerade das elektrische Licht seinen Zauber, die Glühbirnen ersetzten vor allem in der Werbe-Beleuchtung das schummerige Gaslicht, das die Stadt bereits seit einem Jahrhundert erhellte. Berlins Straßenbeleuchtung war jedoch zu allen Zeiten berühmt. Ende des 19. Jahrhunderts etwa entstand hier die klassische „Schinkelleuchte" – nicht vom Baumeister selbst entworfen, aber in Tradition seines Klassizismus und in preußischem Eisenguss, jene sechseckige, umgekehrt pyramidenförmig zulaufende Straßenlampe, die bis heute weltweit verbreitet ist. Während Brecht die elektrische Beleuchtung feierte, lieben viele heute eher das Gaslicht, das Berlin nachts seine warme Textur schenkt – fast die Hälfte aller überhaupt existierenden Gaslaternen der Erde steht in den Straßen dieser Stadt. Doch auch wenn das kulturelle und auch touristische Potenzial dieses Kulturerbes weithin verstanden wird – zugunsten der Energieeffizienz sollen in den nächsten Jahren die meisten davon auf das effizientere LED umgerüstet werden.

WIR DIE RECHTMASSIGEN EIGENTUMER FORDERN DIE RUCKGABE UNSERES
MAUERGRUNDSTÜCKES
WIR PLANEN EINE ÖKOLOGISCHE ALTEN-KIND-U. BEHINDERTEN-GERECHTE
WOHNHAUSANLAGE 972 60 21
EIGENTÜMER U BAUHERR CHARLOTTE U JOACHIM HILDEBRANDT T
PLANUNG DIP ING (FH) ARCHITEKT BDA FRANZ J LANGER T 089/367499
MAUERUNRECHT DARF NICHT
ZU RECHT WERDEN

© CSuhr, 2012

Der Erbe Joachim Hildebrandt und die Mauer

Es muss 1995 gewesen sein, als im November auf der wild bewachsenen Brache zwischen Harzer Straße, Mengerzeile und Bouchéstraße ungewöhnliche Aktivitäten zu beobachten waren. Männer in Arbeitsoveralls machten sich über den seit sechs Jahren gewachsenen Baumbestand und das Gebüsch her, ein Herr in dickem Mantel gab Anweisungen. Die KünstlerInnen, die in der anliegenden Pianofabrik ihre Ateliers eingerichtet hatten, waren alarmiert und stürzten auf den Platz, um das Grün zu retten, das in dieser Jahreszeit nur als trauriges braunes Gestrüpp zu erkennen war.

Seit Januar dieses Jahres stand ein ausladendes Schild auf der Brache: „Mauerunrecht darf nicht zu Recht werden!“, aufgestellt von der „Interessengemeinschaft ehemaliger Grundstücksbesitzer auf dem Mauerstreifen Berlin“. Nach dem Beitritt der DDR zur Bundesrepublik 1990 begannen die enteigneten Grundstücks- und HausbesitzerInnen um ihr früheres Eigentum zu kämpfen. Zusammen mit ihrem Sohn Joachim forderte Charlotte Hildebrandt wie auch andere in der Interessengemeinschaft engagierte Betroffene die Rückgabe ihres Grundstücks, den Rückkauf konnten sie sich außerdem nicht leisten. Mit dem Mauergrundstücksgesetz vom 15.7.1996 wurde der „begünstigte Rückerwerb“ von Mauergrundstücken und auf dem ehemaligen Grenzstreifen gelegenen Gebäuden durch die AlteigentümerInnen oder deren RechtsnachfolgerInnen geregelt. Danach mussten die durch die DDR-Regierung enteigneten EigentümerInnen ihr ehemaliges Grundstück oder Gebäude, das für den Ausbau der Grenzanlagen vereinnahmt worden war, zu 25% des Verkehrswerts erwerben (§2 MauerG). Die Antragsfrist für diesen Rückerwerb lief bis zum 31.1.1997 (§4 MauerG; Vgl. EurActiv, 6.11.2009/Kanzlei Partsch).

Joachim Hildebrandt begann das Gelände zu roden und von Müll zu befreien. Nachdem sich das Brachland nach Maueröffnung 1989 von der intensiven Insektizidbehandlung erholt hatte, war dort ein richtiges Biotop herangewachsen. Vögel hatten sich in den jungen Bäumen eingenistet, und es wurden Insekten und Pflanzen gesichtet, die es anderswo nicht gab. Als Hildebrandt zu weit vorgerückt war – ein Streifen der Brache gehörte zum Grundstück der Pianofabrikbesitzerin –, stellten sich einige der KünstlerInnen aus dem Atelierhaus Mengerzeile schützend vor die Bäume, um die Kettensäger an der Arbeit zu hindern.

Vor dem Mauerbau hatten hier SchrebergärtnerInnen gepflanzt und geackert. Sie hatten das Gelände von einem Tag auf den anderen verlassen müssen, als die Grenze zwischen Neukölln und Treptow abgeriegelt wurde. Um die 750 Grundstücke wurden von der DDR-Regierung für Mauer, Patrouillenwege und Todesstreifen beschlagnahmt. „Den einen Morgen sind wir aufgewacht“, berichtete eine Anwohnerin aus der Mengerzeile, „wir hatten ja gegenüber die Gärten, eine ziemlich große Anlage bis zur Bouchéstraße rüber, da waren die ganzen Bäume alle abgeschlagen. Da war nichts mehr. Die haben alles dem Boden gleich gemacht, damit sie sozusagen freie Schusslinie hatten.“ („Geteilte Nachbarschaft“, S. 70) Bereits in den 1920er-Jahren befanden sich Gartenlauben auf dem Gelände: „Vor der Entstehung des Schmollerplatzes erstreckten sich ab 1929 südlich der Häuserzeilen an der Karl-Kunger-Straße [Graetzstraße] bis zur Harzer Straße große Holzlagerplätze, dazwischen ein Fußballfeld und bis zur Bouchéstraße verschiedene Laubenkolonien, die besonders zu Notzeiten der beiden Weltkriege zur Eigenversorgung beitragen mussten." („Geteilte Nachbarschaft", S. 26)

Was die Imperial Continental Gas Association, bis 1918 Eigentümerin der Parzelle, mit dem Grundstück vorhatte, bleibt unklar, jedenfalls wurde es nicht bebaut. 1937 hatten Charlotte Hildebrandt und ihr (1974 verstorbener) Mann das 5600 Quadratmeter große Grundstück erworben, vermutlich von der städtischen Gasgesellschaft. 1944 sind sie mit ihrem einjährigen Sohn Joachim nach Wien gezogen.

Am 9. November 2011 erschien Joachim Hildebrandt, inzwischen 73 Jahre alt, wie jedes Jahr wieder auf dem Brachgelände Harzer Straße, Bouchéstraße, Mengerzeile, wo wir uns zu einem Gespräch trafen. „Die Bundesregierung hat aus politischen Erwägungen, nicht aus juristischen, hier ein Mauergrundstück zum Verhökern geschaffen, um bei den Leuten abzuschöpfen, nämlich 25% des Grundstückswerts", schimpfte er. Dass 1961 auf diesem Areal, das seit 1937 dem Ehepaar Hildebrandt gehörte, eine Mauer gebaut worden und ein militärisch abgesichertes Sperrgebiet entstanden war, sei Verletzung des Alliiertenrechts gewesen, so Hildebrandts Argumentation. Als Erbe seiner Eltern sehe er sich als Besitzer dieses Grundstücks und werde diesen Anspruch weiterhin verfolgen, dafür auch bis vor den Europäischen Gerichtshof gehen.

„De jure ist es eine offene Partie, weil ich jetzt noch Einsprüche beim Oberverwaltungsgericht laufen habe. Meine Mutter ist 2006 gestorben, ich bin sozusagen der Rechtsnachfolger und habe das Ganze wieder von Neuem aufgerollt, mit

© CSuhr, 2011, Joachim Hildebrandt auf seinem umkämpften Grundstück

anderen Argumenten." Er habe außerdem einen Antrag auf Prozesskostenhilfe gestellt, so Hildebrandt, und warte jeden Moment auf den Bescheid. „Ich müsste ja hier für das Grundstück Gerichtsgebühren von mindestens acht- bis zehntausend Euro auf den Tisch legen, dazu kommt auch noch der Anwalt."

Irgendwann hatte Hildebrandt erfahren, dass Stadt und Land auf dem Grundstück eine Kita bauen wolle. Das geschah ohne Berücksichtigung der Eigentumsverhältnisse, betont er, und er habe das zu verhindern gewusst. Ein Architekt habe bereits vor vielen Jahren die Entwürfe für die gewünschte Wohnanlage auf dem Platz angefertigt, berichtete Hildebrandt, hier sollte eine alten- und behindertengerechte Wohnanlage mit um die 120 Wohneinheiten in Pyramidenform von viel Grün umgeben entstehen. Und in der Mitte oben wolle dann er thronen, fügte er lachend dazu.

Anfang Dezember 2012 rief ich bei Joachim Hildebrandt an, um mich nach dem Verlauf seines Prozesskostenhilfeantrags zu erkundigen und zu fragen, wie die aktuelle Lage sei. „Ich bin am Ball", sagte Hildebrandt sofort. Eine Entscheidung bezüglich seines Antrags gebe es jedoch noch nicht. Sein Streit mit dem Bundesvermögensamt gehe weiter, und den 9. November habe er dieses Jahr nur wegen einer Grippe nicht auf dem Grundstück verbringen können. Seit er auf seinem Protestschild die neue Telefonnummer angebracht hatte, riefen bei ihm die Investoren an. Es gab auch jemanden, der einen Seniorenwohnsitz dort bauen wollte. Na, vielleicht könne er ja auf diesem Weg dann doch noch dort wohnen, scherzte Hildebrandt.

2013 lehnte der Europäische Gerichtshof die Klage der Hildebrandts ab. „Vielleicht hätte ich mich im November 1989 in den Wachturm einquartieren sollen", sagte Joachim Hildebrandt bei einem Telefonat im Oktober 2018. „Solche schlauen Ideen kommen mir leider immer erst zu spät." Das ärgere ihn besonders wegen seiner verstorbenen Mutter. „Ich hätte ihr dann ein besseres Leben bieten können." Fast dreißig Jahre hatte der Kampf gedauert, bevor der inzwischen ergraute Hildebrandt aufgab.

Am 7. September 2015 verkündete der Tagesspiegel: „80 Jahre nach den ersten Plänen wird eine Brachfläche endlich bebaut" („Bouchégärten statt Mauerstreifen"). Joachim Hildebrandt hatte das Grundstück gekauft und an eine Projektentwicklungsfirma verkauft, die dort eine Eigentumswohnanlage mit Tiefgaragen und 276 Wohnungen errichten lässt. Hildebrandt hat sich dort ein Loft „gesichert".

Bei einem weiteren Telefonat im April 2019 berichtete er, dass sein Loft wohl erst im Oktober, November desselben Jahres übergeben werde. Laut Planung hätten die Bouchégärten bereits ein Jahr früher fertig sein müssen. Aber er wolle im Mai seinen 81. Geburtstag wieder in Berlin feiern. Um von oben auf unsere große Kastanie im Hof nebenan – der Bouchéstraße 37 – blicken zu können, wird es wohl noch eine Weile dauern. Bis dahin hält er sich fit.

Die Homepage der längst nicht mehr existenten „Interessengemeinschaft ehemaliger Grundstücksbesitzer auf dem Mauerstreifen Berlin" werde zwar nicht mehr aktualisiert, sei aber immer noch abrufbar, sagt Joachim Hildebrandt. „Ich will das als offene Wunde stehen lassen."

Besuch beim Investor

Vom U-Bahnhof Oranienburger Tor an der Friedrichstraße in Berlin-Mitte, dort wo sich wenige Meter entfernt bis 1867 ein ehemaliges Stadttor mit der Berliner Zoll- und Akzisemauer befand, biege ich in die Oranienburger Straße ein, die von hier bis zum Hackeschen Markt verläuft. Die Oranienburger Straße mit ihren zahlreichen zum Teil denkmalgeschützten Gebäuden, wo in den 1990er Jahren Abenteuerlustige die Stadt eroberten und HausbesetzerInnen Partys in Kellerlöchern und Ruinen feierten, sich diverse KünstlerInnen ansiedelten und abends noch unübersehbar ein reger Prostitutionsverkehr herrschte, ist im Sommer 2019 von Baustellen überzogen.

Mein Weg zur Firma Archigon gegenüber dem Monbijouplatz führt an dem Grundstück des ehemaligen Kaufhauses Tacheles vorbei, heute eine Ruine, die noch bis 2012 von Kreativen als Kunsthaus genutzt wurde und später zur Touristenattraktion geworden war. Hier auf diesem 2,5 Hektar großen Gelände ist eine riesige Baustelle gewachsen, die sich nach Plänen des Projektentwicklungsbüros pwr development bis 2020 zu einem neuen Stadtquartier mit Geschäften, Wohnungen und Büros umgewandelt haben soll. In der Tacheles-Ruine selbst sind Galerien und Ateliers geplant, wobei die Ateliers sicher nicht mehr von den KünstlerInnen, die dort in den 1990er Jahren eingezogen waren, bezahlbar wären.

Ich werde von einem Hagelgewitter überrascht, während ich einen Blick auf die hinter Baucontainern noch immer sichtbare Wandmalerei der Künstlergruppe Globalodromia an der Brandwand der Tacheles-Ruine blicke. „How long is Now?“ steht dort die philosophische Frage nach der Dauer des Jetzt. Angesichts der Entwicklung in der Oranienburger Straße, die exemplarisch für die Veränderung Berlins stehen dürfte, ist dieses Jetzt ein Wimpernschlag. Und die Hilflosigkeit, die uns im Zuge dieser rasanten Fortschrittlichkeit überfällt, wird auch sehr gut darin ausgedrückt, dass dieser inzwischen legendäre Schriftzug von 2006 kopiert und an einen anderen Ort transportiert wurde: In der Friedrichshainer Friedenstraße prangt er seit Juni 2019 an einer Brandwand des Neubaus der Wohnungsbaugesellschaft Mitte (WBM), die laut Pressemitteilung vom 4.6.2019 auf dem Gelände des ehemaligen Böhmischen Brauhauses 192 Mietwohnungen bauen lässt. Hier dürfte das „Jetzt“ noch zehn Jahre dauern.

Der plötzlich vom Himmel prasselnde Hagel hat den Touristenstrom der Oranienburger Straße in sämtliche Häuserecken verteilt. Ich sprinte durch die Pfützen, vorbei an einem dieser allgegenwärtigen asiatischen Touristen-Restaurants mit den goldglänzenden Plastik-Buddhas vor der Tür, und suche bei der nächsten roten Ampel kurz Schutz auf den Stufen des ehemaligen Kaiserlichen Postfuhramts an der Ecke Tucholskystraße. Der Ende des 19. Jahrhunderts errichtete denkmalgeschützte verklinkerte Ziegelbau, vorübergehend als Kunstgalerie genutzt, ist inzwischen Firmenrepräsentanz des Medizintechnikherstellers Biotronik.

Bereits durchnässt renne ich bei Grün weiter an der Neuen Synagoge mit den dort postierten WachpolizistInnen vorbei, die gut geschützt in dunkelblauen Regenmänteln patrouillieren. Heute stehen keine TouristInnen auf der Straße, um die goldene Kuppel des jüdischen Gotteshauses zu knipsen. Nach einem weiteren Sprint erreiche ich endlich den Altbau, wo die Archigon GmbH ansässig ist. Gegenüber auf dem Monbijouplatz standen noch bis 1958 die Reste des zerbombten Lustschlosses Monbijou, ein im Rokoko-Stil 1706 im Auftrag des preußischen Königs Friedrich I. für die Gräfin von Wartenberg errichtetes Prunkstück mitten in der Stadt.

Die Adresse der Archigon GmbH ist ein denkmalgeschützter Bau von 1885 und wurde von der Firma selbst restauriert. Es war das erste Projekt des 1997 vom Architekten Gunther Hastrich gegründeten Unternehmens. Nach Ausbau und Sanierung von Altbauten hat sich der Projektentwickler nun auf den Neubau verlegt. Die Bouchégärten in Alt-Treptow an der Harzer Straße, flankiert von Mengerzeile und Bouchéstraße, sind bisher das umfangreichste Projekt. Doch Gunther Hastrich und sein Kollege Wolfgang Keuthage haben bereits eine Vision von „Hohem Wohnen am Reichpietschufer", für das sie ein Hochhaus mit etwa 220 Wohnungen auf 37 Stockwerken entwarfen.

Ich fahre ganz nach oben, betrete das Loft, in dem sich das Büro von Archigon befindet, und werde dort an den Konferenztisch geführt. Die Pressereferentin Ghislaine Chapon bietet mir freundlich einen Kaffee an und schenkt dann auf Wunsch ein Glas Wasser ein, während ich wie eine nasse Ratte auf dem Stuhl Platz nehme und mich umblicke. Im Gegensatz zum Dach im Vorderhaus durften hier im Rahmen des Denkmalschutzes Dachflächenfenster und Terrasseneinschnitte eingebaut werden. Die innenliegenden Deckenstützen im mit Stahlrahmen verstärkten Dachstuhl wurden größtenteils abgebaut. Vor der Terrasse steht ein Podest für die gute Sicht. Draußen prasselt der Hagel, es blitzt und donnert. Ich stelle mir kurz vor, wie der Erbe Joachim Hildebrandt hier im Mai vergangenen Jahres seinen achtzigsten Geburtstag gefeiert hat. Bei einem Telefonat hatte er mir noch berichtet, dass er für Bill-Haley-Musik-Beschallung sorgen würde. Das hätte ich gern gesehen.

Nachdem ich ihm versichert habe, dass ich ihn nicht nach seinem Privatleben ausfragen will, erklärt sich Gunther Hastrich bereit, ein paar Fragen zu beantworten. Natürlich will ich erst einmal wissen, wie die Firma Archigon dieses Grundstück in Alt-Treptow gefunden hat.

„Ich habe über den Hinweis eines Maklers die Telefonnummer von Herrn Hildebrandt erfahren und ihn in Wien angerufen", erzählt Gunther Hastrich. „Er war interessiert, es kam zu mehreren Schriftwechseln, und ich bin schlussendlich zweimal nach Wien geflogen, habe ihn dort kennengelernt. Wir haben zueinander Vertrauen gefasst, und er hat nach langen Verhandlungen uns den Zuschlag gegeben." Auf meine Frage, ob das mit dem angebotenen Kaufpreis oder der Art des Projekts zu tun gehabt habe, erklärt Gunther Hastrich, dass er nicht genau wissen könne, ob der Preis tatsächlich der beste gewesen war, da

© Karsten Thielker, 2017, Bouchégärten

© Karsten Thielker, 2019, Bouchégärten (oben)

er ja keine Informationen über die Gebote der anderen Interessenten hätte, es aber zu vermuten sei. Herr Hildebrandt habe sicher auch kaufmännisch gedacht. „Aber wir haben uns auch gegenseitig schätzen gelernt, und diese persönliche Beziehung hat einen wesentlichen Anteil daran gehabt, dass er mit uns das Geschäft machen wollte."

Warum der Wohnkomplex an der Bouchéstraße, benannt nach Johann Peter Paul Bouché, dem Nachfahren des Hugenottischen Refugiés David Bouché, der im 17. Jahrhundert nach Berlin siedelte und dessen Familie sich besonders in der Gärtnerei mit Pflanzenzucht, Forschung und Herbarium hervortat, „Bouchégärten" heißt, ist nicht schwer zu erraten. Trotzdem wollte ich diese Frage doch noch stellen. Gunther Hastrich bestätigt das Offensichtliche. „Das hat sich natürlich aus dem Straßennamen ergeben. Und weil wir bei allen Projekten ein starkes Gewicht, einen starken Fokus auf die Außenanlagen legen und uns klar war, dass wir auch dort wieder schöne Höfe beziehungsweise Gärten gestalten wollen, lag es für uns nahe, den Begriff Gärten zu verwenden. Darüber hinaus ist es ein Verweis auf die gleichnamige Familie von Landschaftsplanern."

Irgendwann im Sommer 2016 fanden die AnwohnerInnen der riesigen Baustelle an der Harzer Straße, Bouchéstraße, Mengerzeile, dass es auffallend ruhig und nicht wie vorher sonst bis zu zwölf Stunden täglich gearbeitet wurde. Am 24. Februar 2017 stand dann im Tagesspiegel: „Der Sand wird knapp". Ohne Sand gibt es kein Plastik, keine Farben, Klebstoffe und ebenso wenig Asphalt, Glas und Beton. Und ohne Beton keine Bouchégärten.

Geologisch gesehen bestehe in Deutschland kein Mangel an Sand-, Kies- und Natursteinvorkommen, heißt es in der Pressemitteilung des Bundesverbandes Mineralische Rohstoffe vom 23. Februar 2018. Der Grund für die Versorgungsengpässe sei, dass sich ein Großteil der Sandlagerstätten im Bereich von Naturschutzgebieten befinde, unter gebauter Infrastruktur oder Wohn- und Gewerbegebieten. Dazu kommt die erhöhte Nachfrage aufgrund des aktuellen „Bauhochlaufs", und außerdem stellen immer weniger Landwirte ihre Flächen für einen Rohstoffabbau zur Verfügung, weil es sich in Zeiten niedriger Zinsen und gleichzeitig steigender Preise für Ackerland nicht lohnt, das Land zu verkaufen oder zu verpachten.

Ob die beiden Architekten vielleicht eine Alternative zum Baumaterial Beton in Betracht gezogen hätten, will ich von Gunther Hastrich wissen. „Nein", erwidert er sofort. Die Diskussion um Sand sei wichtig, aber der Mangel an diesem Baustoff betreffe andere Regionen der Welt stärker als Deutschland. „Darüber hinaus ist Beton ein nachhaltiges Material. Er ist dauerhaft und hat über seinen Lebenszyklus hinweg einen geringeren Wartungsaufwand als beispielsweise Putz. Aber Beton ist für uns in erster Linie natürlich ein Gestaltungsthema."

Auf der Homepage von Archigon wird von einer „unverwechselbaren, markanten Architektur" gesprochen, gegliedert durch Fassadenelemente aus Sichtbeton oder Metall". Glas und Sichtbeton prägen die Fassade und vor allem die nach außen ragenden Dreieckselemente zwischen den Balkonen, die auch für Privatsphäre sorgen sollen. Diese auffallende Gestaltung sei das Ergebnis langer

Praxis, erklärt Hastrich, der auch Partner im Architekturbüro HKA Hastrich Keuthage Architekten ist. „Wir arbeiten schon viele Jahre zusammen und haben einen Stil entwickelt, der sehr stark mit Beton verbunden ist. Wir planen zwar zurzeit ein Projekt mit einer Metallfassade, aber grundsätzlich sind unsere Bauten von Glas und Sichtbetonelementen geprägt." Und was hält er von Bauweisen, die sich mit Energieeinsparung durch Wärmerückkoppelung befassen, sogenannte passive Häuser? „Das Passiv-Haus ist in der Herstellung sehr aufwendig und mit erheblichen Mehrkosten verbunden. Bei der Beurteilung muss man immer auch den Energieeinsatz im Herstellungsprozess und beim Rückbau betrachten. Die Bouchégärten erfüllen die Vorgaben des KfW-Effizienzhaus 55 Standards und liegen damit 45% unter der Norm. Wir haben Fernwärmeanschluss, d.h., wir nutzen die Abwärme von Kraftwerken, die sonst ungenutzt bliebe. Angesichts der großen Fensterflächen war es sehr ambitioniert, überhaupt den KfW 55 Standard zu erreichen."

Die Kreditanstalt für Wiederaufbau (KfW) bietet BauherrInnen und HausbesitzerInnen zinsgünstige Kredite und Zuschüsse für die energetische Sanierung und den energieeffizienten Neubau von Wohnimmobilien mit den Programmen „Energieeffizient Bauen" (Programm 153) und „Energieeffizient Sanieren" (Programme 151, 152, 430), kann man auf der Homepage der KfW nachlesen. Die Höhe der Förderung ist abhängig von der erreichten Energieeffizienz des Gebäudes. Der KfW 55 Standard steht für ein Gebäude, das nur 55% von der Energie benötigt, die für einen vergleichbaren nach der Energieeinsparverordnung (EnEV) gebauten Neubau aufzubringen ist.

Die Baulücken werden in Berlin zusehends geschlossen, was passiert, wenn es in Berlin keine Baugrundstücke mehr gibt? frage ich Gunther Hastrich. „Dann schießen die Preise in den Himmel, dann wird Berlin teuer wie Paris oder London. Aber Berlin hat noch viel Potenzial, Berlin ist flächenmäßig eine extrem große Stadt, und es gibt z.B. Industrieareale, die für eine Umnutzung geeignet sind, deren Nutzung ihrer Lage und der Entwicklung der Stadt nicht mehr angemessen ist und für die es Ausweichflächen im Umland gibt. Verglichen mit anderen Städten ist Berlin nicht dicht bebaut."

Ich muss meinem Gesprächspartner gestehen, dass ich es besser gefunden hätte, wenn die Bouchégärten vor meinem Fenster etwas schmaler ausgefallen wären. „Wir haben sehr große Innenhöfe, und indem wir den Block zur Bouchéstraße und zur Mengerzeile hin geöffnet haben, entstehen qualitätsvolle Freiräume, die ein Gewinn für das Stadtbild und für den Straßenraum sind", erwidert er darauf.

Die Archigon GmbH will weniger KapitalanlegerInnen als vielmehr EigennutzerInnen ansprechen, in die Bouchégärten sollen laut Information des Projektentwicklers 75-85% der KundInnen, die zwischen 3000 und 5000 €/m² für die Wohneinheiten bezahlt haben, diese selbst nutzen. Ein Trend oder eine große Ausnahme? Bisher bewohnen in Berlin nur 15 Prozent ihr Eigentum selbst (zitiert nach Haufe Online, 17.5.2019).

Mich hätte interessiert, wie Gunther Hastrich sein Traumhaus beschreibt, sieht es den Bouchégärten ähnlich, wäre es ein Turm am Potsdamer Platz oder etwas ganz anderes? Aber diese Frage bleibt unbeantwortet, denn ein Traumhaus habe er nicht, sagt er.

© CSuhr, Oranienburgerstraße 2019

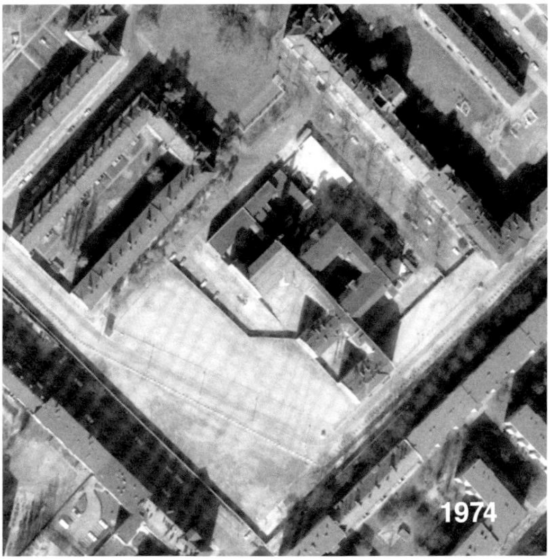

Kapitel 3

Von der Pianofabrik zum Atelierhaus

© Privatarchiv Riedel, Hochzeitsbild Johanna und Oskar Jaschinsky 1916

Tausend und mehr Klaviere von Ost nach West: Die Pianofabrik Hoepfner, 1880-1956

© Familienarchiv Riedel, Johanna Jaschinsky 1961

Am Sonntagmorgen, dem 13. August 1961, verlässt Johanna Jaschinsky, Witwe des Pianofabrikanten Oskar Jaschinsky, ihre Wohnung in der Bouchéstraße 37 in Alt-Treptow. Überall im Kiez und auch vor ihrer Tür wird Stacheldraht an den markierten Alliiertenzonen ausgerollt. Frau Jaschinsky, Besitzerin des Wohnhauses sowie der anliegenden früheren Pianofabrik Hoepfner mit dazugehörigem Produktionsgelände, hat kein Gepäck dabei, nur eine Handtasche. Sie nutzt in den Wirren der Grenzbefestigung zwischen Treptow und Neukölln die letzte Gelegenheit, um in den Westen zu gelangen, der nur ein paar Schritte entfernt über den Fahrdamm der Bouchéstraße beginnt, und verschwindet in der Neuköllner Harzer Straße. Frau Johanna Jaschinsky, die 1956 die Pianofabrik Hoepfner nach dem Tod ihres Mannes liquidiert hat, wird nie wieder nach Hause zurückkehren.

Aus dem Stacheldrahtverhau wurde nach und nach ein nahezu unüberwindlicher Betonwall mit Wachtürmen und Todesstreifen. Über ein Drittel der etwa 43 Kilometer langen innerstädtischen Berliner Grenze verlief zwischen Treptow und Neukölln. Die 1908 errichtete Flügel- und Pianofabrik in der Mengerzeile 1-3 mit dem später eingeführten Namen „Hoepfner-Pianos" wurde 1970 bis 1991 vom VEB Deutsche Schallplatten als Verkaufsstelle und Lager genutzt, nachdem bis dahin die Verwaltung des HO-Kreisbetriebs Treptow im Haus ansässig gewesen war. Das Gebäude der ehemaligen Pianofabrik sowie das anliegende Wohnhaus in der Bouchéstraße 37 lagen nun bis zur Öffnung der Grenze 1989 im Sperrgebiet. Für die BewohnerInnen des Miethauses und die im Fabrikgebäude tätigen MitarbeiterInnen bedeutete das tägliche Kontrollen durch Grenzbeamte. Die vordere Haustür des Wohnhauses Bouchéstraße 37 wurde zugemauert und das Gebäude nur noch durch den Hintereingang zugänglich gemacht.

Die Gründerjahre, Pianobau und August Jaschinsky

Anfang des 19. Jahrhunderts zählte Treptow mit seinen damals gerade mal um die sechzig EinwohnerInnen zu den Ausflugsorten der BerlinerInnen. Die seit 1876 selbstständige Landgemeinde verfügte zu jener Zeit zwar über keine Schule, besaß dafür aber eine Vielzahl von Bier-, Garten- und Tanzlokalen. Von den stürmischen Gründerjahren wurde Treptow relativ spät erfasst. Hervorgehoben hatte sich der einstige Fischerort, dessen Siedlung erstmals 1568 schriftlich nachgewiesen werden konnte, vor allem durch seine Vergnügungsstätten. Auf der Flurkarte von Treptow

© Museum Treptow-Köpenick, Postkarte, ca. 1900

aus der Zeit um 1875 sind im Gebiet zwischen Lohmühlen- und Elsenstraße und westlich der Berlin-Görlitzer Bahnlinie an der Kiefholzstraße bis zur Grenze von Rixdorf überwiegend GärtnereibesitzerInnen als GrundstückseigentümerInnen verzeichnet.

Erst als der Bau neuer Kanalwege – 1905 der Rixdorfer Stichkanal, 1906 der Teltowkanal, 1914 der Neuköllner Schifffahrtskanal – den GärtnerInnen im wahrsten Sinne des Wortes das Wasser abgegraben hatte und aus dem vorher als siedlungsfeindlich bezeichneten Niederungsboden im breiten Talkessel der Oberspree durch die Austrocknung geeignetes Bauland entstand, wurde das gering besiedelte, grüne Treptow von der Oase am Rand Berlins zum Anziehungspunkt für Berliner Fabrikbesitzer, die expandieren wollten. Gartenbau lohnte sich nicht mehr, aber der Verkauf der Grundstücke versprach Gewinn. Mit der Berliner Bauordnung von 1887 war nun das Hochziehen von Massenwohnhäusern mit Seiten- und Hinterhäusern gestattet. Die bereits vorhandenen Straßen wie Lohmühlenstraße, Bouchéstraße und die nördliche Kiefholzstraße wurden innerhalb weniger Jahre zugebaut (Vgl. „Treptow", S.65). Nacheinander entstanden im Norden Treptows zahlreiche Fabriken. In der Bouchéstraße 36 wurden seit 1906 in den Fripu-Werken Haushaltsmaschinen wie Wirtschaftswaagen, Brotschneider, Spirituskocher etc. hergestellt, von 1912-1924 hatte die Beka Rekord A.G. ihren Sitz dort, die „Sprechmaschinen und Schallplatten" herstellte. Von 1921-1935 wurden in der Bouchéstraße durch die Carl Lindström AG Grammophone hergestellt. Zwischen 1936 und 1961 residierten die Karl Achenwall Zuckerfabrik und später die Konsum-Süßwaren-Fabrik Dulcina im Gebäude, das dann noch von der EAW Elektro-Apparate-Werke als Lager genutzt wurde. Und in die Bouchéstraße 37 (später Mengerzeile 1-3) zog die Piano-Produktion August Jaschinskys (Vgl. „Wissenswertes aus der Geschichte des Ortsteils Treptow").

Klavier-Boom in Berlin

Um 1700 entwickelte der florentinische Hofcembalobauer Bartolomeo Cristofori das moderne Klavier oder vielmehr die Vorstufe davon. Auf dem neuen Instrument wurden die Tasten nicht wie beim bisher gebräuchlichen Cembalo angezupft, sondern mit kleinen belederten Hämmern angeschlagen, sodass durch die Stärke des Tastendrucks die Lautstärke der Töne beeinflusst werden konnte. (Vgl. „Geschichte des Klaviers")

Dieser kleinen technischen Revolution sollten in den folgenden einhundertfünfzig Jahren eine weiter verbesserte Mechanik und verfeinerte Bauweise des Pianos folgen, die in der Mitte des 19. Jahrhunderts nahezu ausgereift war und der Bauform heutiger Klaviere und Flügel im Großen und Ganzen glich. So wurde unter anderem das „aufrechte" Klavier erfunden, das weniger Platz benötigte als der Flügel, und an der Stabilität des Instruments bastelten diverse KlavierbauerInnen. Die Stabilität – zusammen mit einem größeren Tonumfang – gehörte zu einem der wichtigsten Faktoren, wie sich bald im Zuge der sich immer temperamentvoller gebärdenden KünstlerInnen zeigen würde. Mit Stars wie Richard Wagner, Franz Liszt und weiteren KonzertpianistInnen entstand eine regelrechte Wechselwirkung zwischen Klavierbau-Innovationen und künstlerischer Entwicklung.

In der zweiten Hälfte des 19. Jahrhunderts brach ein richtiger Piano-Boom aus, der sich auch an der rasant steigenden Zahl der Gründungen von Berliner Klavierbaufirmen niederschlug. Berlin wurde – neben Wien, Paris, London und New York – zu einem Zentrum der Klavier-Industrie, um die zweihundert niedergelassene Unternehmen dieser Sparte gab es in der deutschen „Klavierhauptstadt", die sich neben Leipzig entwickelt hatte. (Vgl. „Faszination Klavier", S.87)

Die königlich-preußische Residenzstadt entwickelte sich zu einer weltoffenen Metropole, und viele KünstlerInnen, vor allem PianistInnen zogen nach Berlin. In den bürgerlichen Privatwohnungen und Salons gehörte das Musizieren zum „guten Ton", kein gutbürgerliches Haus ohne Flügel oder Pianino. Junge Mädchen mussten selbstverständlich die Fingerfertigkeit an den Tasten erlernen, auch jungen Männern blieb der musikalische Drill nicht immer erspart. In Kneipen und Restaurants, Kaffeehäusern und Konditoreien gehörte das Klavier zur Einrichtung. Im Bordell, beim Ballett, im Varieté und Kabarett und nicht zuletzt in den Lichtspielhäusern stand ein Klavier. In Letzteren zur Begleitung der um 1900 aufkommenden Stummfilme. Die Werkstätten und kleineren Fabriken der Berliner KlavierbauerInnen verteilten sich über die ganze Stadt, genauso wie andere Gewerbeniederlassungen. Nicht wenige befanden sich in Kreuzberg (SO36), unter ihnen auch August Jaschinsky mit seiner 1880 gegründeten Firma. In der Reichenberger Straße hatten sich um die zwölf KlavierbauerInnen angesiedelt, darunter das größte und erfolgreichste Berliner Unternehmen, die Firma Bechstein. (Vgl. „Nicht nur Bechstein – Klavierbau in Berlin bis 1914")

Die Bechsteins waren es auch, die den ersten Piano-Sekretär herstellten, eine Art Pianino, auf die sich August Jaschinskys Unternehmen ab den 1920er Jahren spezialisieren sollte. Der „Prototyp“ entstand bereits 1867 als besonderes Geburtstagsgeschenk vom Bayerischen König Ludwig II. an den von ihm bewunderten Komponisten Richard Wagner, und Carl Bechstein erhielt den Auftrag. Der Klavierbauer versuchte sich in den Komponisten hineinzuversetzen und stellte sich dessen Arbeitsweise vor: Inspiration, ausprobieren, spielen, notieren. Der Meister soll vom Ergebnis begeistert gewesen sein. (Vgl. „Die Bechsteins“, S.188/189)

Eine weitere Inspiration erhielt der Klavierbaumeister Carl Bechstein, als er ein Konzert des jungen Franz Liszt besuchte. Auch Ludwig van Beethoven (1770-1827) hatte bereits mit seinen Kompositionen und dem „vulkanischen Temperament“ das Auffassungsvermögen des Publikums wie auch die Leistungsfähigkeit der damaligen Pianos überfordert. Doch einen regelrechten Star-Rummel löste Franz Liszt (1811-1886) aus, der es wenige Jahre nach Beethovens Tod wagte, als erster Pianist, Soloabende zu spielen. (Vgl. „Faszination Klavier. 300 Jahre Pianofortebau in Deutschland“)

© Ullstein-Bild, „Franz Liszt am Klavier“, Karikatur: Theodor Hosemann, 1842

Liszts dramatische, ungestüme Spielweise war legendär, und er hatte es bei jedem Konzert geschafft, mindestens einen, wenn nicht sogar mehrere Flügel zu ruinieren. Die Konzerte wurden fast so etwas wie eine Wettkampfarena für Klavierbaufirmen, deren Produkte die Schläge der exaltierten KünstlerInnen aushalten mussten. 1856 hatte Carl Bechstein mit ansehen müssen, wie Liszt bei einem Konzert in Berlin einen Flügel der Firma Èrard zu Brennholz machte und eine Saite nach der anderen mit seinem kraftvollen Spiel besiegte. An diesem Abend soll Bechstein den Entschluss gefasst haben, ein Instrument zu bauen, dass dieser Herausforderung standhielt (Vgl. „Die Bechsteins“, S.71-73). Die RockmusikerInnen der 1960er Jahre waren also nicht die ersten dramatischen Instrumenten-KillerInnen.

In diesen Boom-Zeiten des Pianos musste der Tischler August Jaschinsky wohl den Entschluss gefasst haben, keine Särge mehr herzustellen. Auch wenn diese Produktion den Vorteil hatte, dass sich die KundInnen nicht mehr beschweren konnten.

August Jaschinskys Pianofabrik

August Jaschinsky (1849-1936) begann vermutlich 1892 seine Piano-Produktion unter dem Firmennamen A. Jaschinsky GmbH Berlin. In der Zeitschrift für Instrumentenbau, ein von 1880 bis 1943 in Leipzig publiziertes Fachorgan für Klavierhersteller und Instrumentenhandel, ist eine handelsgerichtliche Eintragung vom Juni 1892 zu finden, die das Geschäftslokal in der Dieffenbachstraße 33 mit dessen „Inhaber der Pianoforte-Fabrikant Gustav August Jaschinsky zu Berlin“ aufführt. Auf einem Briefkopf von 2. Mai 1906 steht „gegründet 1882“, auf einem weiteren vom 4.12.1907 wiederum „gegründet 1880“. Die Wirren um das Gründungsdatum könnten unter anderem auch dem Umstand geschuldet sein, dass

 Pianojubiläum, ca. 1908

August Jaschinsky zunächst Särge herstellte. In seinem Geschäft war es sicher vorteilhafter, eine längere Praxis im Instrumentenbau aufzuweisen, sodass er die Gründung seiner eigenen Firma generell als Anfang der Pianofabrik angab, bzw. seine später geschäftsführenden Söhne. Alle drei Söhne Jaschinskys, Georg, Oskar und Hugo, lernten Pianobau, auch wenn Georg Jaschinsky in der dokumentierten Firmengeschichte nicht auftaucht. Das Ehepaar Jaschinsky hatte auch drei Töchter, doch diese werden in keinen Quellen genannt. Einzig Oskar Jaschinskys Ehefrau Johanna sollte später die Reihe der tatkräftigen und geschäftstüchtigen Frauen dieser Familie anführen.

1922 wurde das Unternehmen August Jaschinskys nachweislich in Hoepfner Pianos umbenannt. „Hoepfner“ sei der Familienname seiner Ehefrau gewesen, berichtete Carla Riedel, die Tochter seines ältesten Sohnes Oskar. „Die Gründerjahre (um 1880), in denen viel Wohlstand und die Industrialisierung begann, zogen auch August Jaschinsky von seinem Bauernhof in Skoppen bei Rhein in Ostpreußen nach Berlin“, erinnerte sich die 1919 geborene Rosemarie Saatzen, Schwester von Carla Riedel. „Der gelernte Tischler baute zunächst Särge – die werden immer gebraucht und bei Nichtgefallen nicht umgetauscht, war sein Kommentar. Dann stellte er seine kleine Werkstatt auf die Fabrikation von Pianos, später auch Flügel um. Als die gemieteten Räume zu klein wurden, baute er das Fabrikgebäude.“

„Pappel-August“ soll man den Fabrikanten August Jaschinsky genannt haben, weiß der Klavierbauer und Publizist Dieter Gocht auf seinen „Klaviersaiten“ zu berichten. Gocht hatte in der Zeitschrift für Instrumentenbau nach Spuren des Berliner Klavierfabrikanten gesucht. August Jaschinsky sei „einer der ersten Pianofortefabrikanten, welcher die sogen. matt und blanken Pianos – zu den früheren Möbeln passend – herausbrachte und mit besonderer Fertigkeit die sogen. Maserbehandlung verstand und pflegte“, konnte man 1929 in der Zeitschrift für Instrumentenbau lesen. „Ebenso war Herr August Jaschinsky in den 90er Jahren in Berlin nur bekannt unter dem Namen Pappelaugust. Er war der erste, der erkannte, daß die deutsche Pappel ganz besonders für Absperrfurniere und für den Kastenbau sich eignete, was von anderer Seite verneint wurde. Allmählich wurde dies aber in unserer Branche auch von Fachleuten eingesehen und hat hierdurch die gute deutsche Pappel gewissermaßen ihren Einzug in unsere Branche gehalten.“ (Vgl. www.dieter-gocht.de)

Auf der berühmten Berliner Gewerbe-Ausstellung 1896 im Treptower Park stellte auch die Firma August Jaschinsky ihre Pianinos aus. In der Zeitschrift für Instrumentenbau vom 21.7.1896 wurden sie beschrieben: „Zwei völlig gleiche ausgestellte Pianinos sind in Nußbaum, matt und blank, hoch, mit einfacher Grundstecharbeit, Eisenpanzerplatte, beide mit Unterdämpfung. Der Anschlag ist leicht und giebt klaren Ton. Ein Pianino in Nußbaum, ebenfalls matt und blank, ohne weitere Verzierung, abgesehen von einem Aufsatz. Unterdämpfung. In Anschlag und Ton befriedigend, ebenso wie das folgende Pianino, schwarz, ganz schlicht gehalten, Unterdämpfung. Bei den beiden letzten Instrumenten vermissen wir das Firmenschild.“ (Vgl. www.dieter-gocht.de)

Neben der heimischen Pappel wurden bei den Jaschinskys auch Redwoodhölzer aus Kalifornien für die Resonanzböden eingeführt. Die Enkelin Carla Riedel erzählte voller Stolz, dass der Opa ohne jegliche Englischkenntnisse dafür seine Geschäftsreise ins ferne Land antrat. Dass sich der Älteste, Oskar, später als „Alleiniger Fabrikant“ dieser besagten Resonanzböden patentieren und in der Zeitschrift für Instrumentenbau feiern ließ, provozierte einen Konkurrenten, der im selben Blatt als langjähriger Redwood-Nutzer Kontra ankündigte. (Vgl. www.dieter-gocht.de)

Um 1907 verzeichnete die deutsche Pianoforte-Industrie mit Exporten in andere „Kulturländer“ (Zeitschrift für Instrumentenbau, 21.12.1910) Hochkonjunktur, in der Zeit ließ August Jaschinsky seine Fabrik in Treptow errichten. Nachdem das Pianohaus an der Mengerzeile 1908 in Betrieb genommen wurde, bezog er mit seiner Ehefrau und den sechs Kindern sowie sechs Lehrlingen eine Etage, wie die Enkelin Carla Riedel später berichten sollte. Auch die Lehrlinge wurden „mittags von der Großmutter mit kräftigenden Mahlzeiten gestärkt. Großvater sprach das Tischgebet an dieser großen Tafel. Die Arbeiter und viele Lehrlinge hatten oft nur ein Getränk mit auf dem weiten Weg zur Fabrik.“

Die beiden Schwestern Rosemarie und Carla beschrieben die Fabrik, in der sie praktisch aufwuchsen, später als Kinderparadies: „Zur Fabrik gehörte ein Holzplatz. Dort wurden große Baumstämme gelagert, bevor sie im Sägewerk am Ende des Grundstücks, an der Mengerzeile gelegen, in Bretter gesägt wurden. Zum guten Austrocknen des Holzes kamen kleine Stöckchen zwischen die einzelnen Bretter, sodass Luft durchziehen konnte. Die Stämme fuhren zunächst auf schmalen Holzwagen, die auf einer Schmalspurbahn lief, ins Sägewerk und unter das große Gatter. Wir Kinder, inklusive aller Spielgefährten aus den anliegenden Häusern, fuhren zu gern auch mit der kleinen Bahn, die per Hand geschoben wurde. Nur das Umsteigen auf den größeren Wagen, der unter das Gatter fuhr, war strengstens verboten. Meister Liedtke hatte uns da immer verscheucht.

© CSuhr, freigelegte Schienenreste bei Sanierung des Pianofabrik-Gebäudes 2018

Auch die fertigen Pianoversandkisten, z.B. für die Tropen mit Zinkblech ausgeschlagen, lagerten auf dem Holzplatz und boten die schönsten Verstecke. Später kam an der Bouchéstraße noch ein ca. 400 m² großer Garten dazu, der gerade noch neben der mit Kopfstein gepflasterten Mittelbahn für die schweren Holzfahrzeuge mit den langen Baumstämmen Platz fand. Von der Rosenhecke, die Garten und Holzplatz trennte, durften wir den alten Mietern im Juni Rosensträuße bringen.“ (Rosemarie Saatzen, 1994)

Und ihre Schwester fügte noch dazu: „Im 1. Hof von der Mengerzeile waren der Unterstand für eine leichte offene und eine geschlossene Kutsche und ein Stall für die beiden Pferde. Eine Wohnung für den Kutscher gab es im Übergang von der Fabrik zum Boden über der Remise, wo das Holz gelagert wurde. Die Frau des Kutschers war für die Sauberkeit zuständig.“ (Carla Riedel, 2002)

Drei Jahre nach Eröffnung der Fabrik wurden die Söhne Oskar und Hugo Jaschinsky, laut einer Anzeige in der Zeitschrift für Instrumentenbau seit dem 1. Januar 1911, als Geschäftsführer der Firma A. Jaschinsky GmbH eingetragen. (Vgl. www.dieter-gocht.de)

1912 entstand das anliegende Wohnhaus an der Bouchéstraße 37 mit 40 Mietparteien, in dem Angestellte der Fabrik und die Familie Jaschinsky später selbst wohnten. „Die Wohnungen sollten einfach und preiswert sein, daher gab es viele 1-2 Zimmer-Wohnungen“, berichtete Carla Riedel. „Um den Arbeitern aus der Fabrik eine Möglichkeit zu einem preiswerten Mittagessen zu geben, wurde in der Parterrewohnung im Quergebäude eine Art Kantine eingerichtet mit Eingang zum Fabrikhof. Man sieht es heute noch, dass in der Ecke eine Tür gewesen war. Herr Weber, der den ‚Mittagstisch‘ betrieb, war Diener bei einem Grafen gewesen. Da er ausgezeichnete Manieren hatte, bediente er auch die vielen Gäste, die bei meinen Eltern und Großeltern oft eingeladen waren.

Zwischen Vorderhaus und Quergebäude war eine ca. zwei Meter hohe Mauer, sodass die Kinder unter der Kastanie spielen konnten und nicht auf dem Holzplatz gefährdet waren. Öfter kamen auch Leierkastenspieler, und die Kinder bettelten die Mütter an, doch Pfennige runterzuwerfen. Das war etwas Besonderes. Auch hatten meine Eltern eine Laterna Magica, und es wurden dann viele Kinder eingeladen zu solchem ‚Kino‘. Durch beide Wohnhäuser gab es eine unterkellerte Durchfahrt, die zu DDR-Zeiten zugeschüttet und zugemauert wurde, damit sich keiner in den Westen durchgraben konnte. Quer über den Holzplatz verlief die Grenzmauer später. Auf der anderen Seite der Bouchéstraße war eine große Kleingartenkolonie, auf die man von den Balkonen schaute. Im Frühling sah man ein Meer von blühenden Obstbäumen.“

© CSuhr, freigelegte Durchfahrt 2018

Mit dem Vater Oskar Jaschinsky, der Mutter Johanna und der Schwester Rosemarie zog Carla Riedel Anfang des 20. Jahrhunderts in die erste Etage des neu errichteten Wohnhauses in der Bouchéstraße 37. „Meine Eltern bezogen die Wohnung im Vorderhaus im 1. Stock, als meine Schwester und ich die Familie vergrößerten. Die Großeltern wohnten im 2. Stock, da die Töchter und zwei Söhne verheiratet waren. Es war wunderbar, die Großeltern im Haus zu haben. Wenn die Eltern ausgingen oder geschäftlich unterwegs waren oder sonst keine Zeit für uns hatten, waren sie immer für uns da. Mein Vater legte für uns auf einem Teil des Holzplatzes einen Garten an. An der Hauswand vom Vorderhaus wuchs Wein, es gab auch einen Baum mit Eierpflaumen, Glaskirschen und Äpfeln. Dazu gab es zwei Hühner, eine Sandkiste und eine Schaukel." (Carla Riedel, 2002)

Während die Söhne zwischen 1914-18 im Kriegsdienst waren, leitete der Vater die Firma weiter. Ein Einschnitt in Geschäft und Leben durch den 1. Weltkrieg ist nicht dokumentiert. Nur in einem Artikel der Zeitschrift für Instrumentenbau zum 80. Geburtstag des Fabrikgründers wurde vermerkt, dass er „dann in bester Ordnung nach Beendigung des Krieges seinen Söhnen das Geschäft" wieder übergab. (Vgl. Zeitung für Instrumentenbau, 1.10.1929, S.42)

„Von 1925 bis 1928 waren dann die sogenannten Goldenen 20er Jahre", berichtete Rosemarie Saatzen. „Vater [Oskar Jaschinsky] hatte so viele Exportaufträge, dass er noch zwei Fabrikationsstätten dazumietete, in der damaligen Graetzstraße [heute Karl-Kunger-Straße] und in Baumschulenweg, sodass an

© Familienarchiv Riedel, ca.1926

die hundert Arbeiter mehr beschäftigt wurden. Aber diese Jahre waren eine Scheinblüte. 1930 ließen Bankkrachs in aller Welt die Arbeitslosenzahlen rapide steigen. Auch wir und die Commerzbank verloren eine große Summe an einen Überseeimporteur, der uns nicht gedeckte Wechsel als Zahlungsmittel gegeben hatte." (Rosemarie Saatzen, 1994)

Auf der einseitigen Laudatio zum 80. Geburtstag des Firmengründers August Jaschinsky in der Zeitschrift für Instrumentenbau vom 1. Oktober 1929 wird Herr Jaschinsky als „einer der Pioniere unserer Branche dieser Zeit, der zu den bekanntesten Fachleuten auf diesem Gebiete gehörte", hochgelobt. „Durch Energie und außerordentlichen Fleiß konnte er das kleine Unternehmen sehr schnell ausbauen, so daß die Fabrik nach 10 - 12 Jahren zu den bekanntesten Berliner Pianofabriken gehörte." (S.42)

Als die wirtschaftliche Depression der dreißiger Jahre zu Einsparungen zwang, nahm Oskar Jaschinsky Hypotheken auf das Haus auf, berichtete seine Tochter Rosemarie Saatzen 1994. „Vater wollte sich von seinem Stamm langjähriger guter Mitarbeiter nicht trennen und belastete das Haus mit Hypotheken, um die Löhne zu schaffen. Die Arbeiter kamen zu ihm und sagten: ‚Behalten Sie uns, wir nehmen weniger Lohn, das ist immer noch etwas mehr als die Arbeitslosenunterstützung, und wir sitzen nicht zu Hause herum ohne Beschäftigung'. In dieser knappen Zeit kam ich mal ins Büro, um für meine Geigenstunde um fünf Reichsmark zu bitten. Da fuhr Vater mich genervt an: ‚Hat eure Mutter keine anderen Sorgen, als dass du Geige lernen musst? Ich weiß nicht, woher ich den Lohn für die Arbeiter nehmen soll!' Aber ich ließ nicht locker, verteidigte meine Mutter. ‚Ich bekomme nur noch eine halbe Stunde Unterricht in der Woche. Mutter sagte, ich muss umso mehr aufpassen und zu Hause eben mehr üben, dann kann ich auch etwas lernen.' Brummend gab er mir dann die fünf Reichsmark.

Das Donnerstagsgespräch beim Mittagessen war oft: ‚Wen pumpe ich an? Tante Ida oder die Commerzbank? Ich habe noch nicht die Löhne zusammen.' Vater machte zwar nicht pleite, wie viele Betriebe, sondern befriedigte unsere Gläubiger mit ca. sechzig bis siebzig Prozent der Schuldsummen. In dieser Zeit der Schrumpfung brauchten wir nicht mehr die fünf Etagen. Die oberste mit der Spritzerei stand meist leer. In der vierten Etage auf der Büroseite hatte ein Tapezierer (Hallasch) seine Werkstatt. Die dritte Etage auf beiden Seiten wurde von einem Tischlermeister (Albrecht) gemietet, der für die Deutschen Werkstätten arbeitete. In der ersten Etage war eine Apparatefabrik (Brechtel und Hartmann), die auch noch den ca. 300m² großen Hofkeller gemietet hatte.

Die Firma Hoepfner Pianos verblieb in der zweiten Etage und im Hochparterre im Maschinensaal und in dem Büroraum gegenüber. Auch im dritten Hof verblieben uns die offenen Schuppen zur Lagerung von Furnieren sowie dem Raum, wo früher vor der Elektrifizierung des Maschinenparks die große Lokomobile stand, die den Kraftstrom für die ganze Fabrik lieferte. Dazu musste ein Heizer die ganze Zeit dieses ca. drei Meter lange Ungetüm laufend mit den in der Fabrik anfallenden Holzresten und Sägemehl heizen.

Als meine Mutter sah, dass Vater kaum noch unser Wirtschaftsgeld verdiente, besuchte sie fast alle Schulbehörden in Berlin und schaffte Reparaturaufträge heran. Dann begann sie ein eigenes Gewerbe: Pianohandel Johanna Jaschinsky. Sie kaufte gebrauchte Instrumente auf, ließ sie bei Vater im Betrieb reparieren und verkaufte sie zu kleinsten Abzahlungsraten. Auch das gab unseren Leuten wieder Arbeit. Aber unser Privatleben war unruhig, nur vom Existenzkampf geprägt. An den Wochenenden kamen die Privatkunden, um sich Klaviere anzusehen oder ihre Abzahlungsraten zu bringen. Auch in unsere Wohnung mussten wir Untermieter nehmen, denn Vater sagte, wir müssten Miete bezahlen, genauso wie die anderen Mieter auch. Er brauchte sie für die Handwerker, Steuern und die Hausinstandsetzungen.

Nach 1933 besserte sich die allgemeine Wirtschaftslage, und die Arbeitslosenzahl sank durch Arbeitsbeschaffungsmaßnahmen, Sanierung der Landwirtschaft, Bau der Autobahnen etc. (Nur wenige ahnten damals, wohin die Aufrüstung und Schulung zu einem überbetonten Nationalstolz führen würde.) Unser Vater blieb in seinen zwei Etagen mit um die zwanzig Mitarbeitern. Denn er traute der allgemeinen Euphorie nicht, weil er politisch anderer Meinung war und ihm die Judenverfolgung schrecklich war. (Gute Freunde wanderten aus, unsere dreißig Jahre treu im Betrieb arbeitende Buchhalterin war Halbjüdin und Vater deckte sie.)

Im Anfang des Krieges hätte man ihm beinahe den Betrieb geschlossen, als Nichtparteimitglied weigerte er sich, Munitionskisten zu bauen, und wurde vorgeladen. Als wohlwollender Ausweg wurde ihm dann vorgeschlagen, Kleiderschränke für das Rote Kreuz zu bauen. Damit war er dann einverstanden, denn die Produktion von Instrumenten hörte aus Materialknappheit auf, und er wollte seine Leute nicht entlassen. Alles Rohmaterial wurde für die Rüstung beschlagnahmt. Da die meisten Arbeiter bei uns im Betrieb schon älter waren, blieb der Stamm der Facharbeiter fast erhalten, bis auf einen Tischler, den ich aber noch dreimal freistellen lassen konnte, bis auch er eingezogen wurde.

Im Kriege waren die ständigen Luftangriffe eine große Belastung. In den Nächten mit Fliegeralarm patrouillierte Vater mit dem Hausobmann unter dem Fabrikdach und konnte einmal kurz entschlossen selbst mehrere Brandbomben, die durchs Dach geschlagen waren, löschen. Überall in den Räumen standen Kisten mit Sand dafür bereit. (Oft mussten wir in den Alarmnächten mehrere Male in die ungemütlich kalten Luftschutzkeller, und jeder zog mit seinen zwei Koffern Überlebensgepäck unter die mit Sandsäcken befestigten und mit großen Stützbalken gesicherten Kellerdecken. Bis zu sieben Mal Alarm in einer Nacht hatte ich mal gezählt.)“ (Rosemarie Saatzen, 1994)

Im Juli 1935 verstarb der Firmengründer, die Todesanzeige erschien in der Zeitschrift für Instrumentenhandel:

„Am 7. Juli verschied im 86. Lebensjahr der Pianofabrikant August Jaschinsky. Mit ihm geht einer der letzten Pioniere des Berliner Pianobaues, welche diese Industrie in den achtziger Jahren begannen, dahin. Sein Wirken war von Erfolg gekrönt und sein Wunsch, sein Werk noch in vollem Schaffen erhalten zu sehen, ist ihm geworden. Unter der Führung seines ältesten Sohnes wird die Fabrik in der bekannten Firma ‚Hoepfner-Pianos' weitergeführt."

Die Nachkriegszeit

„Nach dem Kriege hatte Vater [Oskar Jaschinsky] zwar noch starken Materialmangel, aber er half sich mit Reparaturen an Instrumenten, reparierte Kriegsschäden an Möbeln, und für die Russen fertigte er neue Möbel an", berichtete seine Tochter Rosemarie Saatzen weiter. „Noch einmal hatte er ein nicht ganz ungefährliches Wagnis unternommen. Man beschlagnahmte ihm seine gut abgelagerten Holzvorräte für den Pianobau, um bei der AEG Holzverpackungskisten für die abmontierten Maschinen zu bauen. Der kommandierende Russe sicherte Vater zu, dass er das, was nicht gebraucht wurde, zurückbekommen würde. Als Vater sich dann nach einigen Tagen die Reste von seinem Holzvorrat holen wollte, verhaftete man ihn beinahe deswegen, weil ein anderer kommandierender Russe gar nicht daran dachte, das Holz zurückzugeben. Aber da die DDR Devisen brauchte, fing die Fabrikation doch langsam wieder an. Vater musste für Schweden neue Pianos bauen. Doch der Preis, der ihm vorgeschrieben wurde, lag pro Stück unter den Herstellungskosten, sodass Vater am Stück 200 Mark zusetzte. Dieses Defizit musste dann mit anderen Aufträgen wieder reingewirtschaftet werden. Das war ein schwieriges Wirtschaften.

Es gab in Berlin eine staatlich genehmigte Einrichtung Meletex [das Außenhandelsunternehmen gehörte zur Handelsorganisation HO, Anm. der Verf.], in der entgegen den sonst geltenden Ein- und Ausfuhrbestimmungen frei und formlos gehandelt wurde, um den Export zu ermöglichen. Durch die Grenzziehung zwischen Ost und West, die in Berlin nur durch Posten des Zolls auf beiden Seiten gesichert waren (noch nicht durch die Mauer), war ein Warenverkehr nur mit den dafür gültigen Ein- und Ausfuhrpapieren möglich. Unsere Lieferantenfirmen – vor allem für die Metallteile – lagen aber in Westdeutschland, z.B. das Feindrahtwerk Edelhoff, das die Kupferdrähte für Pianosaiten lieferte, die wir dann in unserer Spinnerei selbst zu Basssaiten drehten. Damit der Export weitergehen konnte, bekamen wir von der Meletex die Erlaubnis, ein Piano an die Firma Porth in Westberlin zu liefern. Diese Firma bezahlte dann unsere Rechnung an den westdeutschen Lieferer. Es kam im Auftrage der Meletex dann ein kleines Pferdefuhrwerk, das irgendwie das Piano auf Schleichwegen auch nach Westberlin brachte. Ähnlich versorgten sich viele Ostberliner im Westen mit Lebensmitteln oder anderen notwendigen Dingen über die Wechselstuben.

1949 konnte mein Vater einen großen Reparaturauftrag für viele Flügel und Pianos bekommen. Das waren Instrumente, die in den von den Amerikanern beschlagnahmten Villen reparaturbedürftig geworden waren durch das tropische Heizen, was keinem Instrument bekommt. Da dieser Auftrag aber von der amerikanischen Besatzungsmacht kam, konnte ihn Vater nicht ausführen, weil er mit der Fabrik im Ostsektor lag und das Besatzungsamt nur Aufträge an Westberliner Firmen geben durfte. Da Vater aber wieder mal dringend Aufträge brauchte, um seine Leute zu halten, fiel uns ein Ausweg ein. Ich gründete innerhalb weniger Tage eine Reparaturwerkstatt in Berlin-Neukölln, Weigandufer 18, nicht weit von unserer Fabrik. So konnte ich den Auftrag annehmen. Ich gab ihn dann in Lohnauftrag an Vater weiter. Das war damals noch statthaft. Ich übernahm in der Pianofabrik Biese die oberste halbe Fabriketage mit einem kleinen Büro. Aber schon nach wenigen Monaten musste ich eine neue Entscheidung treffen. Mein Betrieb sollte besichtigt werden. Also ließ ich für diesen Besuch die in Reparatur befindlichen Instrumente nach dem Weigandufer transportieren, und Vater lieh mir vier Werkbänke und Werkzeug dazu. Da aber den Arbeitern diese Instrumente fehlten, an denen sie gerade arbeiteten, bekamen sie zwei Tage Urlaub. Die erste Panne trat ein, als der Oberst zur Besichtigung nicht kam. Also rief ich an, wenn er nicht den nächsten Tag käme, hätte ich keine Zeit mehr. Da klappte es, und die mir vom Arbeitsamt bestellten Leute werkelten lautstark an den Instrumenten.

Diese plötzlich so nötig gewordene Schaustellung entsprach aber nicht meiner Einstellung. Noch in der gleichen Woche holte ich mir vom Arbeitsamt drei gute Fachleute (Pianotechniker, Polierer und Tischler). Den Bezieher, der in Berlin Neukölln arbeitete und auch tageweise bei Vater beschäftigt war, konnte ich bei Bedarf auch immer tageweise einstellen. Vater schenkte mir die Hobelbänke und das Werkzeug, sodass ich den nächsten Auftrag teilte. Der Betrieb in Treptow bekam nur die Hälfte der Instrumente, ich die andere. Aber ich bemühte mich dann auch um Möbelreparaturen, um Vater voll auszulasten. Bis Ende 1949 konnte ich dem Treptower Betrieb noch Arbeit vom Besatzungsamt beschaffen, dann änderten sich die Bestimmungen, und eine Vergabe von Westbetrieben an Ostberliner war nicht mehr möglich. Durch diesen Auftrag war ich mit meiner Werkstatt nun selbstständig geworden und stellte mich später auf Pianohandel reparierter verkaufsfertiger Klaviere und Flügel nach Westdeutschland um. So konnte ich Vater aber laufend mit Kleinmaterial, das drüben im Osten oft fehlte, weiter versorgen.“ (Rosemarie Saatzen, 1994)

1956, nach dem Tod Oskar Jaschinskys, wurde die Firma Hoepfner-Pianos von der Witwe liquidiert. „Durch die Grenzlage der Fabrik schaffte es meine Mutter nicht, eine andere Pianofabrik in den noch laufenden Betrieb zu bekommen“, berichtete Rosemarie Saatzen. Nachdem Frau Jaschinsky am 13. August 1961 in den Westen geflüchtet war, wohnte sie bei ihrer Tochter Rosemarie Saatzen in Berlin-Schmargendorf, die am Neuköllner Weigandufer noch ihre Klaviervermietung mit Werkstatt betrieb. Die zweite Tochter, Carla Riedel, lebte zur Zeit des Mauerbaus mit ihrer Familie in Oberstorf. „Wir hatten Oma immer ein Zimmer angeboten“, berichtete Corona Bodenstab, die Tochter Carla Riedels. „Aber sie ist bei meiner Tante in Westberlin geblieben, um abzuwarten, wie es weitergeht. Sie hatte aber testamentarisch ihrer langjährigen Haushaltshilfe Möbel und Kleidung etc. vermacht. Diese durfte aber nichts annehmen von einer ‚Republikflüchtigen‘. Alle wertvollen Sachen wurden unter Linientreuen verteilt.“ (Corona Bodenstab, 2012)

Aus dem „Klavier-Lexikon“ von Jens-Uwe Witter von 1998 geht hervor, dass die Firma Hoepfner bis nach dem 1. Weltkrieg nachweislich um die 41.000 Klaviere produziert hatte. Die Zahlen sind unvollständig, denn hin und wieder tauchen Klaviere auf, die nicht registriert sind oder bei denen eine deutliche Kennung fehlt.

© Familienarchiv Riedel, Anzeige für Schreibtisch-Pianos, 1930er

Der Renner der Firma Hoepfner, die Schreibtisch- und Schrank-Pianos, tauchen immer wieder in Anzeigen oder auch Museen als Zeugnisse einer originellen Produktion auf, wie z.B. das als Schreibtischschrank ausgebaute Piano mit der Gebrauchsmusternummer 1.488.109 vom 27.6.1940 – „Klaviatur kann 90° ausgeschwenkt werden, oben ein Bücherfach, durch 180° Schwenkung als Schreibtisch verwendbar“ –, das im Klavierlexikon Jens-Uwe Witters von 1998 aufgeführt wird. Und auch bei der Klavierbauerin Cathrin Urban in der Treptower Karl-Kunger-Straße findet sich hin und wieder ein Produkt der Hoepfner Pianofabrik. Darüber wollte ich mehr wissen.

Bei der Klavierbauerin Cathrin Urban

© Carlos Sandoval, 2019, Schreibtisch-Piano Hoepfner

In der Ladenwerkstatt von Cathrin Urban riecht es nach frisch aufgetragenem Lack. An den Wänden und im Raum stehen glänzend schwarz lackierte und braune Klaviere, auf den Arbeitstischen verteilt liegen aufgereiht ausgebaute Tasten, Filze, Hammerköpfe, Klavierrahmen und weitere für Laien undefinierbare Teile. Auf ihrer Visitenkarte steht „Klavierbauerin“, ich frage sie, ob diese Ausbildung Voraussetzung für das Stimmen der Klaviere sei.

„Die Berufsbezeichnung Klavierstimmerin ist nicht geschützt“, sagt Cathrin Urban, „aber ich habe eine dreieinhalbjährige Lehre bei der Klavierfirma C. Bechstein in Berlin absolviert und wie alle gelernten Klavierbauer die Gesellenprüfung an der Handwerkskammer Stuttgart abgelegt.“ Die Ausbildung beinhaltet natürlich auch das Stimmen der Klaviere, Flügel, Pianinos und Cembali. In ihrer Werkstatt repariert und restauriert die Klavierbauerin die Instrumente ihrer KundInnen oder Klaviere, die sie anschließend verkauft.

Vor einiger Zeit kam sie unter kuriosen Umständen zu einem Hoepfner Schrankpiano. „Eine Arztpraxis in der Plesserstraße um die Ecke muss wohl bankrottgegangen sein oder Ähnliches. Jedenfalls war alles verlassen, die Mieter verschwunden. Zurück blieb die gesamte Praxiseinrichtung und dieses schwere Schrankklavier“, erzählt Cathrin Urban. Die GenossenschaftsvertreterInnen der Treptow-Nord eG, zu der das Gebäude gehörte, hätten bei ihr angeklopft und gefragt, ob sie das Piano haben wolle. „Dafür habe ich mich darum gekümmert, dass alles leergeräumt wird.“

Auf meine Frage nach der Besonderheit der Hoepfner Pianos beschreibt Cathrin Urban den warmen, weichen Klang und die solide Bauart dieser Instrumente. Das Schrankpiano hat sie inzwischen repariert und weitergegeben.

Cathrin Urban ist nach der Wende nach Treptow gekommen und stammt ursprünglich aus Neukölln. Sie erinnert sich noch daran, wie sie in ihrer Kindheit in Gropiusstadt, als die Mauer fast vor ihrer Haustür stand, die Grenzsoldaten beobachtet und sich die Wachablösungen angesehen hatte. „Die Mauer war einfach da“, sagt sie. „Als Kind wusste ich, dass ich mich nicht verlaufen kann. Wenn ich den Weg nicht gefunden hätte, wäre ich einfach immer an der Mauer langgegangen und dann irgendwann zu Hause angekommen.“

Wenn man bei Cathrin Urban in der Ladenwerkstatt steht, ist das wie ein Entschleunigungsmoment. Das Klavierbau-Handwerk und die moderne globalisierte Welt scheinen irgendwie nicht zusammenzupassen. Tatsächlich stand die deutsche Klavierindustrie in den 1990er Jahren auf der Kippe, und es sah so aus, als würden die Produzenten in Ostasien und Osteuropa mit ihren weitaus preiswerteren Produkten das Rennen machen. Stichwort Yamaha. Aber die Branche scheint sich – abgesehen davon, dass viele ihre Produktion eben in diese Länder ausgelagert haben – durch besonders qualitätsvolle Produkte oder auch mit ausgefallenen Ideen zu halten.

„Steinway ist trotz chinesischer Billigproduktion optimistisch, wie die gesamte Branche in Deutschland. Die Zahl der verkauften Flügel und Klaviere

© CSuhr, 2019, in der Werkstatt von Cathrin Urban

aus deutscher Produktion steigt wieder", schrieb Hasnain Kazim am 15. 12. 2006 im Spiegel („Klang des Reichtums"). „Konzerthäuser und Konservatorien greifen nach wie vor zu deutschen Instrumenten, aber auch der Verkauf an Privathaushalte nimmt zu. ‚Wir erleben eine Renaissance der alten Werte Fleiß, Disziplin und Bildung in unserer Gesellschaft und damit auch einen Aufschwung auf dem internationalen Klaviermarkt', sagt Christian Blüthner-Haessler, der gemeinsam mit seinem Bruder und seinem Vater die Geschäfte der 1853 gegründeten Julius Blüthner Pianofortefabrik in Großpösna bei Leipzig führt. 1972 wurde die Eigentümerfamilie enteignet, das Unternehmen überlebte die DDR dennoch. Vater Ingbert Blüthner-Haessler blieb über die Jahre in der Firma. Während der DDR-Zeit produzierte das Unternehmen vor allem fürs Ausland, auch für Westdeutschland. ‚In der DDR bekam man ein Produkt von uns dagegen nur mit einer Genehmigung der Regierung', sagt Knut Blüthner-Haessler. Sein Bruder Christian spricht lieber von der aufblühenden Gegenwart. Es gebe trotz rückläufiger Geburtenzahlen und trotz des harten Wettkampfs um die Freizeit – zum Beispiel durch die Konkurrenz von Computerspielen – einen Riesenzulauf in den Musikschulen. ‚Die Leute merken seit Pisa, dass Klavierspielen nicht nur Spaß macht, sondern die Persönlichkeit bildet.'" (Aus: „Klang des Reichtums")

Chinesische Klaviere werden für ein Drittel des Preises für solche aus deutscher Produktion gehandelt. So teilt sich die Klavierproduktion in eine für die Wohlhabenden und eine für NormalverbraucherInnen. Und Erstere möchten dann auch gern mal etwas Verrücktes wie ein mit Edelsteinen besetztes oder lederbezogenes Klavier. Den größten Anteil unter den Flügeln machen allerdings nach wie vor klassische schwarze Instrumente aus. (Vgl. „Klang des Reichtums")

Das PianoWorld-Forum

Ein bisschen verrückt – klavierverrückt – sind auch die AnhängerInnen des Internet-Forums PianoWorld, auf das ich im Zuge meiner Recherchen zur Hoepfner Piano Fabrik gestoßen bin. Spannende Geschichten werden dort erzählt, die oft um alte vererbte oder aufgefundene Klavier-Liebhaberstücke kreisen. Da fragt Laura aus dem Jack Wyatt Museum USA, ob sie die geposteten Fotos aus dem Netz klauen dürfe, denn das Museum habe einen Neuzugang: Ein Hoepfner Schreibtischpiano, das die Familie Bergman 1938 auf der Flucht aus Berlin mit der „Queen Mary" nach New York transportiert hatte und nun nach dem Tod des Großvaters ans Museum vererbte.

Der Initiator der Website, „Piano.Brazil", muss sie darauf hinweisen, dass er die Fotos von einer anderen Website geklaut hat. Aber er selbst besitzt ebenfalls ein Hoepfner, und diese Fotos dürfe sie gern benutzen. Als „Piano.Brazil" dann der Web-Gemeinschaft erfreut mitteilt, er sei auf eine Internetseite mit einer wunderbaren Geschichte der Pianofirma gestoßen, und zwar auf der Seite des Atelierhauses Mengerzeile in Berlin, musste ich mich einmischen.

Tatsächlich hat der brasilianische Arzt aus Santa Catarina den gesamten Text, den ich 2014 unter „Historie“ auf die Homepage des Atelierhauses gesetzt hatte, ins Englische übersetzt, um die anderen Klavier-Fans daran teilhaben zu lassen. Und von seinem eigenen Hoepfner schwärmt er: „Hier poste ich euch ein paar Fotos von meinem Klavier. Es ist wunderschön und klingt sehr gut. Der Bass ist voller und stärker als bei vielen anderen Klavieren, die ich gespielt habe.“

Sein Großvater hatte das Hoepfner Piano 1927 in Sao Paulo gekauft, es war ein Hochzeitsgeschenk an seine Frau, also „Piano.Brazil“s Großmutter. „Piano. Brazil“, das ist Luiz Felipe, der auf Florianopolis, einer „wunderschönen Insel“ lebt und in der dritten Generation auf diesem Klavier spielt. Von Anfang an war er neugierig auf die Geschichte, die sich in seinem Instrument verbarg, weshalb er dieses Piano-Forum gründete. Das Erste, was er im Internet gefunden hatte, war ein dort abgebildeter alter Briefumschlag, der auf einer australischen Ebay-Briefmarken-Auktion angeboten worden war. Auf der Rückseite des Umschlags befand sich eine Darstellung der Berliner Hoepfner Fabrik. So hatte das angefangen, bis er schließlich auf die Homepage des Atelierhauses Mengerzeile stieß, wo er aufgeregt diese „incredible pictures“ der Pianofabrik fand.

Auf eine weitere Anzeige wurde ich im Juli 2019 aufmerksam. Der Musiker und Klavierbauer Carlos Sandoval bot dort ein Schreibtischklavier von Hoepfner an. Er schätzt das Herstellungsjahr auf 1950, was aber eine Sensation wäre, denn nachgewiesen ist die Hoepfner-Produktion bisher nur bis 1942. Ich mache mich also auf den Weg …

Der Klang des Ostens: VEB Deutsche Schallplatten, Abteilung Absatz

Absatz an der Mauer

Eines Tages, als ich wieder mal vor der Pförtnerloge des Atelierhauses Mengerzeile saß, es muss 2011 gewesen sein, kam ein älterer Herr die Auffahrt heraufspaziert und blickte interessiert an der Fassade der alten Pianofabrik hoch. Schließlich begutachtete er den eingemauerten Fahrstuhl, der seit Einzug der Künstlerinnen und Künstler 1993 stillgelegt war und lediglich dazu diente, die Fenster dahinter zu verschatten. Auf meinen neugierigen Blick hin wandte er sich mir zu und zeigte auf das Mauerwerk. „Den habe ich gebaut“, sagte er stolz und hatte nun meine ungeteilte Aufmerksamkeit.

Von 1970 bis 1991 wurde das Pianofabrikgebäude an der Mengerzeile 1-3 in Alt-Treptow vom VEB Deutsche Schallplatten, später Deutsche Schallplatten Berlin GmbH, als Verkaufsstelle und Lager genutzt. Der Volkseigene Betrieb hatte in der DDR das Monopol für die Herstellung von Schallplatten und Kassetten und unterstand dem Ministerium für Kultur. Die bekanntesten der im Laufe der Zeit im VEB installierten sechs Labels (siehe Kasten) waren Amiga für „Unterhaltungs- und Tanzmusik“ und Eterna für E-Musik.

Der Besucher stellte sich als Wolfgang Elsholz vor, gelernter Großhandelskaufmann und beim VEB Deutsche Schallplatten von 1971 bis 1990 bei der Abteilung Absatz Leiter von Lagerwirtschaft und Transport. Während wir ins Gespräch kamen, berichtete er von all den Umbauten und Aufbauten – wie zum

© Wolfgang Rausch, Mengerzeile 1-3, 1990

Beispiel die kleine Pförtnerloge, in der ich mein Archiv eingerichtet hatte – und den Abläufen in der Abteilung Absatz hier am ehemaligen Mauerstreifen. „Ich war dabei, wenn die Leiter der Niederlassung kamen", erzählte er, „denen wurde das Band vorgespielt, und es wurde eingeschätzt, wie viel werden denn wohl davon verkauft? Das war ja immer pro Artikel unterschiedlich. Dann musste ich dafür die Druckerzeugnisse beschaffen. Es gab in der Druckereibranche spezielle Betriebe – für die Etiketten Kadinerstraße, für Taschen, also Plattentaschen die Konsumdruckerei in Spindlersfeld. Aufgrund der Einschätzung wurden die Produktionsaufträge geschrieben, die dann nach Babelsberg gingen. Dort wurden die Platten gepresst und kamen ans Reichstagsufer, wo unser Lager zuerst war. Das war die alte Villa vom Reichstagspräsidenten gewesen, mit einem unterirdischen Gang ins Reichstagsgebäude. Da war auch die künstlerische Abteilung, dann die, die die Schallplattenhüllen entwickelt haben, und noch die üblichen Abteilungen und die Leitung. Die platzten ja regelrecht aus allen Nähten."

1969 war die Abteilung Absatz des VEB Deutsche Schallplatten vom Reichstagsufer nach Johannisthal, Groß-Berliner Damm, gezogen. „Das war ursprünglich mal das Offizierskasino vom Flugplatz gewesen", berichtete Elsholz. Da der Platz aber dort auch nicht ausreichend war, zog die Abteilung Absatz ein weiteres Mal um, in die alte Pianofabrik an der Mengerzeile, die vom Vormieter, dem HO-Kreisbetrieb Treptow, „in einem heruntergewirtschafteten Zustand" übernommen wurde, wie Elsholz berichtete.

Dort wurde das „Druckerzeugnislager" eingerichtet, das waren die Schallplattencover, Kassetten und Etiketten. „Nach einer Bauzeit von ca. einem Dreivierteljahr wurde das Objekt 1971 bezogen", erzählte Wolfgang Elsholz. „Ein Problem ergab sich aber, denn der im Hofwinkel vorhandene Außenaufzug mit ungeschütztem Stahlgestänge musste auf Weisung der Bauaufsicht demontiert werden. Da aber ein Transport der Druckerzeugnisse in Rollbehältern in die Etagen notwendig war, wurde aufgrund persönlicher Beziehungen unseres Generaldirektors an der Rückseite eine Baurüstung mit einem Außenbauaufzug angebracht, der hundert Kilo trug, über den dann die Druckerzeugnisse in die Etagen gelangten. Die Druckerzeugnisse wurden aus den Rollbehältern entnommen und zur Zwischenlagerung in Stahlregale verbracht."

Alle von der HO eingebauten Holz- und Massivwände wurden vom VEB Deutsche Schallplatten entfernt, um die breiten Stahlregale aufstellen zu können. Doch während des laufenden Betriebs ging es noch weiter mit den Umbauten. Ein Aufzugsschacht wurde gemauert, ein 400-Kilo-Aufzug eingebaut, der gegen „kleine Gaben in Form von Lizenzschallplatten" beschafft worden war, und die alte Remise wurde über eine Spannbetonbrücke vom Haupthaus her zugänglich gemacht. „Da keinerlei Statiken bzw. Bauzeichnungen des Objektes zu erhalten waren, wurden die Baumaßnahmen und die spätere Nutzung auf der Grundlage von Besichtigung durch Baufachleute durchgeführt", erzählte Elsholz. „In Bezug auf die Hofdecke zeigten sich nach kurzer Zeit der Belastung erste Schäden, und der Hof wurde durch einen Gutachter für LKW gesperrt. Um den Keller unter der

Hofdecke weiter nutzen zu können, wurde eine schräge Abfahrt errichtet. Nun war eine Nutzung möglich, wenn es auch Wassereinbrüche gab. Zur gleichen Zeit ergab sich, dass die Heizungsanlage überaltert war. Um eine vernünftige Nutzungsmöglichkeit des Gebäudes zu erhalten, wurde die Heizung restauriert, und alle Räume wurden angeschlossen."

Renate Hein, die seit 1971 als Sachbearbeiterin für Verkauf im Bürotrakt des rechten Gebäudeflügels gearbeitet hatte und die ich Jahre später traf, erinnerte sich noch an diese Aktivitäten: „Solange ich da gearbeitet habe, hat die Firma gebaut. Die Schallwände, Wände versetzt, die Haustür gemacht, der Hof wurde betoniert, das war ja alles nur Erde vorher, die Rampe, die Pförtnerloge, den Fahrstuhl, den Schornstein. Der hat lange gedauert, die ersten Jahre haben wir uns abgefroren, weil der alte Schornstein kaputt war und die Heizer unheimlich viel schütten mussten. Die haben zum Beispiel Sonntagabend angefangen zu heizen, damit es Montag früh einigermaßen lauwarm war." Im Büro- und Verkaufstrakt wurde „die Versorgung gesellschaftlicher Bedarfsträger wie Rundfunk, Fernsehen, Kulturministerium und Sonstiges" geleistet, wie Elsholz es formulierte.

Die Büro-Mitarbeiterinnen

Im Juli 2009 erschien in der Treptower Ausgabe des Anzeigenblattes „Berliner Woche" ein Bericht über die ehemalige Büromitarbeiterin der Abteilung Absatz des VEB Deutsche Schallplatten Monika Mann. Die hatte es im Frühjahr 1990 gewagt, ihren Fotoapparat mit zur Arbeit zu bringen und den Abriss der Mauer vor ihrem Fenster zu dokumentieren. Das letzte Zitat von Monika Mann in diesem Artikel machte mich neugierig: Sie wollte unbedingt mal ins Atelierhaus Mengerzeile „und von meinem ehemaligen Arbeitsplatz auf die Harzer- und Bouchéstraße ohne Mauer blicken".

Ein halbes Jahr darauf trafen wir uns. Monika Mann hatte von 1977 bis 1990 mit ihrem Mann und den zwei Kindern in der Isingstraße gewohnt, die parallel zur Karl-Kunger-Straße verläuft, und 1979 über eine gute Bekannte den Tipp erhalten, sich beim VEB Deutsche Schallplatten, Abteilung Absatz, zu bewerben. „Ich hatte den Beruf des Handelskaufmanns gelernt und bisher im damaligen VEB Spezialfahrzeug Adlershof in der Materialwirtschaft gearbeitet. Wir kamen schnell überein, und ich wurde eingestellt. Nun war meine Arbeitsstelle zwar direkt an der Mauer, aber dafür dauerte der Weg von zu Hause nur fünf Minuten. Mit zwei kleinen Kindern ideal!", berichtete Monika Mann.

In der dritten Etage arbeitete sie mit zwei Kolleginnen, die mit ihr für die Bereiche Schallplatten Amiga, Eterna, Litera und die Musikkassetten zuständig waren. „Weiterhin gab es ein Zimmer für den Leiter Verkauf und einen Raum mit einer kleinen Kaffeeküche", erinnerte sie sich. „Die Toilette war eine halbe Treppe tiefer. Die Fenster waren nicht immer dicht und die Heizung war nicht immer warm. In der vierten Etage war die Kantine untergebracht. Die zuständige Kantinenkollegin hatte uns immer liebevoll mit Essen versorgt. Bevor der Vorbau entstand, war im Erdgeschoss rechts der Pförtner. Im Treppenhaus gegenüber befanden sich die einzelnen Übergänge zu den jeweiligen Lagern."

Jährlich brachte der VEB Deutsche Schallplatten drei Angebotskataloge für die Bestellung der Plattenläden heraus. „Wir waren für die Versorgung der Bezirke Berlin, Magdeburg, Brandenburg, Potsdam und Frankfurt/Oder zuständig", berichtete Monika Mann. „Nach den Wareneingängen aus der Produktion in Potsdam-Babelsberg und der Musikkassettenproduktion aus Berlin-Johannisthal wurden dazu die jeweiligen Tourenpläne erstellt und für Lager und Expedition zur Abarbeitung übergeben. Wir waren ungefähr zwanzig, vielleicht auch fünfundzwanzig Mitarbeiter. Im Verkaufsraum in der zweiten Etage standen die Platten in Regalen, die Neuerscheinungen und der Lagerbestand."

Monika Mann erinnerte sich noch daran, wie sie die „verbotenen" Schallplatten von Manfred Krug besichtigt hatte. Der Schauspieler und Sänger war zwei Jahre zuvor in den Westen „abgehauen". „Als ich angefangen hatte, am 1. Juni 1979 war das, begrüßte mich ein Herr Hoffmann, der Niederlassungsleiter, und zeigte mir das Lager. Wir haben ja im Bürotrakt rechts vom Eingang gearbeitet, wo wir die Papiere fertig gemacht haben, wer bekommt was, welches Geschäft wie viel. Und er hat mich im Lager herumgeführt und mich vorgestellt. Dann stand da unten am Boden ein Behälter, der war verplombt, und da waren Manne-Krug-Schallplatten drin. Da sagte Herr Hoffmann zu mir: ‚An die Kiste können wir nicht mehr drangehen, der ist ja nicht mehr hier.' Veronica Fischer ist ja auch rüber, es sind ja etliche rüber. Und ich kann mir nicht vorstellen, dass die Platten nicht mehr verkauft worden sind, das ging bestimmt unter der Hand. Von uns aus sind sie natürlich nicht mehr rausgegangen. Aber die Geschäfte, die Schallplatten auf Kommission hatten, haben die bestimmt nicht zurückgegeben", schätzte Monika Mann. „Dann hat er mir noch eine Stelle gezeigt, wo Cover von Lizenzplatten lagerten", erinnerte sie sich. „Da mein Mann und ich ganz große Stones-Fans sind, habe ich sogar noch eine Rolling-Stones-Plattenhülle von Decca bekommen. Das war für die Intershops. Da habe ich mich so gefreut, das kann sich jemand anders nicht so vorstellen."

Im Intershop konnte man für Westgeld die originalen Platten aus den „nicht sozialistischen Wirtschaftsgebieten", den NSW-Ländern für Westgeld kaufen. Bis 1979 die sogenannten Forumschecks für DDR-BürgerInnen eingeführt wurden. „Man musste das Westgeld in Forumschecks eintauschen", berichtete Monika Mann, „dann konnte man als Ostler im Intershop damit bezahlen." Und somit war leicht zu überprüfen, wer dort einkaufte. „In dem Bericht Schicksalsjahre einer Stadt im MDR hat ein Reporter, ich nehme mal an aus dem Westen, darüber berichtet und Leute interviewt", erzählte Monika Mann. „Die haben sich darüber aufgeregt und sich Luft gemacht. Da ging das ja schon los, dass man schon ein bisschen mehr gesagt hat. Vorher musste man immer sehr aufpassen."

Die begehrten Lizenzplatten konnten die Läden nicht bestellen, die gab es nur auf Zuteilung, betonte Monika Mann. „Je nachdem, was sie für einen Umsatz gemacht haben, bekamen sie prozentual diese Platten oder Musikkassetten. Kleine Plattengeschäfte haben natürlich nie viel davon erhalten. Manchmal kamen die Kunden zum Beispiel zu Weihnachten mit ein paar Flaschen Rotwein, Rosenthaler Kadarka, und fragten: Habt ihr noch was?“

Dann zeigte mir Monika Mann das Buch „Die Rolling Stones – Musik und Geschäft“ von 1986, erworben vom Buch- und Zeitschriftenvertrieb der Nationalen Volksarmee (NVA), beste Kundin des VEB Deutsche Schallplatten. Der Verlag war aus der Publikationsabteilung des DDR-Ministeriums des Inneren hervorgegangen. Als Volkseigener Betrieb geführt, wurden dort nicht nur Bücher zu militärischen Themen und Propagandamaterial zur Unterstützung des „sozialistischen Kampf- und Wehrbewusstseins“ herausgegeben, sondern auch Belletristik, „utopische Literatur“ (Science-Fiction), technische Sachbücher und … ein Buch über die Rolling Stones. „Wir hatten öfter mal einen Buchverkauf von denen“, berichtete Monika Mann, „dann sind die in die Kantine gekommen, legten aus, was sie mitgebracht hatten, und die Mitarbeiter konnten kaufen. Unter anderem so ein Buch. Die gab es im Laden nicht. Oder vielleicht unter der Hand wie manche Platten. Das ging alles in die oberen Ränge. Ein normaler Soldat … Ich habe mit so vielen jungen Leuten damals gesprochen und gefragt: Und, habt ihr Platten gekriegt? Nö, nichts.“

Die Berliner Niederlassung für Vertrieb war die größte der DDR, „weil wir die Ministerien noch hatten, BZV, also Buch- und Zeitschriftenvertrieb, und HdE, Haus der Elektroindustrie“, berichtete Monika Mann. „Das war am Alex, neben dem Zentrum Warenhaus, das waren die zweitgrößten Abnehmer, das Zentrum Warenhaus die drittgrößten, und dann wurde ja noch das Zentrum Warenhaus am Ostbahnhof eröffnet. Die Kaufhäuser haben allerdings auch viele normale, nationale Platten bestellt. Es gab ja dreimal im Jahr einen Katalog, nach dem die bestellen konnten. Und das haben wir im Büro gemacht, die Bestellungen aufgenommen, zusammengetragen und die Papiere fertig gemacht, und die gingen ins Lager, wo die Lieferungen zusammengestellt wurden.“

Besuch von den KünstlerInnen

Ab und zu kamen auch mal die KünstlerInnen selbst vorbei. „Aber es gab keinen Kontakt, wir haben sie nur gesehen, wenn sie in den Verkauf kamen und was Bestimmtes haben wollten“, erzählte Monika Manns Kollegin Renate Hein. „Dann sind wir ans Fenster: Dean Reed geht da unten! Auch die Puhdys, aber die waren alle ganz normal. Sie sahen schon ein bisschen anders aus, mit den langen Haaren und so, aber ohne Starallüren. Gerade die Puhdys wirkten sehr bodenständig. Auch der Dean Reed. Meine Tochter hat ihn auf dem Hof vorm Haus gesehen und sagte: Mama, den kenne ich doch! Er hat ihr die Hand geschüttelt und sich mit ihr unterhalten.“

Auch Monika Mann erinnerte sich an diese Promi-Besuche. „Wir bekamen auch öfter Besuch von den Künstlern, zum Beispiel Reinhard Lakomy, der so schöne Kinderlieder wie Traumzauberbaum produzierte, den habe ich auch gesehen, als er einen Karton mit Platten geholt hat. Die hatten aber eher mit der Direktion zu tun oder dem Verkaufsraum."

Die Mauer vor der Tür

Die MitarbeiterInnen des VEB Deutsche Schallplatten brauchten keine Passierscheine, um zu ihrem Arbeitsplatz zu gelangen, aber es passierte oft, bis in die Mitte der 1980er Jahre, dass sie zur Arbeit gingen, die Treppe hochkamen und auf Grenzposten trafen, die meist zu zweit den Dachboden kontrollierten. „Aha, dachte man da, die waren mal wieder oben gewesen, wegen Fluchtgefahr", erinnerte sich Monika Mann. „Das ist ständig passiert."

„Zu den Grenzsoldaten gab es keinen direkten Kontakt", erzählte ihre Kollegin Renate Hein. „Wenn die mal in unser Haus kamen, die mussten immer den Dachboden kontrollieren, weil doch mal von da oben einer versucht hat, über die Mauer zu gehen, haben sie sich angemeldet. Wir gehen mal wieder auf den Boden, und dann haben die sich auch wieder abgemeldet, tschüs, alles in Ordnung und tschau."

Vom dritten Stock ihres Büros konnte Monika Mann über das Sperrgebiet sehen. „Da sind die Hunde langgelaufen, was das für ein Gekläffe war, vor allem im Sommer. Die hatten die Tiere an so langen Laufleinen festgemacht. Meine Kollegin hat sich einmal so aufgeregt und aus dem Fenster gerufen: ‚Nun gebt den Hunden doch mal was zu Saufen, oder sollen sie krepieren?' An der Hauswand vom Wohnhaus nebenan in der Bouchéstraße 37 stand ein Schild mit Halt! Grenzgebiet! Mein Sohn hatte in dem Wohnhaus einen Klassenkameraden, den er ab und zu besuchte. Als Dreizehnjähriger durfte er ohne Passierschein in das Haus. Aber mit vierzehn galt er als Erwachsener, bekam einen Personalausweis, und da hätte er ohne Passierschein nicht mehr da reingehen dürfen."

Mit der Mauer vor der Nase zu arbeiten sei aber nicht immer so einfach gewesen, fügte Monika Mann dazu, „wenn man nicht stur auf den Schreibtisch gesehen hat. Aber es war eine super Arbeit, wirklich, diese Nähe zur Musik, die Neuerscheinungen hören zu können. Wir bekamen Lizenzplatten, unverkäufliche Musterplatten, Intershopplatten – meistens als Weihnachtsbonus – zum regulären Personalverkauf. Diese öffneten uns im Privatleben so manches Mal Tür und Tor."

Die Mauer habe sie eigentlich nicht gestört, erzählte die Kollegin Renate Hein, die in der Lohmühlenstraße wohnte. „Da durften wir nicht auf die andere Seite, wo jetzt die neuen Häuser stehen. Das war Grenzgebiet. Genauso an der Harzer Straße, das letzte Haus, wo jetzt die Gaststätte ist. Da hatte ich einen Bekannten, den ich immer besucht habe. Da stand auch immer eine Streife, und man durfte sich nicht erwischen lassen. Einmal bin ich über diese Wiese gerannt, da haben sie oben gerufen: Stehen bleiben, stehen bleiben! Als mein Enkel geboren wurde, mein Exmann wohnte drüben in Westberlin, da wollte er den mal sehen. Da bin ich wieder in dieses Haus Lohmühlen 37 und habe das Kind ans Fenster gehalten. Und er hat von der anderen Seite gewunken. Ich habe gesagt, da ist der Opa. Das war blöd, ja. Solche Sachen waren schon schlimm. Aber als ich arbeiten ging, und ich hatte im Westen eigentlich keine Verwandten, da hat mich die Mauer nicht gestört."

Die Tochter Monika Manns lebt inzwischen in Schleswig-Holstein. „Meine Tochter hat beim VEB Deutsche Schallplatten, Abteilung Absatz, Ferienarbeit gemacht. Da war sie wohl 15, ab 14 konnten die Schüler in den Betrieben so ein, zwei Wochen Ferienarbeit machen. Und da hatte ich sie einmal bei uns untergebracht. Sie hat im Lager gearbeitet, das fand sie toll, diese Mengen von Schallplatten zu sehen, und war von dem großen Angebot, das hier lagerte, überwältigt. Ansonsten, die Grenze hat sie nicht weiter interessiert. Meine Kinder haben mir später noch mal gesagt, die lebten eben da drin. Wenn sie irgendwas blöd fanden, haben wir sie reden lassen, aber wir haben auch nicht nur gegen das System gewettert. Sie konnten bei uns immer ihre Meinung sagen. Aber die Musik, die meine Tochter gehört hat, war nur aus dem Westen, ich kann mich nicht erinnern, dass sie auf irgendwelchen Ostbands stand."

Bei Maueröffnung war die Tochter Monika Manns 16, der Sohn 18. Die 16-jährige Tochter musste noch zur Schule gehen, gab es da einschneidende Veränderungen? „Man hat das schon ein bisschen gemerkt", erinnerte sich Monika Mann. „Sie hat ja 1990 angefangen zu lernen, da mussten etliche Lehrer gehen, die haben sie aber nicht bemitleidet. Sie hatte ja 1988 Jugendweihe im Gérard Philipe. Mein Sohn hatte das 1986. Da war schon ein großer Unterschied, es war nicht mehr so doktrinär, man hat schon eine Lockerung bemerkt. Und viele haben ja auch das Gespür gehabt, irgendwas passiert. Aber als es passiert ist, wollte es keiner glauben. Wir haben es ja verschlafen, am Abend vorher sind wir zeitig ins Bett, am nächsten Morgen hat sich das Weckradio eingeschaltet, das ich von meiner Mama bekommen hatte, und die Nachrichten kamen. Da habe ich geheult."

Abwicklung und Auszug

Im Juli 1990 wurde der VEB Deutsche Schallplatten in eine GmbH umgewandelt, und die Betriebsteile Vertrieb, Musikkassettenproduktion, Presswerk Babelsberg und Aufnahmestudios wurden geschlossen. Ein Jahr darauf erfolgte die Privatisierung durch die Treuhand. Von den 590 MitarbeiterInnen, die noch bis zum 7. Juli 1990 Bestand des VEB Deutsche Schallplatten gewesen waren, wurden bis auf 165, für die bis zum 31.12.92 eine Bestandsgarantie hatte gewährt werden müssen, entlassen. (Vgl. „Geschichten aus 60 Jahren Amiga", S.123)

„1990 wurde die Produktion eingestellt", erinnerte sich Monika Mann. „Wir hatten nun Aufträge von westdeutschen Plattenfirmen und Läden, die uns riesige Mengen an Tonträgern lieferten, meist Rückläufe der jeweiligen Firmen. Unsere Aufgabe bestand darin, die alten Preisschilder bzw. die Etiketten zu entfernen, um sie dann zur Neuetikettierung zurückzusenden. Das waren Unmengen von Behältern, uns taten teilweise schon die Finger weh."

„Die Chefs waren alle ratz-fatz weg“, erzählte die Kollegin Renate Hein, „einer zu Magna, einer dahin, einer dahin, da war keiner mehr verantwortlich. Es wusste keiner, was wird, und jeder wollte sich retten. Als wenn's brennt, und jeder will sich retten, so war das. Die alten Chefs waren weg, es gab keinen Ansprechpartner mehr.“

„Anfang 1991 ging dann das Licht aus“, fügte Monika Mann dazu. „Manche Mitarbeiter hatten sich schon früher verabschiedet, eine Weile war noch Kurzarbeit angesagt. Am 30. April haben wir unsere Papiere abgeholt, und am 2. Mai sind wir dann zum Arbeitsamt gegangen. Mein Mann war auch am 30.4.1991 entlassen worden, wir hatten dann beide eine Umschulung gemacht.“

Auch die Kollegin Renate Hein ließ sich umschulen, hatte aber lange Zeit keine Arbeit gefunden. „Nach zwei Jahren bekam ich endlich mal eine ABM-Stelle“, berichtete sie, „ich war immer ein halbes oder ein Jahr beschäftigt, so habe ich mich durchgeschlagen, mit fünfzig hat einen keiner mehr genommen. Ich bin ja schon 1990 mit meiner Kollegin, als wir wussten, es ist Schluss, zur Firma Bally Wulff am Maibachufer gegangen. Wir haben uns da vorgestellt, an dem Tag war es ziemlich windig. Die haben gesagt: Wat, ihr kommt aus'm Osten? Kämmt euch erst mal richtig! Das war unser erster Schock.“

Den Auszug aus der Mengerzeile hatte Renate Hein nicht mitbekommen. „Ich konnte noch nicht mal meinen Schreibtisch ausräumen, weil ich das letzte Jahr in Johannisthal Schicht gearbeitet habe, wir haben drei Schichten gehabt, auch Nachtschicht, bis halb elf. Wo die ganzen Container hingegangen sind, das weiß kein Mensch, ganz viel wurde eingestampft.“

Als die Deutsche Schallplatten Berlin GmbH 1991 das Gebäude in der Mengerzeile 1-3 räumte, wussten die letzten MitarbeiterInnen offensichtlich nicht, wohin mit den „Überhängen“. KünstlerInnen, die das Haus 1993 bezogen, berichteten von großen Müllcontainern mit Schallplatten vor dem Eingang. Eine Künstlerin, die bereits 1991 im vierten Stock ein Atelier gemietet hatte, damals noch mit einem Vertrag der Deutschen Schallplatten Berlin GmbH, erzählte, dass beim Auszug der DSB sogar ganze Paletten aus dem Fenster in den hinteren Hof gekippt wurden.

„Vom „Lied der Zeit“ zu „Sony Music Germany“

„Die Produktionen waren ein ewiger Wettlauf mit der Zeit“, erinnerte sich der 1922 in Eisenach geborene Musiker Walter Eichenberg an die Aufnahmen für Amiga Ende der 1940er Jahre im Studio an der Masurenallee im britischen Sektor. „Damals existierte nämlich noch die Luftbrücke“, so Eichenberg. „Das bedeutete, dass in regelmäßigen Abständen von höchstens vier bis fünf Minuten Flugzeuge über das Funkhaus flogen. Der Lärm war bis in die Aufnahmestudios zu hören. Eine unglaubliche Belastung für uns, weil wir es schaffen mussten, in den wenigen störfreien Minuten unsere Musik aufs Band zu kriegen.“ Von 1961 bis 1989 hatte Eichenberg die Leitung des Rundfunktanzorchesters Leipzig. (Vgl. „Keine Klamotten und kaum zu essen“, in: „Geschichten aus 60 Jahren Amiga“, S.8-12)

Diese kuriose Konstellation, dass Musiker aus Ostberlin im Westen Plattenaufnahmen machten, während Westberlin von den sowjetischen Alliierten abgeriegelt wurde, konnte entstehen, weil die Rote Armee im Mai 1945 das Haus des Rundfunks besetzt und das Sendestudio für die Ausstrahlung von Nachrichten und Aufrufen genutzt hatte. Mit der Aufteilung Berlins in vier Sektoren und den zunehmenden Auseinandersetzungen zwischen den vier Alliierten wurde um das Haus gestritten. 1956, als das Funkhaus in der Nalepastraße in Schöneweide eröffnet wurde, übergab die sowjetische Militäradministration das Haus des Rundfunks dem Berliner Senat, vertreten durch den SPD-Bürgermeister Otto Suhr. Bereits 1952, nachdem die Briten das Gebäude wegen „bautechnischer Mängel“ gesperrt hatten, war Amiga in das Studio in der Taubenstraße in Mitte gezogen.

Begonnen hatte es mit dem Sänger Ernst Busch, der 1946 von der Sowjetischen Militäradministration den Auftrag bzw. die Genehmigung erhielt, Schallplatten mit seinen Liedern aus den Spanienkämpfen zu produzieren. Die Titel „Spaniens Himmel“, „Hans Beimler Kamerad“ sowie „Die Internationale“ wurden auf 500 Schellack-Platten gepresst. Ernst Busch wollte daraufhin eine eigene Plattenfirma gründen, mit der er das „humanistische musikhistorische Erbe“ bewahren und für das er „sozialistisches Liedgut“ produzieren wollte, das auch der reinen Unterhaltung diente. Am 3. Februar 1947 meldete er zusammen mit den Kaufmännern Gerhard Schwarz und Hans Wolff die „Lied der Zeit GmbH“ beim Kammergericht in Berlin-Mitte mit den Labels „Amiga“ und „Eterna“ an. Die erste Aufnahme des Labels Amiga erschien im Mai 1947: „Caprifischer“, gesungen von Kurt Reimann, begleitet vom großen Unterhaltungsorchester unter der Leitung von Gerhard Winkler, der diesen Schlager komponiert hatte. (Vgl. „60 Jahre Amiga“, Ihr Journal, Nr.2/ Juni 2007)

Auch hier gab es wieder eine interessante Ost-West-Konstellation: 1943 wurde „Caprifischer“ von Rudi Schuricke, 1913 in Brandenburg geboren, im

Radio gesungen und von der Deutschen Grammophon aufgenommen, aber nachdem Capri besetzt worden war, von der NS-Regierung verboten. Kurt Reimann wiederum, der die Aufnahmen 1947 für Amiga gemacht hatte, kam aus Westberlin. (Vgl. wikipedia und CD-Info der Membran International GmbH, 2004, „Rudi Schuricke", Autor Gerhard Fuchs)

Die GmbH wurde 1953 verstaatlicht, aus der Lied der Zeit Schallplatten-Gesellschaft wurde der VEB Lied der Zeit, 1954 umbenannt in den VEB Deutsche Schallplatten Berlin mit Sitz am Reichstagsufer und 1955-1989 geleitet von Harry Költzsch.

Die Produktion der Schallplatten fand im Presswerk Potsdam-Babelsberg statt, Kassetten wurden in Berlin-Johannisthal hergestellt. Die CD-Produktion hatte das Ministerium für Kultur der DDR wegen zu hoher Produktionskosten nicht genehmigt. Der VEB hatte Aufnahmestudios in Leipzig, Dresden und Berlin, in Berlin in der Brunnenstraße 154 (Studio B) und am Reichstagsufer (Studio R). Es gab eine Abteilung Öffentlichkeitsarbeit, eine Abteilung Taschengestaltung (Cover-Layout), ein Künstlerisches Betriebsbüro, die Abteilung Programmgestaltung und die Abteilung Absatz unter der Leitung von Klaus Thomas. Eine Amiga-Platte kostete sechzehn Mark, die Klassikplatten zwölf Mark, die Litera-Reihe wurde für zehn Mark verkauft. Dazu mussten zehn Pfennig „Kulturabgabe" bezahlt werden, eine Abgabe zur Förderung des „sozialistischen Kulturlebens".

Nach der Währungsunion 1990 wurde der VEB in eine GmbH umgewandelt (Deutsche Schallplatten Berlin GmbH/ DSB), im Juli 1991 durch die Treuhand privatisiert und gekauft vom Unternehmer Wolf Urban. Die Leitung hatte der Musikmanager Jorgen Larsen von 1991 bis 1993. Im Sommer 1993 musste der Betrieb Insolvenz anmelden. Das Label Eterna wurde an die Edel Music GmbH verkauft, die Urheberrechte für Amiga und Litera gingen an die Bertelsmann Music Group/ BMG. Später wurde Litera weiter unter dem Dach der Bertelsmann AG dem Unternehmensbereich Random House zugeordnet und vom ehemaligen Amiga-Produktmanager Wolf-Dietrich Fruck vermarktet. 1994 wurde das Label Amiga in einem eigens eingerichteten Geschäftsbereich unter dem Dach der BMG unter der Leitung Jörg Stempels geführt, der den Nachlass vermarktete und neue Produktionen mit ehemaligen DDR-KünstlerInnen betreute. Ab 2005 wurde Stempel freier Berater für die Sony BMG und ist auch heute noch als Kenner der Materie wichtigster Ansprechpartner in Sachen Amiga.

Label des VEB Deutsche Schallplatten

1. AMIGA für zeitgenössische Unterhaltungsmusik (Schlager, Rock, Pop)
2. Litera für Sprachaufnahmen (Lesungen, Hörspiele, Theater)
3. Eterna für Klassik, Oper, Operette, Volksmusik
4. Nova für Neue Musik (zeitgenössische E-Musik)
5. Aurora für Arbeiterlieder
6. Schola für Unterrichtsmaterial

Der letzte A&R-Chef von AMIGA: Besuch bei Matthias Hoffmann

An der Böschung des ehemaligen Hochgleises der Görlitzer Bahn entlang verläuft die Kiefholzstraße, die sich vom Baumschulenweg bis zur Lohmühlenstraße erstreckt. Hier auf dem Eckgrundstück ließ der Fabrikant Fritz Weber 1937 den roten Klinkersteinbau mit der gebogenen Fassade für seine 1883 gegründete Metallwarenfabrik Fritz Weber & Co errichten. Webers erste Fabrik stand in der Graetzstraße 68, heute Karl-Kunger-Straße, im Hinterhof eines Wohnhauses von 1908.

Im neuen Fabrikgebäude begann Fritz Weber, bis in die 1930er Jahre als „Laternen-Weber" bekannt, NSDAP-Mitglied und Wehrwirtschaftsführer der Nationalsozialisten, seine Rüstungsproduktion mit mehr als 2.300 MitarbeiterInnen, die unter anderem Abwurfbomben und Handgranaten herstellten. Während des 2. Weltkriegs erweiterte Weber seinen Betrieb und beschäftigte in der Fertigungsstätte für Tellerminen auch ZwangsarbeiterInnen. Laut Bezirkschronist Gerhard Hänsel wurden dort von AnwohnerInnen der Fabrik Beschäftigte mit einem gelben Judenstern gesehen, darunter auch Kinder und Jugendliche. Neben dem Betriebsgelände waren Baracken für das „Ostarbeiterlager Lohmühlenstraße 23/24" errichtet, wo sowjetische Zwangsarbeiterinnen untergebracht wurden, gegenüber das „Ausländerlager Lohmühlenstraße 55" für die männlichen Zwangsarbeiter aus Osteuropa und der Sowjetunion. Nach 1945 wurde „Laternen-Weber" enteignet, und der Fertigungsbereich 3 des VEB Berliner Werkzeugmaschinenfabrik (BWF) der DDR zog in das Gebäude ein, das inzwischen unter Denkmalschutz steht und 1990 restauriert wurde. (Vgl.: „Alt-Treptow in Berlin", S.73/74)

© CSuhr, Fabrikgebäude Fritz Webers 2019

Gegenwärtig sind in dem alten Fabrikgebäude Grafikbetriebe, Designer und andere im Medien- und Marketingbereich tätige Firmen angesiedelt. Zu ihnen gehört Pehnert & Hoffmann, eine Event-Marketing-Firma, geleitet von Matthias Hoffmann, einst Redakteur des Labels Amiga und dessen letzter A&R Direktor. Matthias Hoffmann sitzt hinter einer vollständig verglasten Wand an seinem Schreibtisch und telefoniert gerade. Im vorderen linken Bereich steht ein ausladender Konferenztisch, an dem wir dann zusammen Platz nehmen. Was fällt ihm heute noch ein, wenn er an AMIGA denkt?

„Die wichtigste Erkenntnis ist, dass die Bands, die wir bis 1990 produziert haben, wie City, Puhdys, Silly, Karat, heute auch wieder gute Stückzahlen an Platten verkaufen, beziehungsweise auf Konzerten die Leute begeistern", erwidert Hoffmann auf die Frage. „Das fällt mir als Erstes ein, wenn ich daran denke, wie wir versucht haben, kurz nach der Wende von diesen Bands Repertoire oder Neues zu veröffentlichen. Das ging damals gar nicht, da war die komplette Ablehnung.

© Herbert Schulze, 1987, Silly

Heute ist das anders, das hätte ich damals nicht gedacht." Die „starken Zeiten" von Amiga waren für Matthias Hoffmann aus heutiger Sicht die 1970er und frühen 1980er Jahre mit der Renft Combo, mit City und Silly und Karat. „Gerade da sind Alben entstanden, die es jederzeit wert sind, gesamtdeutsch wahrgenommen zu werden, die Meilensteine sind."

Doch vieles sei sicher auch mit Recht in der Bedeutungslosigkeit verschwunden, konstatiert Hoffmann. „Unter dieser ‚Käseglocke DDR' wurde meiner Meinung nach zwangsläufig auch viel Mittelmaß veröffentlicht. Hier gab es keine direkte gesamtdeutsche oder internationale Konkurrenz. Dass ich mich bei Amiga speziell um die sogenannten ‚Anderen Bands' kümmern durfte, war auch deshalb eine Herausforderung, weil die sich ursprünglich gegen jegliche kulturpolitische Vereinnahmung wehrten. Für diese jungen Bands wie zum Beispiel ‚Der Expander des Fortschritts', „AG Geige' bis zu ‚Feeling B' und ‚Die Art' war ein radikaler Ansatz wichtig, um die eigene künstlerische Position zu finden."

Bevor Matthias Hoffmann zu Amiga kam, hatte er im Palast der Republik eine Redakteursstelle. Noch während des Studiums der Musikwissenschaft an der Humboldt-Universität von 1982 bis 1987 war er im Palast als Praktikant beschäftigt. „Ich konnte mich damals schon während des Studiums mit der Populärmusik befassen. Es gab ein Forschungszentrum Popmusik, geleitet von Professor Peter Wicke, bei dem ich meine Ausbildung genossen und mich spezialisiert und meine Diplomarbeit geschrieben habe. Das war eine gute Schule, eine gute Basis. Nach dem Studienabschluss hatte ich direkt im Palast der Republik eine Chance bekommen, als Musikredakteur für Produktionen im Haus anzufangen, ohne – wie ich es mir damals jedenfalls suggerierte – irgendwie negativ politisch verstrickt zu sein, aber Fakt: ohne SED-Parteibuch.“

Wurde ihm das Programm diktiert, oder hatte er freie Hand bei der Gestaltung? „Wenn man damals als Musikredakteur im Palast arbeitete, dann war man Teil einer Produktion, die sich ein Redakteur oder ein Dramaturg ausgedacht hat. Ich habe als Musikredakteur schon Einfluss darauf gehabt, welche Titel die Band XY im Programm spielte. In der kurzen Zeit, in der ich dort beschäftigt war, habe ich es jedoch nicht erlebt, dass mir Dinge verboten worden wären, die mir oder den Bands in meinen Produktionen wichtig waren, genauer gesagt: Ich war in der beginnenden Umbruchzeit am Palast der Republik, und wir haben Veranstaltungen gemacht, bei denen man auch diese alternativen Bands hat auftreten lassen, um die ich mich später bei der Amiga gekümmert habe. Das erste Konzert in einem größeren Rahmen für eine größere Öffentlichkeit z.B. von ‚Keimzeit‘, die man ja heute noch kennt, hat wenn ich mich recht erinnere bei einer Veranstaltung, für die ich verantwortlich war, 1987 im Palast der Republik stattgefunden. Nun war ‚Keimzeit‘ nie eine regimekritische Band, stand aber zumindest in diesem kulturellen Kontext, Auftritte in Kirchen und so weiter. Ich will damit sagen, man konnte damals auch im Palast etwas wagen. Und ja, natürlich, das Regime wollte sich auch damit die alternativen Bands nutzbar machen, diese Subkultur vereinnahmen.“

Was genau der Grund war, warum diese Bands so viel Erfolg bei den Jugendlichen hatten. Bei einer Veranstaltung im Palast der Republik im Großen Saal, in dem die etablierten Bands spielten, soll Leere geherrscht haben, während in den kleinen Räumen, wo die jungen Punkbands auftraten, die Hölle los war. Matthias Hoffmann erinnert sich an diese Produktion, bei der ‚Keimzeit‘ und andere junge Musikgruppen im Foyer gespielt hatten und die ‚Puhdys‘ im Großen Saal. „Es war wirklich so, dass bei diesen alternativen Bands extrem die Post abging und gleichzeitig natürlich eine große Angst der Führung herrschte, des ganzen Sicherheitsapparates dort, dass irgendwas passiert oder etwas in eine unerwünschte Richtung geht. Aber man hat sie da spielen lassen, weil man meinte, so eine Offenheit suggerieren zu können.“

Während seiner Zeit im Palast der Republik lernte Matthias Hoffmann Volkmar Andrä, einen Redakteur von Amiga kennen, über dessen Kontakt er dann beim Labelchef René Büttner landete, der ihn ins Team holte. „Damals, 1988, war es für mich eine große Chance, zu Amiga zu gehen, einer Art ‚Inner Circle‘, wo die Geschicke der Musikproduktionen auf Tonträger entscheidend bestimmt wurden, obwohl ich das Gefühl hatte, dass die Redaktion etwas festgefahren war. Ich konnte jedenfalls Anfang 1989 meine erste richtige Studio-Produktion leiten, und zwar mit DEKAdance aus Dresden.“

Diese Aufnahmen mit DEKAdance fanden wie die erste legendäre Produktion mit der Punkband Feeling B im Amiga-eigenen Berliner Studio statt. Von diesen „Happenings“ berichtete auch Flake von Feeling B, heute Rammstein, halb amüsiert, halb noch immer erstaunt in der MDR-Dokumentation „Amiga – Der Sound der DDR“ von Heike Sittner. Es war ein Besäufnis, ein Happening, mit dem die

© Herbert Schulze, 1990, Feeling B Backstage

Bandmitglieder sich erst mal „in Stimmung“ bringen mussten. Aljoscha, der damalige Sänger von Feeling B, ging davon aus, dass „die uns sowieso gleich rausschmeißen“. („Feeling B. Mix mir einen Drink“, S.230ff.) Wolf-Dietrich Fruck, Produzent bei Amiga, schilderte diese Session in einem Interview mit dem Deutschlandfunk vom 26.3.2002 äußerst souverän mit der Bemerkung, dass die bis dato standardisierten Vorstellungen über den Haufen geworfen werden mussten. „Die Agonie war schon so groß, dass man nicht mehr dazu überging, diese Platte zu verhindern, wie es in früheren Jahren sicherlich der Fall gewesen wäre. Also Augen zu und durch.“

Nach der Wende, René Büttner war in die Immobilienbranche abgewandert, übernahm der junge Matthias Hoffmann, den die KollegInnen als frisch und unvorbelastet bezeichneten, die Stelle als A&R Labelchef. „Aus meiner damaligen Sicht war Amiga mit Produktionen von Herbert Roth bis Silly von der Label-Identität her nicht mehr tragbar“, erzählt Hoffmann. „Die größte Schwierigkeit aber war die Erosion des Marktes, dass alles kaputtgegangen ist und es den Markt für Ost-Kunst und -Kultur nicht mehr gab. Ein kompletter Staat war zusammengebrochen, und die alten Strukturen existierten nicht mehr. Da war die Treuhand, die Käufer für das Unternehmen suchte, die geforderte Arbeitsplatzgarantie, also all die Dinge, die zu einem extremen Druck geführt haben, dem man nicht gewachsen war. Wir haben damals versucht, aus dem Repertoire von allem, was vorher VEB Deutsche Schallplatten war, etwas in die neue Zeit zu bringen. Wir gaben dem Ganzen einen neuen Stempel und haben neue Labels erfunden. Deshalb hieß Amiga nicht mehr Amiga. Wir haben unter anderem das Label Zong aufgesetzt und für Volksmusik Musicando, aber es gab noch weitere.“

Mit dem Label Zong z.B. wollte der neue Amiga-Chef eine Plattform für junge MusikerInnen schaffen. „Es gab jedoch keine strukturellen Voraussetzungen mehr und bald auch keine finanzielle Basis, um Neues zu produzieren. Wir hatten unter anderem eine neue LP mit Die Art veröffentlicht, bei der übrigens Paul Landers, damals Gitarrist bei Feeling-B und heute bei Rammstein, Produzent war." Doch alle Versuche, das ehemalige Schallplatten-Monopol wieder auf die Beine zu stellen, misslangen.

Inzwischen war nach der Währungsunion 1990 aus dem VEB Deutsche Schallplatten die Deutsche Schallplatten Berlin GmbH (DSB) geworden, durch die Treuhand verkauft an den Kieler Unternehmer Wolf Urban. „Herr Urban ist mit viel Enthusiasmus an die Sache gegangen", findet Matthias Hoffmann, „hatte jedoch von der Tonträgerbranche und der Marktsituation für die DSB zu wenig Kenntnisse." Auch der international erfahrene und erfolgreiche Musikmanager Jorgen Larsen, der die neu gegründete Deutsche Schallplatten Berlin GmbH 1991 bis 1993 leitete, habe die Möglichkeiten des VEB-Schallplatten-Katalogs sowie die finanzielle Basis des Unternehmens wohl überschätzt, erklärt Hoffmann. „Die DSB stand von Anfang an in einer wirtschaftlichen Schieflage."

„Einen kleinen Erfolg gab es in dieser Zeit", erinnert sich Matthias Hoffmann schmunzelnd, und da käme der englische Musiker und Produzent Mark Reeder ins Spiel, der sich seit den 1970er Jahren in Westberlin niedergelassen hatte und regelmäßig in die junge Ostberliner Musikszene eintauchte. „Meine erste Produktion, die ich in der Wendezeit in Kooperation von Deutsche Schallplatten mit einem Label in Berlin West realisiert habe, war die mit der Ostberliner Indie-Pop-Band Die Vision, und Mark war der Produzent, dabei haben wir uns kennengelernt. Bei der Gelegenheit haben wir darüber fantasiert, wie man für Deutsche Schallplatten Umsatz machen könnte oder worauf wir selbst und das Publikum Bock haben. Mark kannte sich in der Techno-Trance-Szene, die sich damals entwickelte, aus und wollte gern was in der Richtung machen."

Mark erhielt das Angebot der Deutschen Schallplatten Berlin GmbH, innerhalb der Struktur der DSB ein Techno-Label zu kreieren und die vorhandene Infrastruktur zu nutzen.

„Ich kann mich heute noch an die legendäre Label-Gründungs-Pressekonferenz im Präsidentenpalais im Reichstag erinnern", berichtet Hoffmann weiter, „wo Mark in einer NVA-Uniform auftauchte. Wir haben es immerhin in die Tagesschau geschafft. Das war eine total spannende Zeit. Unsere MfS-Produktionen mit Cosmic Baby und The Visions of Shiva in persona von Paul van Dyk waren ziemlich erfolgreich."

© Ben Hardyment, 2015, Mark Reeder im MfS-Büro, B-Movie/DEF Media

Für Matthias Hoffmann war Techno-Musik zu jener Zeit noch kommerziell schwer einschätzbar. „Bei den ersten Produktionen, die MfS, also Mark Reeder gemacht hat, konnte ich – als Musikwissenschaftler!! – das eine vom anderen mitunter schwer unterscheiden und war erstaunt, warum das eine gut lief und das andere nicht. Nur wenn man die ganzen Kontexte und die Szene durchschaute, wer ist wo wie platziert, wer legt wo auf, was hat er für ein kulturelles Umfeld, dann wurde es einem klarer."

All das sollte die Deutsche Schallplatten Berlin aus dem Schneider bringen, es funktionierte aber nicht. „Auch die Platten von MfS wurden natürlich nicht in solchen Mengen verkauft, dass man dafür hätte hundert Leute ernähren können", berichtet Hoffmann. „Das war eine wilde Zeit, total spannend, ziemlich verrückt, meistens kreativ. Andererseits fühlte ich einen Druck, fühlte mich gehetzt. Ich war damals 28, hatte für so viele Leute Verantwortung und musste mit dieser zusammenbrechenden Situation irgendwie klarkommen." Im Nachhinein findet er, war die Lage der DSB wohl von vornherein aussichtslos. „Also unter der damaligen Voraussetzung, mit den politischen Rahmenbedingungen während des Übergangs, die Übernahme durch den neuen Eigentümer und mit der der Treuhand garantierten Zahl von 165 Beschäftigten von ursprünglich 490, konnte man wohl nicht anders als kaputtgehen."

Dann schildert er lächelnd eine kleine Anekdote, die von verpassten oder vielleicht doch nicht verpassten Chancen handelt. „Wir haben sehr viel investiert in neues Repertoire, dabei landete auch als Angebot auf Grund von Jorgen Larsons exzellenten internationalen Kontakten eine Single auf unserem Tisch: All That She Wants von der schwedischen Popband Ace Of Base. Wir haben damals gesagt, nein, das wird nichts, können wir uns nicht vorstellen. Und dann wurde das woanders total erfolgreich. Aber ich füge hinzu, möglicherweise hätten wir das ganze Ding nicht zum Hit gemacht. Warum? Weil uns die Struktur als zu junges Unternehmen für Marketing und Vertrieb einfach gefehlt hat. Ich befürchte, Ace of Base und ihren Hit würde es nicht geben, wenn wir das damals gemacht hätten. Das ist bitter, aber so war es. Ich könnte jetzt sagen, Asche auf mein Haupt, ich als Repertoirechef mit dem gesamten Team haben diesen Hit nicht erkannt. Mag sein, aber zu dieser Zeit lag fast zeitgleich das damals neueste Album von Silly vor, und wir haben es zur Veröffentlichung übernommen. Ich bekomme heute noch Gänsehaut, wenn ich daran denke, wie wir den Song Hurensöhne zum ersten Mal gehört haben. Diese Platte ist gefloppt, dafür hatte die Konkurrenz Ace of Base!"

Das „Revival" der sogenannten Ostbands hat Hoffmann nicht mehr als A&R-Chef von Amiga mitbekommen. „In dem Moment, wo das Repertoire von Amiga an BMG verkauft wurde und die eine neue kleine, schlagkräftige Struktur aufgebaut haben um Jörg Stempel, da war die Situation schon ganz anders." Im Sommer 1993 meldete die DSB Insolvenz an, das Klassiklabel „Eterna" wurde an die Edel Music GmbH verkauft, die Urheberrechte für das Repertoire von Amiga und Litera gingen an die Bertelsmann Music Group/ BMG. 1994 wurde Amiga als eigener Geschäftsbereich unter dem Dach der BMG eingerichtet, geleitet von Jörg Stempel, der für die Vermarktung des Nachlasses und neue Produktionen mit ehemaligen DDR-KünstlerInnen verantwortlich war.

Matthias Hoffmann ist seit über zwanzig Jahren selbstständig und hat seine eigene Firma für Event-Marketing mit einem Team von bis zu zehn MitarbeiterInnen. „Wir produzieren für Partner aus dem öffentlich-rechtlichen Hörfunk und Fernsehen Events wie Open Airs und Image-Veranstaltungen für Unternehmen, Kommunen, Vereine und Verbände. All das sind Dinge, die ich schon 1987 im Großen Saal des Palastes der Republik gelernt habe. Vieles, was ich in meiner praktischen Tätigkeit von Studium bis Angestelltenverhältnisse bis Mitte der Neunziger begleitet hat, konnte ich in meine eigene Firma überführen."

Ein Tommy in der DDR-Produktion: Gespräch mit Mark Reeder

Der 1958 in Manchester geborene britische Musiker, Musikproduzent, Autor und Schauspieler Mark Reeder galt nach seinem Auftritt im Film „B-Movie – Lust & Sound in West-Berlin 1979-1989" als Kenner der Westberliner Szene. Aber nachdem Mark, großer Fan der deutschen elektronischen Musik, 1978 nach Berlin gekommen war, genoss er es auch, beständig von einer Seite der Mauer zur anderen switchen zu können. Dass er den Ostteil Berlins so spannend fand, stieß in seinem Westberliner Freundeskreis auf Unverständnis. Als Engländer hatte Mark Reeder weitaus bessere Voraussetzungen für den Grenzübertritt, und er war von diesem „Paralleluniversum zu West-Berlin" begeistert. Sein aktuelles Projekt: Nach zehn Jahren auf Eis gelegt, startete er vergangenes Jahr den Relaunch seines 1989 gegründeten Labels MfS („Masterminded for Succes", nicht etwa Ministerium für Staatssicherheit ...). Denn in China hat er neue interessante Musik entdeckt, wie zum Beispiel von der Gruppe „Stolen", die er gerade produzierte.

© Liang Yi, 2019, Mark Reeder und „Stolen"

Nicht nur das Label MfS für Trance-Techno, gegründet als Teil der Deutschen Schallplatten Berlin GmbH, ehemals VEB Deutsche Schallplatten, war der Grund, warum ich mit Mark sprechen wollte. Bereits 1989 hatte er im Amiga-Studio eine LP aufgenommen („Torture", 1990 erschienen auf „Zong", dem neu benannten Amiga-Label), wahrscheinlich als erster „Tommy" in der DDR. Wie war es zu dieser Zusammenarbeit gekommen? wollte ich von ihm wissen, als wir uns Anfang 2019 in Treptow trafen.

© PSB, Reichspräsidentenpalais 1966

„Ja, das war für mich auch ein Wunder“, erinnerte sich Mark, „ich wusste ja schon vorher, als Westler durfte man in keine DDR-Betriebe oder Fabriken gehen, das war strengstens verboten.“ Darin hatte Mark Erfahrung, nachdem er Jahre zuvor schon aus einem DDR-Betrieb „körperlich entfernt“ worden war. „Ich hatte so um 1983 eine Band auf der Straße gediscovered“, berichtete er, „also entdeckt, die hießen Jessica, eine Gruppe von jungen Leuten, die in einer Schule geprobt hatten.“

1983 hatte Mark für den britischen Fernsehsender „Tyne Tees Television“ für die Musiksendung „The Tube“ ein Live-Special aus Berlin organisiert und war zusammen mit Muriel Gray auch als Moderator aufgetreten. Vorgestellt wurden damals die Ostberliner Band „Jessica“ und die Westberliner „Ärzte“. „Die Zuschauer waren alle junge Leute, und die wollten keine alten Säcke wie die Puhdys oder sonst was sehen, sondern unbedingt eine Punkband. Ich meinte, das wird nicht gehen, die DDR wird auf keinen Fall eine Punkband ins Fernsehen stellen als repräsentativ für die DDR. Diese Kids von Jessica sahen aber so ein bisschen punkymäßig aus, strubbelige Haare, enge Hosen, aber nicht so radikal. Ich hab die gesehen, als ich in einer Tram saß, bin rausgesprungen aus der Bahn und hinterhergerannt. Einer hatte nämlich einen Gitarrenkoffer, und ich sprach die an: Ihr seid doch in einer Band, ich bin aus England, wollt ihr ins englische Fernsehen? Die meinten, sie hätten keine Genehmigung und würden nur bei sich in der Schule proben. Ich sagte, dann komme ich vorbei, und die: Nee, das geht nicht, du darfst als Westler nicht in die Schule, das ist verboten. Aber ich meinte, das merkt doch keiner. Jedenfalls haben sie mich dann reingelassen, und ich habe gesehen, was die so konnten. Das war ein bisschen wie The Police, okay, nicht meine Musik, aber am nächsten zu dem, was wir eigentlich suchten. Und dann habe ich mit den Behörden so zwei Monate lang gedealt. Die haben mich gefragt, woher kennen Sie diese Band? Von der FDJ hätte mir jemand von denen erzählt, habe ich geantwortet, was natürlich eine Lüge war. Dann habe ich den Jungs gleich geraten, ihr müsst jetzt zur FDJ gehen und sagen, das britische Fernsehen will euch zeigen. Jemand bei der FDJ kannte die flüchtig und hat für die gebürgt, als dann die Anfrage kam, sie hätten noch keine Einstufung, bereiten sich aber vor. Natürlich wollte die DDR nicht, dass wir die Allerallerersten sind, dass wir die entdeckt haben, so haben sie die Band irgendwie so eine Woche vorher im DDR Fernsehen vorgestellt und konnten sagen: Wir haben sie entdeckt und nicht die Engländer.“

Die Gruppe Jessica hatte Erfolg. „Ihre Karriere ist rasant durch die Decke gegangen“, berichtete Mark. „Dann haben sie mich einmal zu einer Betriebsfeier in einer großen Fabrik eingeladen. Bevor die Band überhaupt auf die Bühne kam, ich war vielleicht fünfzehn Minuten da und hab so einen Ersatzkaffee getrunken, kam dann jemand und meinte: Sie müssen jetzt sofort gehen, als Engländer dürfen Sie sich in unserem Betrieb nicht aufhalten. Und ich: Wieso? Ja, Sie könnten Betriebsspionage betreiben. Da meinte ich: Das ist doch Technologie der fünfziger Jahre. Und dann haben sie mich praktisch körperlich entfernt, das Jessica-Konzert durfte ich nicht sehen.“

© PSB, Reichspräsidentenpalais 1966

Illegales Konzert der Toten Hosen

Am 27. März 1983 organisierte Mark ein geheimes Konzert der Toten Hosen in der Ostberliner Erlöserkirche in Rummelsburg. „Das war auf dem Kinderspielplatz neben der Kirche, der Pfarrer hat sich richtig Sorgen gemacht, weil es so viele Leute waren, und draußen stand die Volkspolizei. Die sagten zum Pfarrer: Wir wissen, dass die Toten Hosen hier spielen sollen, aber die haben keine Genehmigung, das ist illegal und so weiter." Der Pfarrer hatte dann das Konzert offiziell abgesagt, und Mark rannte noch den enttäuschten und wütenden Fans hinterher, um ihnen zuzurufen, dass eine echt coole Band aus Dresden dafür auftrete. Sein hintergründiges „Es lohnt sich hierzubleiben", schienen die meisten dann verstanden zu haben. „Dann spielten die Toten Hosen eine dreiviertel Stunde, bis die Polizei kam und meinte, wir wissen jetzt, das waren die Toten Hosen. Klar, bei diesen sechshundert Leuten waren einige inoffizielle Mitarbeiter, die meisten davon wollten unbedingt das Konzert sehen, aber irgendwann mussten sie dann natürlich auch den Behörden sagen, dass das die Toten Hosen waren, sonst hätten sie ja selber Probleme bekommen."

Die Band Die Vision spielte auf einem weiteren illegalen Open-air-Konzert der Toten Hosen an der Pankower Hoffnungskirche als offizielle Band. Mark Reeder pflegte damals regen Kontakt zur Ostberliner Punkszene und fertigte für die Kids Mixtapes an – Schallplatten zu schmuggeln war fast unmöglich. Die gingen dann in Kopie von Hand zu Hand, bis es kräftig rauschte. Aber das war den Punks egal. 1989 sprach ihn Uwe Niels von Geyer, der Sänger der Band Die Vision, an und fragte, ob er deren LP produzieren würde, die bei Amiga erscheinen sollte. „Die haben gesehen, dass die Popularität von der Band rasant stieg", erzählte Mark. „Ich kannte die schon vorher unter dem Namen Komakino. Die hatten viele Gigs, waren auf Festivals und so weiter. Der Sänger hat in so einer Art Englisch gesungen, und das war in der DDR natürlich auch irgendwie ein Problem, aber die hatten schon eine offizielle Auftrittsgenehmigung. Die Band wollte, dass ein Produzent aus dem Westen rüberkommt, es war sehr kompliziert angeblich. Also ich war nicht dabei, als sie diese Verhandlungen mit Matthias Hoffmann und den ganzen Entscheidungsträgern bei Amiga geführt haben, aber das muss irre schwierig gewesen sein, das überhaupt durchzusetzen."

Mark Reeder war dann beim Reichstagspräsidentenpalais, dem Hauptsitz des VEB Deutsche Schallplatten und Amiga, am Reichstagsufer direkt an der Grenze vorstellig geworden. „Da hatte man einen richtigen Ausblick auf die Mauer und auf den Reichstag", erinnerte er sich. „Im Kellergewölbe gab es lauter Metalltüren, alle abgesperrt mit einer Plombe, und eine von diesen Metalltüren führte direkt zum Reichstag. Jeden Tag kam mehrmals die Grenztruppe der DDR, um diese Plomben zu kontrollieren, ob keiner dran rumgefummelt hat. In der Mitte war der Gang zugemauert, aber mit einem Vorschlaghammer hätte man die Wand einschlagen können und in den Westen flüchten. Später haben mir die Leute von Amiga das gezeigt. Und als die Mauer weg war, bin ich dann da einmal durchgegangen.

Daneben war die Polizei und so eine Baracke. Ich bin da rein, und eine Frau mit einem riesengroßen Plastiklederbuch hat mich gefragt, ja wann wollen Sie denn anfangen. Und ich dachte, so wie im Westen, wenn du ins Studio gehst, dann hast du das eine Zeitlang für dich, dann kommt auch keiner mehr rein, du bekommst dann den Schlüssel, kannst abschließen, keiner fummelt an den Geräten herum. Ich meinte, also ich brauche ungefähr sechs Wochen. Und sie: Nein, das geht nicht, wir sind hier im Sozialismus, wir arbeiten hier in Schichten, d.h., Sie dürfen am Montag um sieben Uhr anfangen bis eins oder nachmittags. Ich dachte, wie soll ich eine Platte machen, wenn ich jeden Tag nur die Hälfte des Tages arbeiten kann und den Rest des Tages kommt einer und macht was anderes. Aber okay, ich muss da durch, dachte ich, ich hab keine andere Wahl. Und dann habe ich in diesem Brunnenstraßen-Studio angefangen, diese Platte zu machen. Das war in einem ehemaligen Kino, sehr interessant. Nachdem ich zwei Tage da war, kam ein älterer Herr auf mich zu und meinte, er wäre Herr Richter und würde ganz gerne meine Frühschicht gegen seine Spätschicht tauschen, damit er nachmittags frei hätte. Klar kannst du alle meine Frühschichten haben, sagte ich, und er war total happy. Er hatte gerade eine Platte gemacht mit Vogelstimmen der DDR oder so, total geil."

Das Aufnahme-Studio in der Brunnenstraße

Mark Reeder war fasziniert von der Aufnahmetechnik, die nur durch das Improvisationstalent der StudiomitarbeiterInnen funktionierte. „Es war alles irgendwie zusammengebastelt, an der Wand hing ein riesen Schaltplan, damit man wusste, wo die ganzen Stromleitungen verliefen. Was diese Jungs da geleistet haben in diesem Studio, was die gebaut haben, das war phänomenal. Es war wirklich ein außergewöhnliches Erlebnis für mich, wie clever und wie kreativ die waren. Die Jungs von Jessica hatten sich auch ihre eigenen Synthesizer gebaut, ihre eigenen Gitarren. Es war ja in der DDR nicht möglich, in ein Geschäft zu gehen und zu sagen, ich möchte eine elektrische Gitarre mit Verstärker, Kabel, Fußpedal. Im Fünfjahresplan waren Gitarrenkabel nicht vorgesehen. Die meisten Leute haben die Gitarren irgendwie durch Beziehungen, entweder aus dem Westen oder aus Ungarn oder der Tschechoslowakei gehabt.

Im Studio in der Brunnenstraße hatten sie auch eine Otari, allerdings nur die Hülle. Drin waren Teile von Telefunken, Studer und anderen Herstellern, ein Monster von 24-Spur-Tonbandgerät. Die Mitarbeiter hatten mir erzählt, dass sie 1966 Geld bekommen hatten, um in Technik zu investieren. Sie hatten eine Menge von Neumann-Mikrofonen, die irre teuer waren im Westen. Sie hatten ein Steinway Grand Piano, ein original 60er-Jahre Mellotron, eine 66er Fender Stratocaster, einen Vox AC-30, einen Bass-Amp und einen Marshall-Gitarrenverstärker. Aber alles, was sie hatten, war Technologie aus einem vergangenen Jahrhundert praktisch. Die hatten einen ganzen Raum, wo nur Metallplatten hingen und Spiralhallgeräte, so eine Riesenspirale, etwa zwanzig Meter lang. Auf dem Mischpult konntest du einstellen, klick, klick, klick, und da gab's dann diesen Sound, der ging durch diesen Raum und ist durch diese Spiralhallen gegangen. So was hat man heutzutage nicht mehr und im Westen gab es das erst recht nicht. So Platinen aus verschiedenen Arten von Metall, die unterschiedliche Halleffekte erzeugen konnten. Für mich war das total faszinierend. Das Mischpult war auch ein selbst gebautes Ding, das sah aus wie Frankensteins Monster, riesig. Dann haben sie mir erzählt, ja wir haben gesehen, im Westen gibt es Fernsteuerung, das wollten wir unbedingt auch haben. Das haben sie sich selber gebaut, irgendeine Omi von denen hat die Schaltknöpfe aus dem Westen mitgebracht. Dieter Ortleb, der Haupttonmeister, sagte zu mir: Aber du darfst das nicht bedienen, weil es mit fünf Millisekunden Verzögerung arbeitet, wenn man irgendwelche Knöpfe drückt, um das Signal an die Maschinen zu geben. Er wäre mittlerweile schon geübt damit.

Dann hatten wir da auch mit solchen Sachen wie Stromschwankungen zu tun, das Problem war, wenn das so unter ein bestimmtes Level runterging und der Strom dann wieder zurückkam, hatte das Tonbandgerät alle Kanäle auf on geschaltet. Das heißt, alle Kanäle hatten alles gelöscht, was du gerade aufgenommen hattest. Das war schon Horror, und das ist so ein paar Mal passiert, während wir die Platte gemacht haben. Die Platte hat ewig gedauert, länger als sechs Wochen."

Am 2. November 1989 hatte Mark die Studioaufnahmen mit Die Vision beendet. Danach wollte er sich auf einer Reise mit englischen Freunden erholen, um zum Abmischen fit zu sein. Es ging nach Polen, in die Tschechoslowakei, Rumänien und Ungarn. Dort habe er erfahren, dass die Berliner Mauer abgerissen wurde, erinnerte sich Mark. „Ich dachte, das ist aus einer ungarischen Satirezeitschrift oder so was. Zehn Tage später kam ich zurück nach Berlin, und die Welt war ganz anders." Der A&R Chef von Amiga hatte das Label umbenannt, und Die Vision sollte nun auf dem neu eingerichteten „Zong" erscheinen. „Oh Matthias", hatte Mark gestöhnt, „wie kannst du denn das tun, ich meine, wenn überhaupt, dann solltet ihr vielleicht euer Label Zony nennen."

Nach der Wiedervereinigung 1990 hatte Mark Reeder Einsicht in seine Stasiakte beantragt und acht Jahre später den Zugang bekommen. „Dann haben sie mir erzählt, ich darf nur ein Fünftel meiner Akte sehen. Durch meinen ehemaligen Freundeskreis konnten wir uns ein Bild machen, wer wer war und wer was gemacht hat. Zusammen haben wir dieses Puzzle zusammengefügt."

Hatte es seine Beziehung zu den Musikern gestört, die sich später als IMs herausstellten? wollte ich wissen.

„Ich muss sagen, eigentlich, nee", erwiderte Mark. „Guck mal, ich bin kein DDR Bürger, mich betrifft das nicht so sehr. Die waren nur interessiert, ob ich für MI5 oder CIA arbeite und ob ich eine Agenda habe, die Jugend in der DDR zu korrumpieren. Was ich auch irgendwie getan habe, aber nicht in böser Absicht, sondern das habe ich gemacht, weil meine Freunde alle so schöne Undergroundmusik hören wollten und man das nicht kaufen konnte."

Was er von der sogenannten Ostalgie-Welle halte, fragte ich Mark noch. „Für die Leute, die die DDR vermissen, kann ich sicherlich verstehen, warum sie zu diesen Konzerten gehen, weil es an die guten alten Zeiten erinnert, wo man nicht jeden Tag um seine Existenz kämpfen musste", erwiderte er. „Als Kind in der DDR bist du doch wie in einem goldenen Käfig aufgewachsen im Vergleich zum Westen. Wenn ich das mit meiner Kindheit in einer Arbeiterklassefamilie, wenn man das so sagen kann in DDR-Sprache, vergleiche. Wir haben in Manchester am Stadtrand gewohnt, in relativ armen Verhältnissen, und wenn ich mich erinnere, wie meine Eltern so gekämpft haben um ihre tägliche Existenz, um mich und meine Schwester aufzuziehen. Da haben die DDR-Kinder, also jedenfalls in Ostberlin, schon ein anderes Leben gehabt. Wenn du erwachsen wurdest, sah das ein bisschen anders aus. Aber ich fand, es gab einige Sachen, die waren nicht schlecht in der DDR."

Immer unterwegs in Sachen Amiga: Besuch bei Jörg Stempel

Das Musical „Die Legende vom heißen Sommer" vom Regisseur Olaf Becker und dem Autor Michael Kuhn lief im März 2019 im Boulevard-Theater Dresden mit Andreas Köhler und Katharina Eirich in den Hauptrollen an und wurde ein Renner. Becker und Kuhn hatten die besten Songs des DDR-Plattenlabels Amiga in eine Story verpackt: Ein paar junge Leute wollen dreißig Jahre nach dem Mauerfall eine Tour organisieren, die an die Musik der verblichenen DDR erinnert. Die Sängerin Nina ist als Einzige der Beteiligten eine „Wessi" und lernt nun im Laufe von typischen Verstrickungen und Liebesgeschichten die gute alte Ostmusik kennen. Da blieb kein Auge trocken, und das Publikum wurde auch hier und da verzückt aus den Zuschauersesseln gerissen. Natürlich hatte der „Auskenner" Jörg Stempel bei der Song-Auswahl geholfen. Es sollen zuerst um die zweihundert gewesen sein, die Stempel und Becker auf ihre Longlist setzten, die sie letztendlich auf fünfzig Songs schrumpfen mussten. Darunter unter anderem der Schunkler von Nina Hagen, „Du hast den Farbfilm vergessen" – ein Ost-Hit, den sie vor ihrer Punk-Phase im Westen hatte –, Sillys „Bataillon d'Amour" oder „Casablanca" von City.

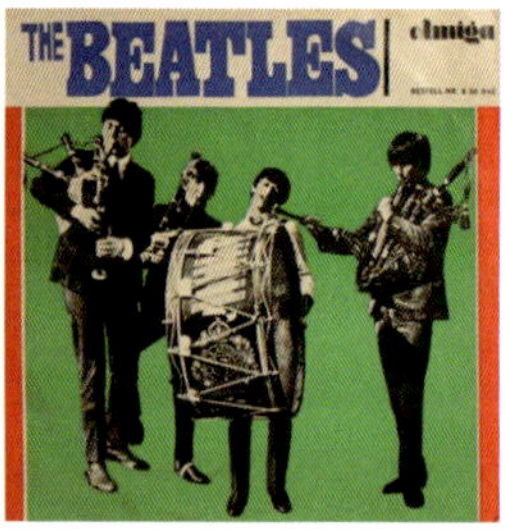

Jörg Stempel, das ist, wenn es um Amiga geht, eine Institution. Wo immer „Ostmusik" rein soll, hilft der Experte aus. Das Stück habe er übrigens schon mehrmals gesehen, sagte Stempel, und sich nie gelangweilt. Der studierte Ökonom arbeitete als „Schallplattenunterhalter", wie DJs in der DDR hießen, war Bandmanager der Puhdys und bei Amiga von 1981 bis 1988 zunächst Redakteur, dann Leiter der neu gegründeten Abteilung Programmgestaltung, bevor er von 1994 bis 2004 Amiga-Labelchef bei BMG Ariola wurde. „Viele Amiga-Hits und -Stars wären ohne Jörg Stempel längst vergessen“, schrieb Birgit Walter 2017 in der Berliner Zeitung, zehn Jahre davor stand in der Super Illu, Jörg Stempel sei untrennbar mit der Geschichte des Labels verbunden (12.4.2007).

Warum kennt sich Jörg Stempel so besonders gut im Amiga-Repertoire aus? Dass er bei dem bekanntesten Plattenlabel des Monopolisten VEB Deutsche Schallplatten gelandet war, erzählte Jörg Stempel, als ich ihn in seiner Altbauwohnung in Prenzlauer Berg besuchte, sei eigentlich Zufall gewesen. „Ich war Kulturfunktionär an der Druschba-Trasse, ein 550 Kilometer langer Bauabschnitt der Erdgasleitung Sojus, von Orenburg bis in die DDR. Da wurde das Erdgas auch bis nach Westberlin geliefert. Das waren sechs Baustellen, und auf einer dieser Baustellen war ich der ‚Kultur-Natschalnik‘ und musste die werktätigen Schweißer, Erdarbeiter und sonstige Gewerke, die dort tätig waren, von morgens bis abends bespaßen. Ich war Kinovorführer, DJ und Moderator von täglichen Radiosendungen, habe Freundschaftstreffen organisiert, Exkursionen, Sportwettkämpfe und, und und. 1978 bin ich von dort nach Berlin zurückgekommen und habe dann beim Komitee für Unterhaltungskunst im Büro Roland Weise gearbeitet, das für die Organisation der nationalen Musikwettbewerbe verantwortlich war. Zum jährlichen Pfingsttreffen der FdJ wurde eine zentrale Arbeitsgruppe gebildet, die René Büttner, damals Chefredakteur beim Label Amiga, geleitet hatte. 1980 hat er mich mit der Bemerkung abgeworben: Was willst du hier werden? Die haben doch nichts zu entscheiden, komm lieber zur Amiga.“

Eingestellt wurde Jörg Stempel als Musikredakteur, aber da die Ressorts so gut wie verteilt waren, hatte man ihm zunächst als Einsteiger eine eher unbeliebte Aufgabe übertragen. „Man muss sich vorstellen“, berichtete Stempel, „bis 1980 hatte der VEB Deutsche Schallplatten für das Amiga-Repertoire keinen Katalog, es gab eine Karteikartensammlung,

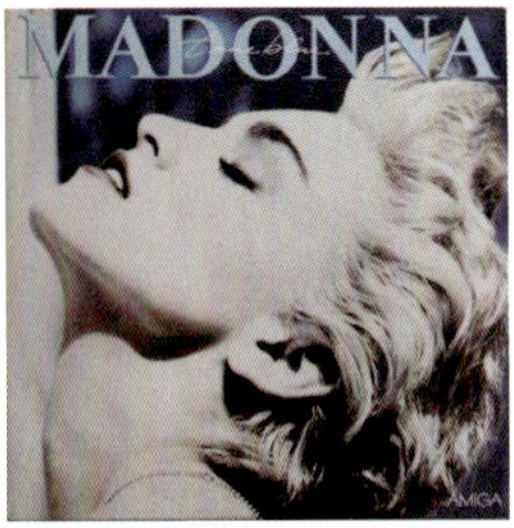

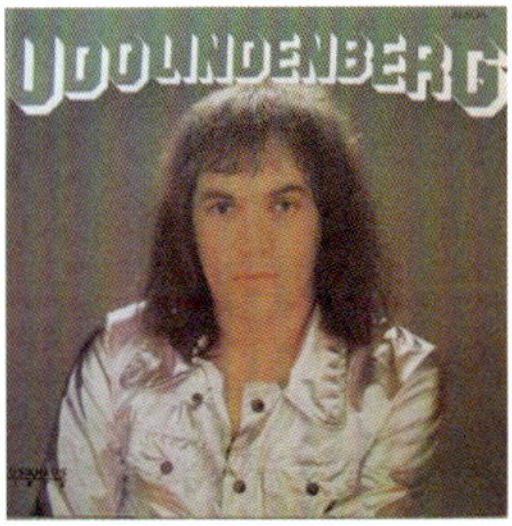

aber kein übersichtliches Werkverzeichnis. Ich bin also ins Archiv abgetaucht und war die ersten Monate damit beschäftigt, eine Übersicht mit allen wichtigen Daten zu schaffen: Was wurde wann bei Amiga veröffentlicht – mit Angaben zur Katalognummer, Bandnummer, Auflage, Titel der LP, der beteiligten Künstler und so weiter und so fort. Und da ich ein gewissenhafter Mensch bin und auch einigermaßen fleißig, hab ich das in zweieinhalb Monaten geschafft und dafür eine schöne Prämie erhalten. Aber nicht für meinen Fleiß, sondern für die Entdeckung von zwei Lizenzbändern, die mal vom VEB angekauft, aber nie veröffentlicht, wahrscheinlich vergessen worden waren. Das waren eine Platte von Peter Alexander und eine von Doris Day. Die haben wir dann zehn, fünfzehn Jahre später veröffentlicht."

Jörg Stempel wurde dann mit Aufgaben betreut wie den Zusammenstellungen von Jahres-Best-of-Kopplungen. Und er vertrat René Büttner als abgesandter Verantwortlicher von Amiga in der Zollkommission in der Grellstraße. „Da kam dann ein Vertreter vom Rundfunk, vom Fernsehen und von Amiga", erinnerte sich Stempel, „und dann haben die Zöllner ihren Giftschrank aufgemacht, und wir hatten die Aufgabe, bei der politischen Bewertung von Tonträgern aus dem Westen zu beraten. Ein schönes Beispiel war das neue Album von The Cure. Die Zöllner hatten davon keine Ahnung und sahen bloß schwarz umrandete Augen, waren sofort misstrauisch. Ich muss mir mal in Ruhe die Texte anhören, sagte ich, und mich mit dem Image der Band beschäftigen. Ich durfte die Platte mit nach Hause nehmen und konnte sie mir für meine DJ-Tätigkeit in Ruhe überspielen." Nachdem Stempel vier Jahre bei Amiga gewesen war, hatte der Generaldirektor des VEB Deutsche Schallplatten Harry Költzsch beschlossen, eine neue Abteilung zu gründen, die Abteilung Programmgestaltung. Und Jörg Stempel sollte Abteilungsleiter werden.

„Die Abteilung hatte die Aufgabe, mit den drei künstlerischen Bereichen Amiga, Eterna, Litera und der Abteilung Absatz, den Niederlassungen, dem Handel und den Medien zusammenzuarbeiten. Diesen Schnittpunkt gab es vorher nicht. Seit 1979 war unser Presswerk Potsdam-Babelsberg in der Lage, jährlich 12 Millionen LPs zu pressen, also eine Million im Monat. Und da sich Kunst nicht in Zeitschemata packen lässt, die Pressautomaten aber täglich Futter brauchten, sollte ich mit den drei Chefredakteuren koordinieren, welches Programm wird im März, April, Mai, Juni und so weiter veröffentlicht. Das

Ganze musste dann noch mit bestehenden Promi-Terminen abgeglichen werden. Wenn zum Beispiel die Puhdys sagten, unsere Platte muss unbedingt am 18. Mai rauskommen, weil wir am 20. Mai im Kessel Buntes auftreten, wurde die Pressung entsprechend eingetaktet."

Kein Wunder also, dass sich Jörg Stempel mit dem Amiga-Portfolio auskennt, nachdem alles quasi durch seine Hände ging, was existierte und neu produziert wurde. Das ging bis 1988, dann stieg er erst mal aus. Weil ihm der aufreibende Job ohne festen Feierabend zusammen mit dem Wochenend-Job als DJ und der Erziehung seiner beiden Kinder zu viel wurde, betonte er.

Anfang 1988 hatte er für die Puhdys zum 20-jährigen Band-Jubiläum ein Konzept erarbeitet und wurde von der Gruppe zum Manager ernannt. „Arbeitsmäßig kam ich vom Regen in die Traufe", sagte Stempel, „um Tonträger-Veröffentlichungen, Medienauftritte und Tour für 1989 vorzubereiten. Dann wollten wir, also Peter Meyer, der Keyboarder von den Puhdys, Maschine, der Sänger, Komponist, Gitarrist usw., und ich ein eigenes Label gründen. In der DDR waren inzwischen Privatstudios möglich, die ihre Produkte auch in den Westen verkaufen konnten. Wir hatten sogar schon zwei Künstler unter Vertrag, die Puhdys-Söhne Rosalilli und Amor die Kids. Der Sänger und Schlagzeuger von Amor die Kids damals war Tobias Künzel von den Prinzen. So war der Plan, am 19.11.1989 war der Schlusspunkt bei den Puhdys. Doch zehn Tage vorher fiel die Mauer, und damit kam alles anders."

Thomas Stein, langjähriger Geschäftsführer der westdeutschen Plattenfirma Teldec, die ein mit Monopol auf Amiga-Lizenzen besaß, ab 1987 Boss der Ariola, bot Stempel an, als Vertriebsleiter Ost bei BMG einzusteigen. Dort hat er dann am 1. März 1990 angefangen. „Ich habe von März bis Ende Juni fast alle Schallplattenläden in der DDR besucht", erinnerte sich Stempel, „immerhin 635 an der Zahl." Dort sollte dann nach der Währungsunion ab dem ersten Juli das Ariola-Repertoire eingeliefert werden. Dabei musste er „mit Tränen in den Augen" beobachten, wie die Amiga-Platten dort in den Läden mit abgeschnittener Ecke für fünfzig Pfennig oder eine Mark angeboten wurden. „Die wollten natürlich die Läden leer haben, damit dann später auch für Maffay und Springsteen, Lindenberg und Beatles genug Platz im Laden Platz war."

Bis Ende 1993 war Jörg Stempel Vertriebsleiter Ost der BMG Ariola München, bis „diese Übergangsphase auch erledigt" war. Parallel lief gerade der Insolvenzantrag der Deutsche Schallplatten Berlin GmbH. „Die DSB GmbH hatte im Mai 1993 schon den gesamten Eterna-Katalog an die Firma Edel in Hamburg verkauft und danach Insolvenz angemeldet. Und dann stand eben der Amiga- und der Litera-Katalog zum Verkauf. Es gab fünf, sechs Bewerber, aber Thomas Stein hat den Zuschlag bekommen. Ich denke, dass ich daran nicht ganz unschuldig war, weil ich immer noch zu meinen alten Kollegen Kontakte pflegte. Die wussten auch, wenn BMG das übernimmt, gibt es zumindest jemand, der den Katalog, den Betrieb, das Repertoire wertschätzen kann und auch weiß, wie man damit umzugehen hat."

So wurde Jörg Stempel dann zum Geschäftsführer Amiga unter dem Dach der BMG, die heute zu Sony gehört, und hatte dafür gesorgt, dass sich die Ausgaben für das Label schnell rentiert hatten. Inzwischen teilen sich nur noch wenige große Konzerne den Musikmarkt. „Es gibt ja nur noch drei Majors", so Stempel, „das ist Warner, Universal und Sony." Bis Ende 2004 war Jörg Stempel fest angestellt, seitdem kümmert er sich freiberuflich für Sony um das Amiga-Erbe. Aber was heißt überhaupt „kümmern"?

„2009 habe ich die letzte echte Neuproduktion aufgenommen, das war mit der polnischen Band Die Roten Gitarren. Seitdem und auch schon davor ging es meist um anlassbezogene Kopplungen und Zusammenstellungen, aber auch um ‚Ausgrabungen' unveröffentlichter Songs, um auch aktuell Amiga-Künstler und ihre Lieder in den Fokus der Medien, der Öffentlichkeit zu rücken. Insofern gibt es das Label noch, aber eben kein Büro, kein Team, sondern einen Einzelkämpfer, der aber viel Unterstützung von Gleichgesinnten erhält."

Wie sieht Jörg Stempel die Zukunft des Labels Amiga? „Es gibt ja heute auch immer noch die Deutsche Grammophon, das ist das erste Schallplattenlabel im Westen gewesen, oder die Telefunken, später Teldec. Wenn aus dem Backkatalog eine Platte erscheint, die vielleicht 1958 oder 1962 mit Künstler X auf Teldec veröffentlicht wurde, kann es sein, dass dies heute auch wieder auf dem alten Label veröffentlicht wird, je nachdem ob es noch aktiv ist." Die Schätze von Amiga seien bis heute bundesweit viel zu wenig bekannt, findet Stempel. „Es wäre ein großer Fehler, dieses Traditionslabel nicht am Leben zu erhalten. So lange ich am Leben bin, will ich das Meinige dafür tun!"

© Herbert Schulze, Engerling im Metzer Eck, 1980

Die Kunst hält Einzug: Atelierhaus Mengerzeile

Die Augustsonne brennt auf den frisch geteerten Boden vor dem Haupteingang des Atelierhauses. Die schmucke neue Fassade des renovierten und sanierten Fabrikgebäudes glänzt in der Sonne. Hier wurden die Klinkersteine aufwendig überarbeitet und restauriert, gereinigt und neu verfugt. Drei Balkone auf jeder Etage, angebaut aus Feuerschutzgründen, bilden Komfort und Blickfang. Die blaue Pförtnerloge ist verschwunden, dafür glitzert nun neben dem Haupteingang ein gläserner Aufzug. Doch der ist nicht für hier arbeitende Künstlerinnen und Künstler, sondern für die in den vierten Stock und den ausgebauten Dachboden eingezogenen neuen NachbarInnen. So wurde es abgesprochen, denn die Nutzung des Fahrstuhls hätte die Miete für die Ateliers weiter erhöht. Aber komisch sei es schon, sagt eine Künstlerin. Vorher gab es nun mal keinen Fahrstuhl, aber jetzt, wo er da ist, käme man sich schon vor wie zweite Klasse ohne Zugang.

Vor dem Haus pflanzt eine andere Künstlerin gerade neue Blumen in das zwischen Teerboden, Fahrstuhl und mit Kies belegtem Steinboden frei gelassene Beet. Darunter, wo vorher der Amiga-Club-Keller des Atelierhauses war, haben es sich die ehemaligen Erdgeschoss-MieterInnen im daraus entstandenen Souterrain, das aber nun als Erdgeschoss bezeichnet wird, etwas gemütlicher gemacht. Vorher sahen sie nur den Steinwall vor ihrer Nase, der sich zum ebenerdigen Geschehen hochwölbt. Jetzt steht dort eine Sitzbank mit Tisch, und eine Pflanzenterrasse schönt das Blickfeld.

Hier gibt es keine schattenspendenden und von der Außenwelt abschirmenden Bäume mehr. Der Blick fällt geradezu auf das neue Betonfeld, das vor dem Atelierhaus Mengerzeile von 2015 an hochgewachsen ist. Der zweite Bauabschnitt der „Bouchégärten" wird langsam fertig. Die spitzen Betonbalkone werden montiert, die Gerüste nach und nach abgebaut. Eine ehemalige Gastkünstlerin des Atelierhauses, die nach Jahren wieder zu Besuch kam, war bei dem Anblick in Tränen ausgebrochen. Bis zum Eintreffen der letzten BewohnerInnen der 276 Eigentums-Apartments wollen sich die KünstlerInnen am äußeren Rand des noch zur Pianofabrik gehörenden Vorplatzes einen grünen Sichtschutz gepflanzt haben.

Die ersten hörbaren Lebenszeichen der neuen BewohnerInnen aus den oberen Etagen hatte es bereits an einem Wochenende gegeben, als von hoch oben laut schallende Karaoke-Party-Töne in den Hof herunterwaberten. Die NachbarInnen aus dem Wohnhaus nebenan hatten irritiert aus den Fenstern geblickt – solche Töne von den KünstlerInnen? Die waren selbst ratlos. Nun, das neue nachbarschaftliche Leben muss sich wohl erst gestalten.

© CSuhr, sanierte Fassade 2019

© CSuhr/Anke Zeuner, 2017 - 2019, Abriss und Sanierungsarbeiten am Pianofabrikgebäude

© CSuhr/Anke Zeuner, 2017 - 2019, Abriss und Sanierungsarbeiten am Pianofabrikgebäude

© Jostein Kirkerud, 2007

© CSuhr, Hof zur Mengerzeile, 2008/2019

Im hinteren Hof, ehemaliger Standort der Kunsthalle M3 des Atelierhauses in der alten Remise, früher umgeben von einem üppigen Garten, den die KünstlerInnen nach Einzug auf dem von Müll und Bauresten gereinigten Boden gepflanzt hatten und der später von einer Hundertschaft der im dichten Knöterich eingenisteten Spatzen akustisch begleitet worden war, ist es still. Die Fenster des Ateliers im ersten Stock sind mit Papier zugeklebt. Der Maler dahinter fühlte sich mit den neuen NachbarInnen gegenüber zu exponiert. Der Neubau, der nach Abriss der Kunsthalle dort errichtet wurde, steht „einen gefühlten Meter“ von seinem Atelierfenster entfernt. „Als die auf dem Balkon standen und geraucht haben, war das, als würden sie vor meiner Tür stehen“, kommentiert der Künstler.

Nur aus dem Kellergeschoss dringen in die Stille hinein leise schabende Geräusche und der Geruch von frischer Farbe. Ein Teil des alten Kohlenkellers, wo zwischen 1993 und 2014 die rauschendsten Partys stattgefunden hatten, bei denen der Schweiß der Tanzenden von der Decke tröpfelte, wird von den MieterInnen des Atelierhauses renoviert und als neuer Projektraum vorbereitet. Es sind 80 Quadratmeter, die aus der Vereinskasse bezahlt werden. Welche KünstlerInnen haben so was heute noch in der Innenstadt von Berlin, zu der Alt-Treptow nun inzwischen gehört, dem lange abfällig als „Walachei“ bezeichneten Bezirk an der Grenze zu Neukölln und Kreuzberg?

2017 war es besiegelt, das Atelierhaus Mengerzeile darf mit einem 23-Jahresvertrag ab 2019 weiter bestehen. Der Platz ist reduziert, die Miete fast verdoppelt worden. Aber verglichen mit den Möglichkeiten derer ohne dicken Geldbeutel haben es die Künstlerinnen und Künstler aus der Mengerzeile noch gut getroffen. Hier wurde ein Kompromiss gefunden, bei dem sich der Investor Argos Real Estate – wenn auch nach langen Verhandlungen mit den KünstlerInnen und UnterstützerInnen aus Politik, Stiftungen, GLS-Bank, Medien, Atelierbeauftragten und der KünstlerInnen-Gewerkschaft bbk berlin – auf das „spannende Projekt“ einlässt, den KünstlerInnen inmitten von neu entstandenen hochpreisigen Räumen weiter Quartier zu lassen.

Ein bitterer Preis: Die Ateliersituation in Berlin

Ende 2017 flogen Steine im Norden Treptows. Zielscheibe der hilflos wütenden Attacke war ein fast hundert Jahre alter Backsteinbau, die ehemalige Agfa-Film-Fabrik an der Grenze zu Kreuzberg. Hier gab es bis 2016 eine bunt gemischte MieterInnengruppe von KünstlerInnen und Kleingewerbe, bis das geschichtsträchtige Gebäude an den Immobilienunternehmer Gregor Marweld verkauft wurde. Es folgten Kündigungen, Umbau und Neuvermietung an die Factory II Berlin mit Geschäftsführer Udo Schlömer, der sein neues Haus als einen der größten „Start-up-Campusse" Europas bezeichnet. Vor dem Einzug wurde dann noch in diesem „alten verlassenen Fabrikgebäude" Halloween gefeiert, eine Provokation für die gekündigten VormieterInnen.

Fast zwei Jahre später schleppten ein paar KünstlerInnen ein zentnerschweres Objekt in die Fabrik an der Lohmühlenstraße. Eine schmale Betonskulptur mit Fuß und dem Aufdruck „Weak Art Award 2018". Das Stück sieht aus wie ein Teil aus einer Miniaturausführung der Berliner Mauer. Die Aktionsgemeinschaft bedrohter Berliner Atelierhäuser, kurz AbBA, hat diesen Preis 2018 ins Leben gerufen. Seit zehn Jahren gehen jährlich in Berlin wegen der rasant steigenden Gewerbemieten mindestens 350 bezahlbare KünstlerInnenateliers verloren. Mit dem Weak Art Award sollen die Player auf dem Berliner Immobilienmarkt ins Rampenlicht geholt werden. Besonders rabiat und perfide vorgehende InvestorInnen werden sozusagen für die Schwächung der Kunstproduktion in Berlin ausgezeichnet.

„Man muss sichtbar machen, was eigentlich passiert", kommentiert der Berliner Atelierbeauftragte Martin Schwegmann, der als Fachberater an der Jurysitzung zum ersten „Weak Art Award" teilgenommen hatte. „Es geht nicht darum, Investoren-Bashing zu betreiben, sondern darum, eine Öffentlichkeit zu schaffen, eine Diskussionsplattform, das Ganze aber mit einem Augenzwinkern, in einem künstlerischen, eher spielerischen Format." Der bbk berlin geht von etwa acht- bis zehntausend bildenden Künstlerinnen und Künstlern in der Stadt aus, von denen mehr oder weniger die Hälfte ein Atelier sucht beziehungsweise von Verdrängung bedroht ist. „Angesichts der derzeitigen Marktlage befindet sich faktisch jeder, der einen Gewerbemietvertrag mit dreimonatiger Kündigungsfrist hat, in prekärer Situation", folgert Martin Schwegmann.

Kunsthauptstadt Berlin

Warum sind denn KünstlerInnen so wichtig?, werden sich manche fragen. Man solle sich doch lieber um Familien mit Kindern kümmern. Aber warum ist Berlin so beliebt und hat einen so ungeheuerlichen Zuwachs? Was zieht die jungen Start-ups und junge Familien in die Stadt? Diejenigen, die diese Stadt so attraktiv, so bunt machen, bilden noch immer den größten Anziehungsfaktor, das wissen die PolitikerInnen, denn Umfragen und Untersuchungen bestätigen es immer wieder.

„Berlin ist Welthauptstadt für das künstlerische Arbeiten und das europäische Produktionszentrum für Bildende Künstler*innen", schreibt der Berliner Atelierbeauftragte Martin Schwegmann im 2019 vorgelegten „Weißbuch", eine Handreichung als konstruktiver Beitrag „für die sachdienliche und zielgerichtete Weiterentwicklung der Ateliers- und Arbeitsraumförderung und der Entwicklung von Atelierstandorten in Berlin". Kunst „made in berlin" sei weltweit präsent und bekannt, heißt es darin. „Dieser internationale Ruf Berlins und sein urbanes Flair sind das Markenzeichen der Stadt". Und deshalb sei es ein „allgemeines Ziel der Berliner Stadtentwicklungspolitik und in ihrem Rahmen auch eine genuine Zielsetzung der Berliner Kulturpolitik, dass Berlin diese Rolle auch künftig ausfüllen kann. Dafür ist bezahlbarer Raum für die Produktion von Kunst eine zentrale Voraussetzung". (Vgl. „Weißbuch")

Christoph Höhne, Geschäftsführer der Berlinovelle Vermögensverwaltung GmbH und der Argos Real Estate in Prenzlauer Berg, war 2002 zum Studium nach Berlin gekommen, da ihn die Vielfalt in der Stadt begeistert hat. Als er 2014 das Atelierhaus Mengerzeile kaufte, war es für ihn ein Gebäude mit KünstlerInnen, die aber keinen Vertrag mehr hatten und ausziehen würden, wie der Erbe des alten Pianogebäudes ihm versicherte. Nachdem er feststellen musste, dass besagte KünstlerInnen aber um ihren Atelierplatz kämpften, da die meisten im Haus woanders keine Alternative fanden, begann er sich umzuorientieren. „Die Zusammenarbeit mit dem Verein lief sehr reibungsarm und kooperativ", konstatiert er später. „Wir konnten die Bauarbeiten wie geplant ausführen. Weiter haben wir uns zwangsweise als Firma in den letzten Jahren viel stärker mit den vielfältigen und teils auch negativen Effekten der starken Entwicklung des Immobilienmarktes beschäftigt, die ja grundsätzlich für uns als Immobilienentwickler positiv ist. Dadurch haben wir heute einen anderen Blick auf die Situation und die Stadt, der uns sicher in unserem gesamten Handeln beeinflusst. Insofern haben wir uns durch das Projekt auch als Firma und Einzelpersonen weiterentwickelt. Mir wurde nochmals verdeutlicht, dass gerade die Vielfalt für mich den Reiz der Stadt ausmacht und es wichtig und notwendig ist, aktiv für diese Vielfalt zu arbeiten, da Sie ansonsten verloren gehen wird."

Im Jahr 2019 werden vom Atelierbüro und dem bbk berlin 50.000 KünstlerInnen aller Sparten insgesamt in Berlin geschätzt. Tatsache ist, dass nur zehn Prozent der freischaffenden KünstlerInnen allein von ihrer Kunst leben können. Aber dieser gern zitierte „Humus" der anderen neunzig Prozent, aus dem namhafte KünstlerInnen hervorgehen und der ansonsten gerade die vielfältige, bewegliche Kulturlandschaft ausmacht, ist ein wichtiger Faktor, ohne den die „hohe Kunst" nicht gedeihen kann.

Die Situation nach der Wende

Im eingemauerten Westberlin hatten sich Künstlerinnen und Künstler in den zahlreichen leer stehenden bürgerlichen Altbauwohnungen und in nicht mehr genutzten Fabrik- oder Gewerbeetagen ihre Ateliers eingerichtet. Hier konnte sich in großzügigen Räumen eine Kunst entwickeln, die in Platznot undenkbar gewesen wäre. Eine lebendige, kritische Kunstszene bildete sich im wirtschaftlich

© David Baltzer, 1991, Aktion in der Neuen Nationalgalerie

maroden Westberlin mit sogenannten Selbsthilfegalerien wie zum Beispiel der Großgörschen. Hier entstanden zum ersten Mal gehäuft, nicht zuletzt angeregt durch die WG-Kultur der 1960er Jahre und vor allem auch aus praktischen Erwägungen, Atelierhäuser und Atelieretagen in den weiträumigen Fabrikhallen. In den 1980er Jahren kam dazu die HausbesetzerInnenbewegung, die vor allem in Kreuzberg weitere kulturell genutzte Räumlichkeiten schaffte. Eine starke Subkultur mit Kunstbewegungen wie unter anderem den „Neuen Wilden" wurde zum Markenzeichen Westberlins. Im Osten hatte sich eine aufmüpfige KünstlerInnenszene vor allem im Bezirk Prenzlauer Berg gebildet, die sich ebenfalls der leer stehenden und maroden Altbauten- und Fabrikräume bediente, an denen scheinbar niemand Interesse hatte.

Nach der Wiedervereinigung 1990 wurden die typischen, bis dahin abgelegenen KünstlerInnenbezirke wie Kreuzberg, Mitte und Prenzlauer Berg mit einem Mal innerstädtische Areale und plötzlich heiß begehrtes Terrain für InvestorInnen. Die Gewerberaummieten stiegen auf das Drei- bis Zehnfache. Viele KünstlerInnen mussten ihre Ateliers aufgeben, weil sie die Kosten nicht mehr tragen konnten. Bei einer Umfrage 1990 unter rund 1500 Westberliner Künstlerinnen und Künstlern ermittelte der bbk berlin, dass über siebzig Prozent über keinen ausreichenden Atelierraum verfügten.

Nachdem die „Initiative gekündigter Künstlerinnen und Künstler" Anfang der 1990er Jahre durch Proteste auf die katastrophale Ateliersituation in Folge des Gründerrausches nach Maueröffnung aufmerksam gemacht hatte, erkämpfte sie in Zeiten der Etatkürzungen nach langen und zähen Sitzungen mit der

Senatsverwaltung, dass unter Kultursenator Ulrich Roloff-Momin 1991 die Stelle eines Atelierbeauftragten und zwei Jahre später das Berliner Atelierprogramm (ASP), eine in Deutschland einmalige Förderung von Atelierraum, eingerichtet wurden. Ganz wichtig war: Das Atelierbüro musste unabhängig sein. Der erste Atelierbeauftragte Bernhard Kotowski und Nachfolger kümmerten sich fortan um die Sicherung und Akquisition von Atelierraum. Sie bildeten eine Schnittstelle zwischen KünstlerInnen, Stadtentwicklung und Kulturpolitik, waren vom Senat eingesetzt, aber im Kulturwerk der KünstlerInnengewerkschaft bbk berlin angesiedelt. Durch das ASP konnten in den ersten zehn Jahren fast 400 Ateliers in Berlin erhalten oder neu eingerichtet werden.

Entstehung Atelierhaus Mengerzeile

Ein zum Abriss freigegebenes Fabrikgebäude am Schmollerplatz wurde 1992 von der damaligen Atelier GmbH für ein Jahr angemietet und für ungefähr zwanzig KünstlerInnen als preiswerter Atelierraum (ohne Heizung!) angeboten. Die Gruppe der MieterInnen am Schmollerplatz versuchte nach Ablauf des Jahres den Mietvertrag zu verlängern, konnte jedoch den Abriss der Fabrik nicht verhindern.

Die inzwischen aufeinander eingespielte KünstlerInnen-Gruppe stellte fest, dass die angrenzende Fabrik, ein 1908 zur Pianoproduktion errichtetes Gebäude, ebenfalls nicht mehr genutzt wurde, und nahm mithilfe der Atelier GmbH Kontakt zur Erbin des restitutionsbelasteten Gebäudes auf. Mit der Wohnbauten-Gesellschaft mbH Stadt und Land, treuhänderische Verwalterin des Pianofabrikgebäudes, schloss die Atelier GmbH zum 1.7.1993 einen Mietvertrag ab.

Dann folgten erste Jahre mit zähen Verhandlungen, in denen der von den Künstlerinnen und Künstlern gegründete Verein sich bemühte, einen längerfristigen Mietvertrag zu erhalten. Die Erbin Carla Riedel, anfangs noch vertreten durch ihre Schwester Rosemarie Saatzen, war den KünstlerInnen prinzipiell wohlgesinnt, trotzdem hangelte sich der Verein in den folgenden Jahren von einem Vertragsjahr zum nächsten.

Doch auch ohne die Sicherheit einer längerfristigen Perspektive wurde das Gebäude vom Verein Mengerzeile in Eigenregie und nach Absprache mit der Erbin instand gesetzt und „künstlergerecht“ gestaltet. Es entstand eine Infrastruktur mit unterschiedlich großen Ateliers, Projekträumen, Büro und Serviceraum mit Kopierer, Telefon und später Internetanschluss. Von 1994 an wurde durch ABM-Maßnahmen für zunächst zwei Jahre eine Stelle für Kunstmanagement im Atelierhaus finanziert: Anne Lahr sollte bis 2001 unverzichtbare Kommunikatorin zwischen den MieterInnen des Hauses und der Treptower Bürokratie werden. Gleich im ersten Jahr wurde im Haus in Eigeninitiative und mit Unterstützung des Treptower Kulturamts ein Gastatelier mit eigenem Sanitäranschluss und Kochecke im Wohnbereich aufgebaut, da der internationale Künstleraustausch ein wichtiges Anliegen des Vereins war. Der erste Gast, Kenji Yanobe, kam aus Japan, vermittelt durch eine Künstlerin des Hauses.

Die im Haus versammelten Künstlerinnen und Künstler hatten sich Anfang der 1990er Jahre größtenteils auf Malerei, Bildhauerei und Installation konzentriert. Betty Stürmer, genannt „Betty Party“, läutete 1995 im Heizungskeller eine neue Performance-Ära in der alten Pianofabrik ein. Vorher hatte sie bereits bei Offenen Ateliers mit dem Vorlesen ihres Teenager-Tagebuchs oder Auftritten im „Taschenkleid“ und als „Caroussel“ amüsiert. Nun machte sie sich daran, den staubigen Eingangsbereich des Kellers zu fegen und mit peruanischen Minimäusen auszukleiden, Glitter im Eingang zu verstreuen und Kerzen aufzustellen. Im KünstlerInnenverein wurde beschlossen: Sie darf für ihr Happening „DJ Everybody“ offiziell Leute einladen und Krach machen, so viel sie will. Eine Sperrstunde gab es damals im Haus nicht.

Der Keller war dank nicht isolierter Heizungsrohre kuschelig warm, und „Bettys Versteck“ kochte dann an sechs Abenden den kalten Berliner Winter mit trinkfreudigem und gut gelauntem Publikum heiß. Für ein Freigetränk an Bettys selbst gebauter Bar brachten die Gäste ihre drei ausgewählten Platten mit, und es wurde dann schon mal – wenn auch von Stöhnen begleitet – auf Wunsch eines einzelnen Künstlers ABBA gespielt. Betty hatte sich, wie andere KünstlerInnen auch, beim Einzug aus den Müllcontainern des Vormieters, dem ehemaligen VEB Deutsche Schallplatten, ein paar Scheiben der nicht mehr geliebten DDR-Produkte herausgefischt und beim Auflegen damit zum Gaudi beigetragen. „Denn Stilbruch war am Anfang vom DJ Everybody Happening das Markenzeichen“, schreibt Betty in ihren Erinnerungen („Szenegirl“). „Während ‚draußen‘ in den Clubs fast nur noch Techno und House lief, drückte sich hier die Gegenseite aus, und alles, was nicht clubtaugliche Musik war, kam zu Gehör.“

© Archiv Mengerzeile, „Bettys Versteck“ 1995

Dass es im Atelierhaus Mengerzeile oft wunderbar kontrovers ablief, zeigten auch die gemeinhin bekannten opulenten Kellerpartys, die dann verdichtet stattfanden. Ein ehemaliger Künstler des Hauses erinnert sich schmunzelnd an die schräge Performance „Die Gitarre und der Schrank“: „Ich fand die Veranstaltungen im Amiga Club teilweise richtig gut“, sagt Maik Scheermann über seine Zeit im Atelierhaus. „Mich hat das so an die Nachwendezeit erinnert, so von 1990-1992. Da gab‘s ja überall in Halle und Leipzig und natürlich auch in Berlin diese Wohnungspartys und Abrisshauspartys und Fabrikkellerpartys. Und ich lande zehn Jahre später im Amiga Club im Atelierhaus Mengerzeile, und da war genauso was. Da hat einer einen Teppich auf den Kellerboden gelegt, und ein anderer hat auf‘m Schrank gespielt.“

Ernst Handl, ein anderer ehemaliger Mieter, der von 1993 bis 1994 im Atelierhaus war, erinnert sich an seine Performances, bei denen KünstlerInnen aus dem Atelierhaus mitgemacht hatten: „Mit den Story Dealers haben wir in der

© CSuhr, 1993, Subcity Fishing - Aale angeln am Kudamm

Mengerzeile zwei Aktionen vorbereitet. Das ‚Subcity Fishing', ein fingierter Aale-Angelwettbewerb am Kudamm, und den ‚Club der Unsterblichen'. Das war die Geschichte, wo Pshéu in einem riesengroßen Aquarium liegt, das wir mit einer zähen Flüssigkeit angefüllt haben, das sollte die Versteinerung simulieren. Unsere Geschichte spielte in Russland, in Nordsibirien, wir haben ein Schwarzweißfoto gemacht, das sollte in einem russischen medizinischen Labor stattfinden. Wir haben Pshéu auf diese Betonrampe gestellt, auf das Tor haben wir russische Buchstaben geklebt, so ein bisschen Rauch mit einer Nebelmaschine erzeugt und das dann fotografiert. Die Bilder haben wir an Pro7 geschickt, und die sind dann eingestiegen auf diese Story. Wir haben in Potsdam den ‚Club der Unsterblichen' gegründet, da hat die Christiane Krüger noch bei uns mitgespielt. Irgendeine BZ-Reporterin hat dann allerdings recherchiert und Warnung gegeben, Vorsicht, da stimmt was nicht mit der Geschichte. Da hatten die aber schon Flüge gebucht, weil sie wissen wollten, wo diese versteinerten Leichen sind."

Die Malerin Julia Hürter war 1994 bis 1996 in der Mengerzeile und denkt noch oft daran, wie Barbara Thumm, aus der später eine erfolgreiche Galeristin werden sollte, mehr mit ihrem Handy als ihrer Leinwand beschäftigt war. „Zu der Zeit war das ja mit den Handys noch gar nicht so verbreitet, aber sie hatte schon eins und telefonierte ständig." Auch der Filmdreh 1995 zu „Sexy Sadie" war ein Erlebnis. „Die haben das Büro der Mengerzeile in einen Knast verwandelt, alles grau angestrichen und Gitter vors Fenster gehängt", erzählt Julia Hürter. „Also ich fand das total faszinierend, wie schnell die gearbeitet haben. Die kamen zum Drehen, da war schon alles vorbereitet, und einen Tag später war das wieder weiß, rappizappi ging das. Na ja, beim Film ist Zeit ja Geld. Deshalb haben die auch von früh bis spät gedreht. Was ich auch toll fand, war das Catering, das war richtig gutes Essen. Ich habe gemalt an dem Tag, deshalb fiel für mich auch was ab. Da ist mir übrigens Corinna Harfouch auf der Toilette begegnet, wahnsinnig schöne Frau. Ich habe ja damals im ersten Stock im Pferdestall gearbeitet, und eine Szene

© Georg Krause, 1995, Inner Space

wurde aus unserem Atelier raus in diesem Gang gefilmt, wo Jürgen Vogel sie mit vorgehaltener Pistole aus dem Knast entführt ..."

Und dann waren da noch die vielen Ausstellungen im Hofkeller, eine davon vom Holländer Harri Soetens, der sich 1995 eingehend mit dem Kohlenstaub im Haus beschäftigte ... „Der hat eine Installation aufgebaut, ‚Inner Space'", erinnert sich Julia Hürter, „alles mit Asche verkleidet und verklebt. Die Ausstellung fand ich wunderschön. Wir hatten ja damals jede Menge Asche – ich meine, das war ja der Hammer, wie im vorletzten Jahrhundert, dass da morgens die Kohleheizer kamen und erst mal das ganze Haus anheizten, unglaublich. Im Pferdestall wurde es auch heiß, aber das ging alles gleich wieder raus, weil's überhaupt nicht isoliert war. Aber wir haben uns da erstaunlich wohl gefühlt, na ja, wir haben uns eben warm angezogen, und dann ging das auch ..."

© Matthias Idunger, 2001, Ausbau der Kunsthalle M3

Wichtige Etappen im Werdegang des Atelierhauses waren die Abnabelung von der Atelier GmbH und die Übernahme des Hauptmietvertrages 1997 sowie die Einrichtung des Projektraums „Kunsthalle M3" in der dem Haus anliegenden Remise 2001 durch den schwedischen Künstler Thomas Henriksson. Mit regelmäßigen Veranstaltungen wie Ausstellungen und Offenen Ateliers und ständiger Vermietung des Gastateliers hatte sich das Atelierhaus Mengerzeile im Lauf der ersten Jahre bereits einen wichtigen Platz in der Berliner Kulturlandschaft geschaffen.

Die Kunsthalle M3

„Die M3? Das war ja der Anfang von allem!", erinnert sich die Malerin Miriam Vlaming an ihre erste Berliner Ausstellung. Als sie Anfang 2001 aus Leipzig „angedackelt" kam, wo sie bei Arno Rink an der HGB Malerei studiert hatte, las sie den TIP-Artikel über die neu aufgebaute Galerie im Atelierhaus Mengerzeile. Der sieht ja aus wie Beuys, dachte sie beim Blick auf das Foto des Galeriemachers und Künstlers Thomas Henriksson. Und den suchte sie dann auf. Henriksson, der einige Jahre ein Atelier in dem Treptower Künstlerhaus gehabt hatte, war dabei, sich seinen Traum von einer eigenen Galerie zu erfüllen, und renovierte die alte Remise dort im Hinterhof. Er wollte einen Ort schaffen, den die Kreativen als Teil von sich begriffen. Nichts Kaltes und Distanziertes, ohne Hemmschwelle für BesucherInnen. Als Erstes hatte er eine Ausstellung mit der schwedischen Künstlerin Ulrika Segerberg konzipiert, die ebenfalls ein Atelier in der Mengerzeile hatte. Die Arbeiten Miriam Vlamings gefielen ihm so gut, dass er kurzerhand eine Doppelschau machte. Vlaming erinnert sich noch gern an den „dunklen, miefigen Keller" des Atelierhauses, in dem die Planungen mit jeder Menge Bier besiegelt wurden.

Neben jährlichen Ausstellungen der KünstlerInnen des Hauses in der Kunsthalle M3 („Housesalon") und jenen, die in diesem Zeitraum in den Gastateliers arbeiteten, wurde die Halle ein Forum junger Kunst und Spiegel überregionaler bzw. internationaler Strömungen. Hier konnte experimentiert und ausprobiert werden, unabhängig vom Druck des Kunstmarktes. Des Weiteren fand oft ein Austausch mit anderen Atelierhäusern statt. Der Verein förderte die Ausstellungstätigkeit durch die Übernahme der Betriebskosten. Soweit es die Möglichkeiten erlaubten, wurden ebenso Einladungskarten, Öffentlichkeitsarbeit und die Ausrichtung der Eröffnungen vom Verein übernommen.

Die zur Jubiläumsausstellung 2011 gezeigten Arbeiten gaben ein Bild vom lebhaften Programm der Galerie, in der jährlich um die zehn Ausstellungen stattfanden. Das Null-Budget-Projekt wurde zu einem Ort für Kunst jenseits des Mainstreams. So manche Kunstschaffenden, die inzwischen gut im Geschäft sind wie Miriam Vlaming, hatten hier ihre erste Berliner oder Einzelausstellung, an die sie noch gern zurückdenken. Sechs Jahre später, im Mai 2017, wurde die alte Remise, der Pferdestall der Pianofabrik, abgerissen, um einem Neubau zu weichen. Das war der Preis für das Bleiberecht der KünstlerInnen, die sich weinenden Auges von der schönen großen Halle mit einer rauschenden zweitägigen Ausstellung („Raze-Raise") verabschiedeten. 2019 erfolgt nun die „Auferstehung" in anderem Format …

Professionalisierung der Verwaltung und Hauskauf-AG

Im Verein erfolgte eine Professionalisierung der Verwaltung des Hauses, die KünstlerInnen organisierten weitere Sanierungsarbeiten im Gebäude und modernisierten und verbesserten fortwährend die Infrastruktur. 2008 wurde mit der Tochter der Hauseigentümerin zum ersten Mal ein längerer Vertrag, und zwar mit einer Mindestlaufzeit von 5 Jahren, abgeschlossen. Aufgrund der hohen vom Verein zu leistenden Instandhaltungskosten – das gesamte Fallrohrsystem musste zum Beispiel 2011 erneuert werden, ebenso die maroden Wasserleitungen, Atelierwände kälteisoliert – wurden immer mehr Stimmen im Verein laut, zum Erhalt des Hauses als Atelierhaus den Kauf des Gebäudes in Betracht zu ziehen. Das wäre der sicherste Weg, die Immobilie vor Spekulation zu schützen, und es könnte langfristig geplant werden. Bis zu diesem Zeitpunkt stand der Verkauf des Atelierhauses offiziell nicht zur Debatte, doch bei den bevorstehenden neuen Vertragsverhandlungen wollten die KünstlerInnen sich schon vorbereitet haben.

In einem Gespräch mit dem damaligen Atelierbeauftragten Florian Schöttle informierte sich eine 2011 eigens gebildete „Hauskaufgruppe" des Vereins über Finanzierungsmöglichkeiten. Der Verein Mengerzeile habe durchaus Chancen, Kredite zu erhalten, wenn ein gutes Finanzierungskonzept vorlege, fand Schöttle. Aufgrund der KünstlerInnenbesetzung im Haus, dem Gastatelier und der Kunsthalle M3, die nach außen hin wirkten, wäre das Image der Mengerzeile gut, wusste er. In den folgenden Monaten recherchierten Mitglieder des Vereins mögliche Finanzierungen, es fanden zahlreiche Treffen mit Fachleuten wie dem Wirtschaftsprüfer des Hauses, einem Rechtsanwalt, einem Unternehmensberater sowie weitere mit dem Atelierbeauftragten statt. Mitglieder des Vereins bildeten eine Finanz-AG zur Unterstützung des Vorstands. Der im Atelierhaus arbeitende Architekt fertigte eine genaue Baubeschreibung der Immobilie an, mehrere Hausversammlungen fanden statt, die hauptsächlich den – von der Versammlung beschlossenen – Hauskauf zum Thema hatten.

Kündigung und Suche nach Auswegen

© CSuhr, 2014, auf der Suche nach Atelierraum in Marzahn ...

Ein Dreiergrüppchen aus dem Atelierhaus Mengerzeile machte sich 2014 auf die Suche nach einem neuen Atelierhaus. In Marzahn standen sie vor dem denkmalgeschützten Kesselhaus des Magerviehhofgeländes. Das Gebäude war einsturzgefährdet, Wände durften nicht gezogen werden, die Telekom stellte nur Überlandleitungen in Aussicht, Glasfaserkabel lohnten hier nicht. Zwei Jahre zuvor hätte er den KünstlerInnen eine Platte „mit allem Drum und Dran für 650.000

Euro“ verkaufen können, sagte der Makler mit Berliner Charme, während er über die ausladende Brache ringsum blickte. Was hier noch entstehen sollte, wisse er nicht. Um die Ecke befand sich die Alte Börse, wo sich ein paar Kreative aus dem geräumten Tacheles niedergelassen hatten. Junginvestor und Visionär Peter Kenzelmann hatte dort eine Kunststätte in großem Stil vorgesehen. Ein auf dem Gelände zur Disposition stehendes Gebäude wurde von den drei „Objekt-Scouts“ aus der Mengerzeile besichtigt. Zu niedrige Decken, Dachschrägen, nicht geeignet für Ateliers.

In Lichtenberg, auf dem Gelände der Haubrok Foundation in der Herzbergstraße, der ehemaligen Fahrbereitschaft der Stasi, ein Gebäudeensemble mit morbidem DDR-Flair, waren die Kreativen von den BesitzerInnen erwünscht. Die drei Ateliersuchenden aus der Mengerzeile durchschritten dort eine große, praktisch unbeheizbare Halle sowie das ehemalige Saunahaus mit winzigen Wellnessgefängniszellen. Tage später erfolgte die Besichtigung des denkmalgeschützten Umspannwerks Reinickendorf zusammen mit dem damaligen neuen Atelierbeauftragten Florian Schmidt. Sanierung und Ausbau hätten noch einmal das Dreifache des Kaufpreises gekostet, sogar der Makler riet ab, preiswerte Ateliers sähen anders aus ...

... Schöneweide und Lichtenberg

Nach dem Tod der Erbin Carla Riedel hatte die Erbengemeinschaft das Atelierhaus Mengerzeile an einen Investor verkauft. Die Argos Real Estate, vertreten durch Christoph Höhne, wollte hier Wohnungen bauen, nachdem die Pianofabrik 21 Jahre als Arbeitsplatz für um die vierzig KünstlerInnen mit einem Gastatelier und der Ausstellungshalle genutzt worden war. Der Hilferuf aus der alten Pianofabrik an der Mengerzeile war nur einer von sieben seit seinem Amtsantritt Mitte März, sagte Florian Schmidt. Bezirke wie z.B. Reinickendorf oder Marzahn empfingen damals die Künstlerinnen und Künstler mit offenen Armen. Hier konnten die Kreativen noch das Image aufpolieren. Für viele KünstlerInnen sind Außenbezirke inzwischen die letzte Möglichkeit, ein bezahlbares Atelier zu finden. Doch nicht für alle ist es eine Lösung, an den Rand Berlins zu gehen, wenn sich das Familienleben, die Kunstcommunity und Galerien in der Innenstadt befinden.

Und noch andere Probleme kann die Isolation bedeuten: Für eine Mieterin aus dem Atelierhaus Mengerzeile waren bei der Ateliersuche Bezirke wie Marzahn, Lichtenberg oder Oberschöneweide keine Alternative. Sie hatte ihr Atelier in Französisch-Buchholz verlassen, weil sie in der S-Bahn ständig belästigt wurde. „Ich habe einfach schlechte Erfahrungen mit Nazis", sagt die koreanischstämmige Amerikanerin, „da habe ich zu viel Angst."

AbBA, der Kampf und das neue Leben

Im September 2015 versammelten sich VertreterInnen verschiedener Berliner Atelierhäuser in der Kunsthalle M3 an der Mengerzeile. Der Atelierbeauftragte Florian Schmidt hatte die MieterInnen der neun zu jener Zeit akut bedrohten Berliner Atelierhäuser zu einer Zusammenkunft eingeladen. Betroffen waren um die 800 Kunstschaffende. Aus diesem Vernetzungstreffen ging schließlich die „Allianz bedrohter Berliner Atelierhäuser" (AbBA) hervor, die dann in regelmäßigen Sitzungen Strategien und Aktionen entwickelte, mit denen Politik und Öffentlichkeit auf die Problematik aufmerksam gemacht werden sollte. Das Ziel der Initiative war, die Berliner Atelierhäuser zu sichern sowie beim Aufbau neuer Häuser Schützenhilfe zu leisten. „Ich denke, dass AbBA genau im richtigen Moment kommt", erklärte Florian Schmidt damals. „Die Kulturpolitik ist im Grunde reif, einen Schritt in der Förderung weiterzugehen, weil allen bewusst ist, dass die Bildenden Künstler aufgrund der Entwicklung auf dem Immobilienmarkt aus der Stadt vertrieben werden."

Als Soziologe und Stadtentwickler bildete Schmidt ein wichtiges Verbindungsglied zwischen Kunstszene und Stadtentwicklungsprojekten. 2011 war er Mitbegründer der Initiative Stadt Neudenken, bestehend aus etwa 800 AkteurInnen in kulturellen, sozialen und stadtplanerischen Initiativen, die für neue Stadtentwicklungsmodelle mit Beteiligung der Bevölkerung bzw. der jeweils Betroffenen eintreten. Ein Ergebnis ihrer Arbeit war die Einrichtung des Runden Tischs zur Liegenschaftspolitik im Berliner Abgeordnetenhaus, an dem VertreterInnen von Architektur und Kultur sowie Abgeordnete aller Parteien teilnehmen. Im Bereich der Liegenschaftspolitik hat inzwischen ein Umdenken stattgefunden.

Martin Schwegmann, der 2017 als Nachfolger von Florian Schmidt, inzwischen Stadtbaurat in Friedrichshain-Kreuzberg, die Stelle des Berliner Atelierbeauftragten angetreten hat, konstatierte als Einstand: „Das Hauptproblem ist, dass in dieser Stadt Wohnraum gegen Arbeitsräume ausgespielt wird." Ein wegweisendes Beispiel für die Koexistenz vieler Raumsuchenden ist das Haus der Statistik am Alexanderplatz.

Nachdem die 40.000 Quadratmeter Fläche umfassenden Gebäude am Alexanderplatz zehn Jahre leer standen und beliebtes Ziel von Stadt-AbenteurerInnen geworden waren, die verbotenerweise in den ruinösen Häusern herumkraxelten, machte AbBA im Sommer 2015 auf dieses Raumpotenzial aufmerksam. Plötzlich hing ein großes Banner an einer der Fassaden, das dieses Haus als

„Ort für Kunst, Kultur, Bildung und Soziales“ deklarierte. Was als Protest begann, wurde zu einem professionell erarbeiteten Konzept der im gleichen Jahr entstandenen Initiative Haus der Statistik, die mit künstlerischer, sozialer und integrativer Projektarbeit in dem Gebäudeensemble sowie mit Gemeinschaftsflächen und Offenheit für die direkte Nachbarschaft und die Stadtgesellschaft Synergien und Belebung des Ortes versprach. Das beeindruckte nicht wenige VertreterInnen der Bezirks- und Stadtpolitik. Das Konzept für das Haus der Statistik als Zentrum für Geflüchtete und KünstlerInnen wurde von der Senatsverwaltung für Stadtentwicklung mit dem „Berlin Award 2016 – Heimat in der Fremde“ ausgezeichnet und wird nun zu einem spannenden Pilotprojekt.

© CSuhr, 2015, AbBA-Aktionen Haus der Statistik ...

... „Kunst zieht an und nicht aus“

© Ulf Saupe, 2017, „Critical Mass Mobile“

Doch trotz mancher Erfolgsgeschichten wie dem Haus der Statistik wurde das Problem als solches nicht gelöst. Anfang 2019 hatte sich mit AKKU eine weitere KünstlerInnen-Initiative gebildet, die mit ihrer ersten Aktion im Hof der Berliner Kulturverwaltung für den Fortbestand des Atelierbüros mit dem Atelierbeauftragten als wichtigen Akteur im Kampf für den Erhalt und die Erschließung von bezahlbaren KünstlerInnen-Ateliers eintrat. AKKU kritisiert den Entwurf der Kulturverwaltung für ein zentral geleitetes „Kulturraumbüro“ für alle Kunstsparten, das Ersatz für das bisherige Atelierprogramm werden soll. Das hieße nicht nur, den bisher unabhängigen Atelierbeauftragten zu einem Zuspieler der Verwaltung zu machen, ohne die bisherigen Möglichkeiten, schnell zu reagieren und bei Neuanmietungen eigene Entscheidungen zu treffen, auch die Mitgestaltung des Raumprogramms durch AkteurInnen der freien Szene würde nach dem Senatskonzept ausgehebelt. Das Grundprinzip, eine Infrastruktur für künstlerisches Arbeiten in Berlin mit bezahlbaren Räumen zu schaffen und nicht ein erweitertes Stipendien-Programm für ausgewählte KünstlerInnen, wäre nach dem neuen Konzept in Gefahr.

Im März 2019 begegnete mir eine Künstlerin des Atelierhauses Mengerzeile auf dem Weg in ihr Atelier. Gott sei dank wäre es nun geschafft, sagte sie sichtbar erschöpft, aber strahlend. Es sei schön geworden, ihr Atelier, aber sie habe ein Jahr Baustrapazen hinter sich. Mal gab es kein Fenster in ihrem Atelier, keine Heizung, kein Klo, keine Tür, es war nicht möglich zu arbeiten. Und dann musste sie ständig mit ihren Sachen innerhalb des Hauses umziehen. Sie hatte auch das Gefühl, mit ihrer künstlerischen Arbeit nicht richtig ernst genommen zu werden. Die Architektin bat sie einmal, von einem Tag auf den anderen alles auszuräumen, weil neue Fenster eingesetzt werden sollten. Dann passierte aber nichts. Sie hatte versucht, der Frau zu erklären, dass sie ebenfalls arbeiten müsse. Schließlich habe sie als freiberufliche Künstlerin praktisch ein kleines Unternehmen zu führen. „Wahrscheinlich denken alle, als Künstlerin liege ich den ganzen Tag im Bett, bis ich einen Geistesblitz habe.“

© CSuhr, 2018, neues Atelier

Um die 16 MieterInnen sind nach 2014 ausgezogen, manche noch während des Baugeschehens. Aber es sind auch neue KünstlerInnen dazugekommen, einige „Vertriebene aus anderen Häusern wurden aufgenommen. Mit dem verbliebenen Stamm arbeiten auf fünf Etagen, wenn man das Untergeschoss mitzählt, wieder um die 40 Personen in der Pianofabrik. Mit dem neuen Vertrag und dem anderen Umfeld gibt es nun auch strengere Regeln im Haus.

„Mal sehen, wie das mit dem neuen Projektraum und Lärmbelästigung läuft, der ist ja da hinten im Hof, wo der Neubau ist“, überlegt Eva Noack, die zusammen mit Ilona Ottenbreit finanziell unterstützt vom Verein die Verhandlungen mit dem neuen Eigentümer Christoph Höhne geführt hatte. Die Nächte durchfeiern, so wie in früheren Jahren, geht jetzt sicher nicht mehr. „Nein“, stimmt Ilona Ottenbreit zu, aber du kannst ja ein Kulturprogramm machen, zum Beispiel kleine Konzerte am Wochenende von 20-22 Uhr.“

„Eigentlich haben wir das schon total gut hinbekommen mit dem Vertrag“, resümiert Eva Noack. „Der Vertrag ist für uns gut. Wir hatten ja unendlich viele Forderungen, die alle erfüllt wurden. Zum Beispiel wollten wir in jedem Atelier einen Wasseranschluss, größere Türen.“ Und dann kommt sie fast ins Schwärmen. „Das war der erste Winter, wo ich durch die neuen Fenster und das neue Dach nicht gefroren habe, der absolute Luxus.“

Ausgezogen: Am Stadtrand und trotzdem nicht „sicher" …

Einige der ehemaligen MieterInnen sind an den Stadtrand geflüchtet, entweder weil sie die fast doppelt so hohe Miete nicht zahlen konnten, weil die Familie woandershin zog oder ganz einfach das Arbeiten während des Umbaus nicht möglich war. Alex Tennigkeit hat es nach Hohenschönhausen verschlagen. „Das hier ist ein ganz anderes Hausmodell, eine Investorengruppe. Die Miete war hier schon immer nicht so ganz billig, aber dafür gibt es eine Gebäudereinigung, einen Lastenfahrstuhl, und die kümmern sich eben", sagt sie. Und es gibt einen Hausmeister, das sei was anderes als Selbstverwaltung. „Ich bin in dem Malerinnen-Netzwerk Berlin-Leipzig ziemlich engagiert, damit hatte ich auch viel zu tun. Und ich konnte nicht zwei Sachen parallel machen. Ich musste ja auch irgendwo arbeiten können. Da war mir klar, dass ich nach 15 Jahren das Atelierhaus Mengerzeile verlassen muss."

Alex Tennigkeit hatte im 4. Stock des Atelierhauses gearbeitet. „Für mich gab es keinen Raum mehr in der Mengerzeile, die vierte Etage wurde ja verkauft. Ich denke, dass da jetzt ein ganz anderes Kapitel anbricht, das ist auch gut so. Das Haus musste renoviert werden, es war sanierungsbedürftig. Aber diesen Charme von früher, den hat man jetzt nicht mehr."

Alex hatte sich im Atelierhaus Mengerzeile unter anderem so wohl gefühlt, weil sie diesen weiten Blick gehabt hatte und das maximale Tageslicht. „Ich konnte den Himmel beobachten und habe oft fotografiert. Interessant fand ich es, wenn die mit den Hüpfburgen kamen, diese Aufbauten, wenn die so schlaff zusammenklappten. Und die Fensterscheiben in meinem Atelier waren leicht gewellt, wenn die Sonne in einem bestimmten Winkel darauf traf, dann hatte man so tolle Schatten- und Lichtspiele an der Wand. Ich bin auch so mit dem Gebäude verschmolzen und kannte jeden Winkel. Wahrscheinlich hätte ich mich mit geschlossenen Augen nach unten durchtasten können. Da waren ja auch oft die Lichter kaputt. Eine Zeitlang hatte ich immer nachts gearbeitet. Ich mochte das Gefühl, ein Teil von diesem Gebäude zu sein wie von einem Organismus, so damit eins zu werden. Einmal war auch eine Fledermaus im Gebäude, manchmal Nachtschwärmer, es gab ziemlich viele Tiere. Hummeln waren da, einen Fuchs habe ich gesehen, der stand nur ein paar Meter von mir entfernt."

In ihrem neuen Atelier in dem ehemaligen Stasigebäude zahlt sie fast zehn Euro warm – genauso viel wie ihre ehemaligen KollegInnen an der Mengerzeile. „Viele Galerien haben hier Lager, da innerstädtisch kaum noch was zu finden ist", sagt Alex Tennigkeit. „Es sind auch Werkstätten im Haus. Aber hier rücken sie auch schon an. Eine Künstlerin habe ich getroffen, die ist jetzt ausgezogen und geht wieder nach Süddeutschland zurück. Ich fühle mich in Berlin gar nicht mehr sicher, wir wohnen ja auch zur Miete."

Eine andere Künstlerin, die aus dem Atelierhaus Mengerzeile ausgezogen war, weil sie die erhöhte Miete nicht hätte bezahlen können, hatte ein Atelier in Johannisthal gefunden – außerhalb des S-Bahnrings. Doch auch hier werden große Pläne gemacht. „Die Krähne kommen immer näher", sagt die Künstlerin. „Es riecht überall nach Beton. Das ist für mich der Geruch der Gentrifizierung."

© CSuhr, 2012, Ausblick

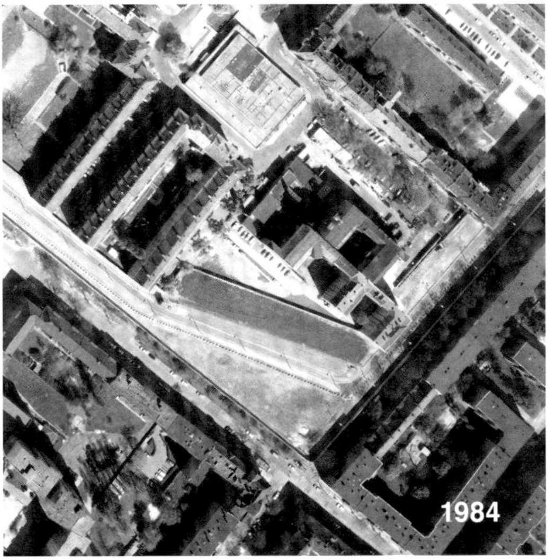

Kapitel 4

Eine Straße und zwei Seiten

© Archiv Wohnungsbau-Verein Neukölln, 1950er

Mit Passierschein nach Hause: Die Bouchéstraße in Treptow

Ganz im Osten

Dort, wo die Bouchéstraße in die Straße Am Treptower Park mündet, stand früher eine alte Tanksäule. Die Puschkinallee grätscht sich dort um eine dreieckige Insel, wo dieses alte Relikt aus DDR-Zeiten noch lange funktionslos stand. Jedes Mal wenn ich dort vorbeilief, nahm ich mir vor, das Ding zu fotografieren, bis es plötzlich verschwunden war. Nicht dass ich dem als Fußgängerin hinterhertrauere – aber es war ein weiteres historisches Stück, das so einfach aus dem Stadtbild verschwand, genauso wie im Sommer 2019 die Litfaßsäule schräg gegenüber, die allerdings bestimmt auch kein Mensch mehr beachtet hatte.

Wer die Straße Am Treptower Park dort an der Ecke überquert und auf die Seite der Puschkinallee läuft, die noch immer von inzwischen denkmalgeschützten Villen gesäumt ist, findet an der Nummer 5 doch tatsächlich ein Hinweisschild aus DDR-Zeit. Der Jazzeller im früheren Kreiskulturhaus Treptow, später Parkhaus, schien es dann doch wert, erinnert zu werden. „Hier rockten in den Sechzigern und Siebzigern unangepasste Beat-Combos ihre trunkene Lebensfreude gegen die Langeweile“, schrieb Ronald Galenza 2002 in seinem Band „Feeling B – Mix mir einen Drink“ (S. 30/31).

Ein Aktivist der 1980er, Jazz-Veranstalter Wolf-P. „Assi“ Glöde, beschwört in seinen Erinnerungen „... und freitags in den Jazzkeller Treptow“ die Atmosphäre des legendären Jazzkellers in Treptow wieder herauf („Freie Töne. Die Jazzszene in der DDR“). Seit Mitte der 1960er Jahre fanden im Untergeschoss der Villa, dem „Twistkeller“, Konzerte mit DDR-Beatbands wie den „Sputniks“ statt. Wie der Avantgarde-Jazz nach Treptow gekommen war, sei nicht belegt, referierte Glöde. „Offiziell war der Jazzkeller für 100 Personen zugelassen“, schreibt der 1981 aus Chemnitz, früher Karl-Marx-Stadt, nach Ost-Berlin zugezogene Jazzliebhaber, der dort durch Kontakte zu Gleichgesinnten landete. „Es wollten aber viel mehr Leute die Konzerte erleben. Es lag also im Ermessen des Einlassdienstes, wer rein durfte, wer warten musste oder gleich wieder weggeschickt wurde.“ Mit teilweise zehn Konzerten pro Monat war das Kreiskulturhaus Treptow, später Träger des Hauses, einer der wichtigsten Jazzveranstalter in Ostberlin.

„Das Publikum war nicht allein zum Musikhören gekommen, sondern der Jazzkeller war auch ein Treffpunkt, eine Nische für viele, die in der DDR unzufrieden waren“, schrieb Glöde. „Es war eine Szene für Intellektuelle, die sich in den siebziger Jahren durch den Jazz gefunden hatten, aber als Atheisten nicht in die kirchliche Opposition gehen wollten. Wenn Uli Gumpert spielte, wurde das besonders deutlich, denn jeder wartete darauf, dass er Melodien von Biermann-Liedern in sein Klavierspiel einbaute – dann gab es tosenden Zwischenapplaus.“

Für die meisten Ostberliner war der Norden Treptows aufgrund der Lage dicht an der Mauer eher abseits gelegen, eine „tote Ecke“. Gerade deshalb konnte sich wohl hier eine lebhafte alternative Szene entwickeln. Eine Treppe über dem

Jazzkeller fanden unter der Leitung von Longest F. Stein diverse Fotoausstellungen statt. Hier versammelten sich Gleichgesinnte bei Cola-Weinbrand vor den Arbeiten von „Fotosadisten“ und „kulturideologischen Pestbrocken“ (O-Ton der Kulturkommission beim Rat des Stadtbezirks Berlin-Treptow, 1986, vgl. „Sehtest“).

Der 1953 in Dresden geborene Longest F. Stein war nach dem Studium „Elektronik, Technologie und Feingeräte“ („Frag mich bloß nicht, was das ist!“)1978 nach Berlin gezogen. Als Ehrenamtlicher arbeitete er zuerst in einem FDJ-Jugendklub, dann musste er noch mal anderthalb Jahre zur Armee, bevor er im Oktober 1984 die Leitung der Galerie in der ersten Etage des Kreiskulturhauses Treptow übernahm. Sein Schwerpunkt war die Fotografie. „Damals gab es nicht so viele Möglichkeiten für Fotografen, ihre Arbeiten auszustellen“, sagt Longest. „Da gab es ja noch die Diskussion, ist Fotografie Kunst. Ich hatte aus der Studienzeit in Dresden eher Verbindungen zu Malern und Grafikern, die dort an der Kunsthochschule studiert haben, das Fach Fotografie gab es dort nicht. Aber in diesem Zwergenländle war das ja überschaubar. Mit einer Fotografieausstellung in Leipzig, mit pro Jahr sechs, sieben Studenten hatte man einen guten Überblick, was da Neues passierte. Die wenigen, die hauptberuflich als Fotografen gearbeitet haben, die kannte man dann auch. Da wusste ich noch, was bei denen zu Hause in der Schublade liegt. Anders als jetzt, wo es Fotografen wie Sand am Meer gibt.“ Zu sehen waren dann Arbeiten von inzwischen gut bekannten FotokünstlerInnen wie Harald Hausmann, Gundula Schulze und Tina Bara.

Ob „tote Ecke“ oder nicht, die Ausstellungen mussten natürlich erst einmal abgesegnet werden. „Mit Kunst gab es in der DDR immer Ärger“, meint Longest. „Erst mal musste ich immer eine Konzeption für die Ausstellung schreiben, die dann an den Stadtrat ging, der hat dann die Genehmigung erteilt, auch die Druckgenehmigung für Einladungen und Plakate. Für jeden Husten, den man veröffentlichte, der vervielfältigt wurde, brauchte man eine Genehmigung. Und da lernt man dann, wie man schreiben muss, damit das so ein Parteimensch auch versteht, oder zumindest so, dass er zustimmen kann. Die ersten Autoperforationsartisten wie Else Gabriel mit ihren Langzeitbelichtungs-Experimenten und so was, das hätte kein Mensch da kapiert, also auch nicht genehmigen wollen. Da haben wir die Ausstellung im März gemacht, das wurde dann eine Frauentags-Ausstellung. Das wurde verstanden, dass eine Künstlerin zum Frauentag ausstellt“, erzählt Longest grinsend.

Das Publikum war gemischt, zu Gundula Schulzes Ausstellung kamen auch Angestellte von den Graetzwerken nebenan und die Belegschaft vom Grenzschutz in der Mittagspause, berichtet Longest. Das sei aber eher selten gewesen, meist handelte es sich dann doch um KünstlerInnen und Intellektuelle. Doch die kamen nicht nur aus dem Kiez. „Das, was man so Szene nennt, die kommen auch von weither. Es gab ja in Ostberlin relativ separierte Szenen, die Literaten waren meist für sich, die Maler auch, die Fotografen sowieso, aber es gab dann immer wieder Schnittstellen, Leute, die überall zu Hause waren. In Dresden, da war das alles eins, da haben alle immer zusammengehockt. Nun ist Dresden ja auch klein genug.“

Mundpropaganda war für die Veranstaltungen sehr wichtig. „Ich habe mal eine Ausstellung für drei Tage zugemacht, weil der Künstler sich beim VBK beworben hatte und ein paar Bilder aus der Ausstellung für die Bewerbung brauchte. Da haben wir geschrieben: ‚Aus technischen Gründen bis dann und dann geschlossen'. Danach hatte ich so viele Besucher wie noch nie, weil sich sofort das Gerücht gebildet hatte, die Ausstellung wird verboten, abgehängt und so. Das war eine gute Reklame", erzählt er lachend.

Die Nähe zur Mauer wurde auch dort in den Alltag integriert. „Es ist schon mal passiert, dass einer besoffen aus der Galerie gekommen und in die verkehrte Richtung gelaufen ist, zur Mauer", erinnert sich Longest. „Aber nicht, weil er in den Westen wollte, sondern die Orientierung verloren hatte. Da wurde man dann immer mit der Nase drauf gestoßen. Auf der anderen Seite hatte die Nähe zur Mauer einen großen Vorteil, weil es sozusagen das tote Ende war. Da ging die Protokollstrecke von Schönefeld nach Mitte dran vorbei, da ist nie eine offizielle Kolonne langgefahren. Ich weiß, was die in Mitte zuweilen für Probleme hatten, weil da immer jemand zur Beobachtung hingefahren ist. Bei mir nicht. Da fiel nur was auf, wenn sich jemand aufgeregt hat. Insofern waren wir auch relativ gut geschützt."

Aber natürlich war die Stasi auch im Haus, doch ernsthafte Konsequenzen gab es offensichtlich nicht. „Na ja, das meiste erfuhr ich ja erst hinterher, als ich meine Akten gelesen habe", sagt Longest. „Aus dem Vorgang Galerist." Er muss lachen. „Da steht so ein Haufen Unsinn drin."

© CSuhr, 2019, ehemaliger Jazzkeller in der Puschkinallee

Auch BesucherInnen aus dem Westen fanden sich in der Villa ein, und nach der Wende bildeten sie sogar den größten Teil des Publikums. Andere Veranstaltungsorte litten unter BesucherInnenschwund. „Das habe ich nicht so stark erlebt, weil dann die aus dem Westen kamen, die sich auch den anderen Teil erschlossen und die Lücke gefüllt haben. Nun ist ja bildende Kunst im Vergleich zu anderen Künsten nicht gerade der Oberrenner, das ist eh ein schmaleres Publikum als das, was zum Beispiel zu Konzerten geht. Ich habe nur gemerkt, dass das Publikum sich änderte."

Nachdem der Osten dann Westen geworden war, hatte Longest das zunächst als Erleichterung empfunden. „Man musste nicht mehr alles heimlich machen. Ausstellungen mit ungarischen Fotografen, das war vorher immer so mühsam." Aber es gab dann auch mehr Konkurrenz. „Na ja, irgendwann wurde Fotografie auch als Kunst akzeptiert, dann gab es auch mehr Galerien, in denen Fotografie ausgestellt wurde. Aber ich hatte mir auch schon einen Namen gemacht." 1991 zog Longest F. Stein ins „studio bildende Kunst" in Baumschulenweg. Die Galerie im Parkhaus wurde noch einige Jahre von Ute Tischler geleitet. Das Gebäude in der Puschkinallee gehörte zum Teil einer jüdischen Erbengemeinschaft, der Bezirk konnte sich den Kauf und Erhalt nicht leisten und musste Ende 2002 ausziehen. Longest ist inzwischen Freiberufler, Wolf-P. „Assi" Glöde organisiert mit seinem Verein Jazzkeller69 weiterhin Konzerte. Und vielleicht erinnern sich manche PassantInnen mit Blick auf das Schild vor der Villa an die aufregende Szene, die sich hier in dieser „toten Ecke" versammelt hatte.

Die Bouchéstraße Richtung Westen

Die 1842 als Bouchéweg angelegte Bouchéstraße, in der die Fuhrleute noch bei Regenwetter im Schlamm versanken, wurde zur Feier der Gewerbeausstellung im Treptower Park 1895 aus dem Etat des großen Spektakels bis zur Kiefholzstraße hinunter mit Kopfsteinpflaster befestigt (Vgl. „Alt-Treptow", S.64). Der alte Kasernenkomplex der Telegraphentruppen, heute Sitz des Bundeskriminalamts und des Verfassungsschutzes, war nach dem Zweiten Weltkrieg von der Roten Armee besetzt worden.

Auf das Gelände kam zunächst die Volkspolizei, dann wurden nach Mauerbau die Grenztruppen der DDR dort untergebracht. Hier hatte der Wehrdienstleistende Richard Hebstreit 1967 zehn Tage im Knast geschmachtet, weil er während des Dienstes „Westradio" gehört hatte. Das besagte Gebäude konnte er aber nach vielen Jahren nicht besichtigen, da es wegen Baufälligkeit nicht zu betreten ist. Wie alle anderen um 1908 auf dem Gelände errichteten Militärbauten denkmalgeschützt, muss das einst schmucke Haus noch eine Weile darben, bis die Sanierung erfolgt.

Westlich der Görlitzer Bahnbrücke, die von der Bouchéstraße unterquert wird, befanden sich bis zur Harzer Straße zu beiden Seiten zahlreiche Gartenbaubetriebe, auf deren Gelände später eine Reihe von Laubenkolonien entstand, die ab den 1920er Jahren nach und nach dem Wohnungsbau wichen. So errichteten unter anderem die „Bau- und Spargenossenschaft Groß-Berlin GmbH“ und die Gesellschaft „Beamten-Wohnungsverein Neukölln eGmbH“ die Häuser Bouchéstraße 55 bis 60, die als Wohnanlagen unter Berliner Baudenkmalen gelistet wurden (Vgl. wikipedia, abgerufen 11.9.2018).

© BIma, ehemaliges Telegraphenbattaillon

Nico Wendt, Jahrgang 1969, hatte Mitte der 1970er Jahre bis 1982 in der Bouchéstraße 22 gewohnt, direkt an der Ecke Karl-Kunger-Straße. „Wenn ich zur Haustür rausgekommen bin, fiel rechter Hand der Blick auf die Mauer“, erinnert er sich. „Da war auch eine Zufahrt für die Grenztruppen und ein Wachturm in der Heidelberger Straße. Eingeschult wurde ich in der Bouchéstraße, in dem roten Backsteinbau. Dort bin ich im ersten Schuljahr gewesen und dann in die Bouché-Grundschule gekommen, das ist dieser Neubau gegenüber dem Kasernengelände.“

Nico hat also einen großen Teil seiner Kindheit in dem eingemauerten Gebiet verbracht. „In der alten Schule in der Bouchéstraße konnte man eine Zeit lang nach Schulschluss noch auf den Hof, das Gelände ist richtig groß gewesen, da konnte man viel toben“, erinnert er sich. „Überall, wo eine Brache war, Gebüsche oder was weiß ich, da denkt man sich dann irgendwelche Spiele aus und jagt hintereinander her. Also im Prinzip waren wir in dem ganzen Karree von der Bouchéstraße bis zum Schmollerplatz, den es ja in dieser Form jetzt nicht mehr gibt.“ Was hinter der Mauer war, die in diesem Viertel ständig sichtbar wurde, hatte die Kinder nicht interessiert. „Man hat uns natürlich eine Erklärung dafür gegeben, die offizielle eben, warum die Mauer sein muss. Im Wesentlichen haben wir das als Gegeben hingenommen, und dadurch dass ich keinen Bezug, keine Bekannten oder Verwandten im Westen hatte, hat das für mein persönliches Leben keine wirkliche Auswirkung gehabt“, sagt Nico.

Aber zur Fußball-Weltmeisterschaft in Spanien wurde dann doch schon mal über die Mauer geblickt und im Westfernsehen das ein oder andere Spiel verfolgt. Ärger bekam er deshalb nicht. „In den 1980er Jahren war man schon ein bisschen lockerer. Solange man da nicht großartig drüber getratscht hat …“ Das mit der Musik fing eher später an, nach der Bouchéstraße, und da war dann auch schon mehr Interesse am Geschehen auf der anderen Seite der Mauer. „Ich habe ziemlich wenig DDR-Radio gehört“, sagt Nico, „an den RIAS kann ich mich erinnern. Rockmusik hat mich interessiert, irgendwann bin ich über Bruce Springsteen gestolpert, der hat mir sozusagen über meine ersten Pubertätsschmerzen hinweggeholfen. Eben rockige Musik und auch Neue Deutsche Welle.“

Neue Deutsche Welle? Aber es gab doch auch jede Menge DDR-Rockgruppen. Ja, der eine oder andere Song hatte ihm schon gefallen, „aber da bin ich nirgends richtig Fan geworden. Silly kam erst nach der Wende mit Bataillon D'Amour, die Puhdys, na ja, vielleicht mal ein Song, aber die waren ja schon

© CSuhr, 2019, ehemalige Grenzleuchte

ein paar Jahre älter als ich.“ Woran sich Nico noch erinnern kann, waren die Amerikaner, die manchmal in ihren Jeeps durch die Bouchéstraße und die Karl-Kunger-Straße patrouilliert sind. Ansonsten war das damals schon „eine verschlafene Ecke“.

Dieses Ruhige und „Verschlafene“ haben viele der AnwohnerInnen in der Bouchéstraße und Umgebung damals genossen. Auch Frau Hamann, die ein paar Häuser weiter wohnte. Seit vierzig Jahren lebt sie in dem Haus der Genossenschaft Treptow-Nord in der Bouchéstraße, vorher hatte sie in Alt-Glienicke gewohnt. Das war vor dem Mauerbau. Sie erinnert sich noch an 1961, als ein Nachbar, der bei der Polizei arbeitete, ihr eine Woche vor dem 13. August riet, doch noch mal in den Westen zu fahren und sich Kaffee zu besorgen. Ansonsten war die Mauer eben da. Und ruhiger war es. Der Blick von ihrem Balkon geht über eine große Grünfläche, die von einem Kindergarten genutzt wird.

Die Kids rennen über die Wiese, springen auf den Gerüsten herum und kreischen, lachen oder zanken sich. Früher war das nicht so ein Krach, sagt Frau Hamann, jetzt sind die Kinder immer draußen. Vor allem die türkischen Kinder wären sehr laut.

Die Bouchéstraße 37

Von der Heidelberger Straße aus machte die Mauer an der Ecke Bouchéstraße einen Knick nach links und teilte diese in einen Ost- und einen Weststreifen. Die Eckkneipe an der Harzer Straße/Bouchéstraße, in der sich viele aus dem Kiez abends auf ein Bier getroffen hatten, lag für die Treptower BewohnerInnen nach dem Sommer 1961 plötzlich in einer unerreichbaren Welt.

Vor allem im Haus Nummer 37, dem letzten in Treptow vor der Grenze, gab es radikale Veränderungen. Nachdem am 13. August 1961 noch viele fliehen konnten – unter anderem die Haus- und Fabrikbesitzerin Johanna Jaschinsky, die im ersten Stock gewohnt hatte, wurde die Haustür zugemauert und der Hintereingang zum Haupteingang. BewohnerInnen kamen nur mit Passierschein nach Hause, Besuch zu empfangen war äußerst kompliziert, Besuchserlaubnisse wurden oft abgelehnt.

© Falk Blask, 1990, Haustür Bouchéstraße 37

Die Petermanns waren 1981 in die Bouchéstraße 37 gezogen. Weil Herr Petermann schwer lungenkrank war, bekamen sie die einzige Wohnung im Haus, die zu jener Zeit mit einer Gasheizung ausgestattet war. „Da wir keine Westverwandtschaft hatten, war das eigentlich unser Glück im Unglück, sonst hätten wir da gar nicht reingekonnt", berichtet Karola Petermann, „weil ja keiner von uns bei den bewaffneten NVA oder so war." Tatsächlich lebten viele im Haus, die beim Militär oder der Polizei angestellt waren. Aber hauptsächlich ging es bei der Wohnungszuweisung darum, dass keine Fluchtgefahr bei den MieterInnen vermutet wurde.

Karola Petermann kommt aus Klein Köris, Märkisch Buchholz, und ist 1971 aus beruflichen Gründen mit ihrem Mann nach Berlin gezogen. Sie hatte Verkäuferin gelernt, jedoch den Beruf gehasst. Ihre Mutter, Alleinerziehende mit vier Kindern, wollte, dass sie schnell in der Lage wäre, ihren Unterhalt zu verdienen. „Meine Mama hat gesagt, du machst als Allererstes eine Ausbildung, damit du erst mal was in der Tasche hast. Das habe ich dann auch getan, aber mit Widerwillen, das muss ich schon sagen. Und ich habe zu meinem Lehrmeister gesagt, nach dem Tag, an dem ich das geschafft habe, komme ich nie wieder, und das war auch so."

1971 hatte sie im Kindergarten in der Bouchéstraße gegenüber dem Armeegelände als Erziehungshelferin gearbeitet. Ihr großer Wunsch war es, Erzieherin zu werden. Die Leiterin der Kindertagesstätte hatte sie dann für eine Erzieherinnenausbildung im Haus des Lehrers vorgeschlagen, die sie dort nach drei Jahren absolvierte. „Und das habe ich dann 46 Jahre auch gemacht", sagt Karola Petermann. „Das war genau das, was ich wollte. Es war natürlich zuerst eine harte Zeit, ich habe acht Stunden in der Bouchéstraße gearbeitet und dann anschließend die Ausbildung gemacht."

Ihre erste Leitungsverantwortung hatte Karola Petermann in einer Kita in Altglienicke übernommen. Damals galten ErzieherInnen noch als nicht hinterfragbare Respektspersonen, vor denen Kinder manchmal sogar Angst hatten. In der heutigen ErzieherInnenausbildung ginge es offener, kindgerechter und experimentierfreudiger zu, findet Petermann, und den Kindern würde man inzwischen auf Augenhöhe und mit mehr Empathie begegnen.

In der Bouchéstraße konnten ihre Eltern sie nicht spontan besuchen, Passierscheine durfte man zu Festen wie Jugendweihe oder Hochzeiten beantragen. „Meine Tochter durfte auch keine Freunde mitbringen, das musste immer alles beantragt werden, und wenn man das vergessen hat, dann hat man ohne Mama und Papa gefeiert. Die durften dann nicht rein. Aber ich glaube, wir haben die Situation gar nicht als so schlimm empfunden, weil wir keine Westbeziehung hatten. Sicherlich haben wir uns geärgert, dass wir nicht spontan Besuch bekommen konnten, aber wir haben dann auch schon mal getrickst und dem Grenzer einen Kuchen geschenkt. Mein Mann hatte sich in unserem kleinen

© Falk Blask, 1990,
Hinterhaus Bouchéstraße 37

Kellerverschlag eine Bar gebaut, und dann hat er mit den Soldaten im Winter immer ein Schnäpschen getrunken. Na ja, und dann kam schon mal der eine oder andere Besuch durch."

Ihre NachbarInnen lernte Petermann gut kennen, weil sie praktisch deren Kinder betreute. „Ich hatte ja großes Glück, weil ich Kindergärtnerin war und ganz viele Kinder aus dem Haus betreute, dadurch entstand auch ein gutes Zusammengehörigkeitsgefühl, das muss ich schon sagen. Obwohl viele bei der Grenztruppe waren, auch höhergestellte, aber das hat gut geklappt. Wir haben auch im Erdgeschoss im Clubraum schöne Feste gefeiert, Jugendweihe, Geburtstage, ganz viele Hochzeiten." Einmal hatten die ziemlich bezechten NachbarInnen eine Leiter an die Mauer gestellt, „nur so aus Jux, kein Mensch hatte ernsthaft Interesse, in den Westen zu klettern. Aber da wimmelte es in der Bouchéstraße plötzlich von schwarzen Autos …"

Auch eine Abhöranlage gab es im Haus. „Ich hatte in meiner Telefonmuschel was drin. Wir haben uns immer gewundert – zu der Zeit gab es ja auch nicht so viele Telefone, wir hatten eins aufgrund der Krankheit meines Mannes bekommen, sonst wären wir zu der Zeit nie dran gewesen –, meine Mama hat immer gesagt, was knackt denn bei dir andauernd? Weiß ich nicht, habe ich gesagt, ich bin auch gar nicht auf so eine Idee gekommen. Und dann hat mein Mann den Telefonhörer mal aufgeschraubt und gesagt: Nun weißt du's."

Ein schlimmes Erlebnis mit der Mauer hatte ihre Tochter gehabt. „Die ist 1970 geboren. Eine Mitschülerin aus der 10. Klasse war in den Westen ausgereist. Und einmal ist sie in der Bouchéstraße auf der anderen Seite, in Neukölln, langgegangen, meine Tochter stand gerade auf dem Balkon. Da rief die Schülerin, mit der sie ja zehn Jahre zur Schule gegangen ist, hallo Verena! Und wir konnten gar nicht so schnell gucken, wie wir Besuch hatten. Die haben meine Tochter dann befragt ohne Ende, ob sie auch vorhat, die DDR zu verlassen, und so. Sie hatte sich gerade um ein Studium als Lehrerin beworben, die wusste gar nicht, was passierte. Also ich glaube, das war so das Erlebnis, wo sie ganz schön zu knabbern hatte."

Wer in die Bouchéstraße 37 gelangen wollte, musste über die Mengerzeile gehen. „Vorne konnten wir ja nicht durch, und da bin ich an einem Tag fünfmal kontrolliert worden. Einmal bin ich dann sehr ungnädig gewesen und habe gesagt, jetzt reicht es. Die Grenzer haben zwar nur ihre Pflicht getan, aber wenn Sie vom Einkaufen kommen und eine Stunde später wieder kontrolliert werden, meine Güte …" Karola Petermann findet aber, dass sie glücklicherweise viele nette Grenzer in ihrem Abschnitt gehabt hatte. „Man war da schon drauf spezialisiert, denen in die Augen zu gucken, und dann wusste man, heute machst du kein Scherzchen oder gibst denen kein Metbrötchen."

Aber die Netten wurden manchmal auch ein bisschen gehätschelt. „Wir haben ja im Vorderhaus im dritten Stock gewohnt. Und Silvester oder Weihnachten hat mein Mann immer einen geflochtenen Korb an ein großes Seil gehängt und unseren Soldaten irgendwelche Leckereien reingetan."

Gedanken über die „andere Seite" hatten sich die Petermanns natürlich auch gemacht. „Ich wusste ja, wie die Bouchéstraße früher aussah", sagt Karola Petermann, „da bin ich ja als Kind langgelaufen, wenn ich mit meiner Großmutter mal in Berlin war oder mit meiner Mutter. Ja, ich fand das dann auch immer interessant, wenn ich auf dem Balkon stand. Hier vorne an der Harzer Straße,

© Bundesarchiv, frühe 1960er, Blick zur Harzer Straße, Ecke Bouchéstraße mit Eckkneipe

Ecke Bouchéstraße, in dem rotbraunen Haus, da war ja mal ein Restaurant oder eine Gaststätte drin. Da hatte mein Mann immer gesagt: Ich werde das bestimmt nicht mehr erleben, dass ich da einmal ein Bier trinken kann. Aber er konnte es noch. Er ist 1994 gestorben. Und 1989 ist er da noch rübergegangen, um ein Bier zu trinken."

Sie selbst hatte die Grenzöffnung verschlafen. „Ich bin morgens um fünf hier los in meine Kita und hab am Treptower Park noch gedacht, an der Bulgarischen Straße ist doch unser Polizeirevier, warum sind denn heute so viele Leute auf der Straße? Um sechs bin ich in die Kita, aber da kam keiner. Erst um kurz nach sieben erschien dann eine Mutti, und ich fragte, sagen Sie mal, ist irgendwas passiert? Die meinte, wissen Sie das nicht? Die Grenzen sind offen. Dann bin ich nach Hause gekommen, und da lag ein Zettel auf dem Küchentisch, auf dem stand: Wir sind im Westen. Und ich habe mich dann hingesetzt und geheult. Weil ich dachte, die kommen nicht mehr wieder. Es gab ja auch diese hundert D-Mark

Begrüßungsgeld, ich habe mir die nicht abgeholt. Ich bin da nicht rübergegangen. Im November ist ja die Grenze geöffnet worden, und ich war im März des nächsten Jahres das erste Mal da. Ich habe dann noch zu den Grenzsoldaten am Schlesischen Tor, da waren ja noch diese Häuschen, gesagt: Gucken Sie mich an, ich will wieder nach Hause. Ich hab solche Angst gehabt, dass die wieder zumachen."

Was hatte sich für sie denn durch die Maueröffnung geändert? „Ganz viel, auch nicht unbedingt alles positiv", erwidert Karola Petermann, und als Erstes fällt ihr der Zusammenhalt der Menschen ein, der bröckelte. „Da standen auf einmal große dicke Autos vor der Tür. Unser Parteisekretär hier aus dem Kiez, der hat um die Ecke in der Schmollerstraße gewohnt, hatte sich auf einmal so schnell verändert, ich glaube innerhalb von vierzehn Tagen. Ich bin zu ihm hin, habe geklingelt und zu ihm gesagt: Du bist das größte Arschloch, was überhaupt rumläuft. Ich konnte es nicht verstehen, dass ein Mensch sich so verändert. Ich hatte ja auch eine Funktion hier, ich war ja Wohnbezirksstellvertreter und dann nachher Vorsitzender, und meine Mitstreiter aus dem Wohngebiet haben immer zu meinem Mann gesagt, weißt du, was, pack ihr schon mal die Tasche, die kann ihre Klappe nicht halten, die streitet sich wieder mit irgendeinem Parteifunktionär, irgendwann holen sie die ab. Weil ich diese Ungerechtigkeiten nicht ertragen konnte manchmal in diesem System. Aber ich habe auch immer gesagt, was ich gut fand. Gerade was die Kinderbetreuung betraf, und die sozialen Strukturen fand ich einfach menschlicher, muss ich ganz einfach sagen."

Hatte sich denn in ihrem Kindergarten etwas verändert? „Ja. Also die politische Geschichte auf alle Fälle. Die Kinder brauchten nicht am 1. Mai eine rote Fahne zu malen, die mussten nicht am 1. März zum Tag der Grenztruppen, das haben sie dann nachher aus Freude gemacht, dass sie sich einfach mal in die Armeefahrzeuge gesetzt haben. Bei uns gegenüber von der Kita waren ja in der Bouchéstraße die Grenztruppen. Aber das war dann alles gelöster. Und was sehr bezeichnend war, war eigentlich die Tatsache, dass auf einmal Menschen sich getraut haben, was zu sagen, die sich die ganzen Jahre überhaupt nicht geäußert haben zu irgendwelchen Dingen. Im Nachhinein habe ich das verstanden, weil ich wie gesagt keine Westverwandtschaft hatte, aber die, die welche hatten, die haben natürlich die Füße still gehalten. Die wollten nicht riskieren, dass sie nicht rüberfahren konnten zu Oma und Opa. Und dann kam noch diese Grausamkeit bei den Behörden. Das kannte ich so nicht. Ich hatte das Glück, dass ich nie arbeitslos war, in meinem ganzen Leben nicht. Aber von den Leuten, die dann auf einmal keine Arbeit mehr hatten, wie man mit denen umgegangen ist: Die Ossis sind blöd und haben sowieso keine Lust, was zu tun.

Ich hatte auch eine ganz schlimme Erfahrung hier im 104er Bus gemacht. Das muss vier oder fünf Jahre nach Maueröffnung gewesen sein, da gab es noch Hertie in der Karl-Marx-Straße. Da saß eine ältere Dame, vielleicht so Mitte sechzig, neben mir und sagte: Finden Sie das nicht auch schlimm, wie die Ostweiber uns hier alles wegkaufen? Wenn ich die schon sehe, mit ihren Stoffbeuteln, die haben ja sowieso nischt im Kopf. Das hat mich so getroffen, dass ich aufgestanden bin und gesagt habe: Wissen Sie, ich bin so ein Ostweib, und ich habe mein Leben lang gearbeitet, was man vielleicht von Ihnen nicht so sagen könnte. Was ich nicht wusste, aber ich denke mal. Das ist auch so eine Geschichte, das hat mich ganz tief getroffen, das muss ich schon sagen. Da war dieser Hass von den Älteren und deren Angst, die nehmen uns was weg."

Ich erzähle Karola Petermann, dass wir 1996, als wir „Wessis" ins Haus kamen, ebenfalls von vielen ziemlich feindselig empfangen worden waren. Während der langen Zeit der Teilung wurde im Westen wie im Osten gegenseitiger Hass geschürt und auf beiden Seiten der Mauer bei vielen, die nicht nachdenken oder intellektuell nicht so auf der Höhe sind, eine große Feindschaft den anderen gegenüber entwickelt.

„Im Nachhinein denke ich, dass ich mich auch sehr verändert habe", sinniert Karola Petermann. „Ich hatte auf einmal die Möglichkeit, noch mal zu studieren, ich konnte meine Position im Kindergarten ausbauen, mich da noch weiterentwickeln, auch nicht mit so viel Anstrengung, wie ich das zu DDR-Zeiten getan habe, muss ich schon sagen. Ich habe ja auch die letzten drei Jahre meines Berufslebens ein Projekt im Bundesprogramm ‚Lernort Praxis' geleitet, mit dem der Bund die Qualität der praktischen Ausbildungsphasen in den Kitas förderte. Ich konnte mich da noch sehr engagieren, was mir auch viel Spaß gemacht hat. Aber man muss sich auch immer treu bleiben, nicht?"

Der Grenzer

Mit Haustürschlüssel und ausdrücklicher Erlaubnis, das Gebäude zu betreten, verschaffte sich der Grenzsoldat Richard Hebstreit 1967 Zugang zum Haus Nummer 37. Er war einer der Wehrdienstleistenden von 1966-67 im Grenzregiment 35, das Gebiet von der Lohmühlenstraße in Alt-Treptow bis zur Heidelberger Straße. Dort hatte er täglich seinen „Dienst geschrubbt".

© Archiv Richard Hebstreit, 1960er

Geboren ist er 1946 in Hessen als Sohn einer Ungarin und eines Deutschen. Als er zwei war, siedelten die Eltern nach Thüringen um, wo er dann zur Schule ging. In Bad Salzungen hatte er Dreher gelernt und ist 1965 nach Halle Neustadt gezogen, um dort im Leuna Werk zu arbeiten. „Ich habe vom Wehrkreiskommando Merseburg den Einberufungsbefehl bekommen und war 1966 erst einmal ein halbes Jahr in Berlin-Wilhelmshagen zum Grenzausbildungs-Regiment", erzählt Hebstreit. „Dann kam ich nach einem halben Jahr zum Grenz-Regiment Rummelsburg."

Nach dem Mauerbau wurde 1962 der 18-monatige Wehrdienst für alle jungen männlichen DDR-Bürger eingeführt. Über 2,5 Millionen Männer dienten seitdem in der Nationalen Volksarmee (NVA). Eine Wehrdienstverweigerung oder Zivildienst waren in der Verfassung nicht vorgesehen, aber seit 1964 bestand die Möglichkeit, einen waffenlosen Wehrdienst in der NVA abzuleisten, als sogenannter Bau- oder Spatensoldat für schwere Bauarbeiten. (Vgl. WENZKE, Rüdiger: „Die Nationale Volksarmee. Streitkräfte im Dienste der SED", bpb.de, 31.3.2016)

Der Tagesablauf sei immer unterschiedlich gewesen, erinnert sich Hebstreit, „es wurde ja dafür gesorgt, dass da nie eine Routine reinkam. Außerdem hat ja einer auf den anderen aufgepasst. Wir waren immer zu zweit. Auf dem Postenturm hat der eine in die Richtung, der andere in die andere Richtung gesehen. Dann mussten wir Streife laufen, wenn die andere Kompanie auf dem Postenturm stand, oder mit einem Fahrzeug Streife gefahren und haben geguckt, ob da Fußspuren waren. Das war dann meist zusammen mit einem Unteroffizier oder Offizier. Der eine hat auf den geharkten Boden nach Spuren geguckt, der andere musste fahren. Und der Offizier hat dann nach den Vögeln geguckt oder was weiß der Teufel. Dann gab es die Hinterlandeinsätze, so wie in der Onckenstraße, wo man acht Stunden zu zweit stand und die Passierscheine von den Leuten kontrolliert hat."

In den Unterkünften und während der Wache an der Grenze wurde oft diskutiert: „Was machen wir, wenn jetzt einer gelaufen kommt, um über die Mauer zu springen? In unserer kleinen Gruppe stand nach kurzer Zeit die Entscheidung offiziell unbestätigt im Raum: Wir erschießen niemanden! Für alle meine Kameraden bis auf eine Ausnahme lege ich meine Hand auch heute noch ins Feuer!"

In der Zivilbevölkerung genossen die Grenzer kein hohes Ansehen. „Ich musste im Tanzlokal Saalbau Friedrichshain feststellen, dass ein NVA-Grenzarmeeangehöriger von den Ostberliner Mädchen schlicht und einfach geschnitten wurde", erinnert sich Hebstreit. „Ich besorgte mir heimlich Zivilklamotten – Zivil zu tragen, war für einen NVA-Soldaten sogar im Urlaub ohne besondere Genehmigung strikt verboten! – und deponierte sie für ein paar Pfennige im Ostbahnhof in der Gepäckaufbewahrung. In Zivil hat mich ja keiner kontrolliert. Und ich hielt mich in Ecken auf, wo ich niemanden traf, bei Zenner oder in Prenzlauer Berg zum Schwofen. Und da habe ich auch immer eine Freundin gehabt. In dem Alter ist man doch auf Partnersuche, das ist es, was einen interessiert, und nicht die politischen Zustände."

Wenn er seine Streife in den Kellern und Böden der Häuser absolvierte, traf er ab und zu die BewohnerInnen. „Aber wir haben uns korrekt verhalten." Was den Kontakt zur anderen Seite der Mauer betraf, so gab es schon öfter kleine oder auch große Gemeinheiten im Umgang miteinander. „Der uns gegenüber der Mauer diensttuende Westberliner Polizist saß in einer niedlichen kleinen warmen Wachbude, während wir froren, hörte lautstark Radio, futterte Bananen und Apfelsinen kiloweise und wurde im Gegensatz zu uns zum Pinkeln abgelöst, die pure Provokation." Aber es gab auch Kontakte zu Westberliner

Polizisten oder Zöllnern, zu denen Kameraden einfach nachts zu einem Plausch durch den Zaun kletterten.

„Ein Soldat, der in seiner Wachzeit ca. einen Liter Flüssigkeit trinkt, muss aber auch mal pinkeln, und selbst die mieseste Armeeverpflegung nötigt den Soldaten, ordentlich zu scheißen. Das Resultat war, dass alles vollgepinkelt wurde, wenn auch nur die geringste Deckung dazu vorhanden war. Eine beliebte Methode zu meiner Zeit war, in eine Plastetüte zu scheißen und die Exkremente im kühnen Schwung auf Westberliner Territorium zu werfen. Aber eines Tages fuhr ein Fäkalienauto der Westberliner Versorgungsbetriebe an die Lohmühlenbrücke und öffnete den Hahn. Einige Tonnen feinster Westscheiße pladderten in Richtung Postenturm Lohmühlenplatz/ Harzer Straße in die Hauptstadt der DDR", berichtet Hebstreit.

Nicht nur die psychische Anspannung, sondern auch die Langeweile war ein nicht zu unterschätzender Faktor, der die jungen Männer plagte. „Man hat acht Stunden mit jemandem zusammengesessen und nichts zu tun. Wenn wir uns Samstagabends gelangweilt haben, haben wir Leuchtpistolen abgeschossen, da war ein Geschrei. Das war ja auch so nahe, die Häuser gegenüber. Als ich das erste Mal an der Mauer in Berlin war, haben die zu mir gesagt: Da drüben ist Westberlin. Was? Das wollte ich gar nicht glauben. Die haben uns ja auch nicht immer gesagt, wo wir gerade waren."

Und dann gab es noch Ablenkung, indem man zum Beispiel mit dem Fernglas in die Schlafzimmerfenster der AnwohnerInnen lugte. Das solle man sich allerdings nicht so spannend vorstellen, meint Hebstreit. „Da war zum Beispiel ein Paar, da sah man nur zwei Köpfe und die Decke wackelte ein bisschen." Eine Studentin lief immer im BH durch die Bude, das fand er schon interessanter.

Und er hatte viel gelesen und sich mit Zaubertricks beschäftigt. „In einer Männerhorde, da gibt der eine mehr an als der andere. Ich bin da der Größte, ich kann das am besten. In dieser Hackordnung musste ich was finden, wo ich dominieren kann. Das waren die Zaubertricks und Karten spielen. Ich war zwanzig, und bei uns an der Grenze waren relativ viele Ältere. Da war in unserer Kompanie schon die Hälfte verheiratet und hatte Kinder. Die waren dann auch ein bisschen vernünftiger. Manche haben auch geheult, wenn die nicht nach Hause durften und das Kind war krank. Die waren ja alle aus Sachsen und Thüringen. Die Berliner haben sie nicht in Berlin an die Grenze geschickt, die kamen nach Eggesin oder an die polnische Grenze. Die hatten ja meist Westverwandtschaft, und da bestand die Gefahr, dass die türmen. Deshalb hatten die Berliner so einen Hass auf uns. Damals habe ich ja noch mehr gesächselt als heute."

Richard Hebstreit hat seine Zeit als Grenzsoldat in einem Buch festgehalten, das er auf seiner Internetseite rhebs.de/mauer veröffentlicht hat. „So ab 1998 habe ich nach Lust und Laune Texte ins Netz gestellt. Ich wollte einfach alles dokumentieren, nachdem ich im Internet relativ wenig zum Thema Berliner Mauer aus der Sicht eines einfachen beteiligten Soldaten gefunden hatte. Inzwischen gibt es unzählig viele Internetseiten von der Grundaussage „War toll!" bis zu „War alles Scheiße!"

1983 hatte sich Karin Lorenz als 25-Jährige in Berlin um ihre erste eigene Wohnung beworben. „Ich musste bei der BGL, der Betriebsgewerkschaftsleitung des VEB Elektro-Apparate-Werks, die sich um die Belange der Mitarbeiter kümmerte, einen Antrag stellen", erzählt Karin Lorenz. „Die Dame dort meinte damals, das war in der Puschkinallee, in einer Villa saßen die, okay, Grenzgebiet. Grenzgebiet war für mich egal, ich kam aus der Provinz, ich brauchte eine Wohnung! Ich musste bei der Polizei einen Antrag stellen, ob ich auch würdig bin, da zu leben, politisch zuverlässig. Zwölf Wochen hat das gedauert, dann haben die Ja gesagt. Aufgrund dessen, dass mein Vater Kommunist war, haben die Ja gesagt. Obwohl ich keiner Armee angehörte, ich war auch nicht bei der Polizei, das war ja eigentlich nur für Armeezugehörige oder Leute von der Polizei. Ich war eine ganz Stinknormale, ich war Telefonistin im EAW."

Karin Lorenz bekam eine kleine Einzimmerwohnung im Seitenflügel mit Kochnische und winzigem Bad, Miete: 28 DDR-Mark. „Dann hatte ich auch so einen kleinen Bollerofen", erinnert sie sich, „der hat das natürlich nie geschafft, meine Wohnung warm zu bekommen, aber das war mir egal. Damals hatte ich schon meinen Kater, den Teufel, dem ging's da unten natürlich gut, der konnte aus dem Fenster raus und wieder rein. 1990 habe ich Paul geheiratet, und wir sind dann in eine Dreiraumwohnung im vierten Stock gezogen."

© Archiv Karin Lorenz, Hochzeitsvorbereitungen

Ihre Hochzeit feierten die beiden im Klubraum der MieterInnengemeinschaft. „Da fanden immer Sitzungen statt, Hausversammlungen", erzählt Karin Lorenz. „P. und L. waren die Zuständigen hier fürs Haus, die mussten das alles organisieren. Es kam aber zum Beispiel auch mal der Herbert Köfer, ein Schauspieler, der war auch Abgeordneter. Den habe ich damals angesprochen und gesagt: Scheiße sieht das aus mit der Mauer hier, die Kinder möchten so gern mal mit bunter Kreide was ranmalen. Da dachte ich schon, die verhaften mich. Wie ich so eine Frage stellen kann, das sei schließlich Sicherheitsgebiet. Ich sagte, hallo, wir wohnen hier mit den Kiddies, und das ist alles weiß. Ich hatte ja gehört, dass da drüben alles bunt ist. Die Rosenbüsche hat unser Olaf gepflanzt, der hat damals immer hier gewerkelt, auch den Rasen um die Kastanie herum angelegt und den Buddelkasten. Wir mussten uns ja irgendwie helfen. Meine Mutti hatte in einer Badebeckenfabrik gearbeitet und hat mir immer aufblasbare Badebecken geschenkt. Dann haben wir aus dem Küchenfenster mit langen Schläuchen, wir mussten ja kein Wassergeld bezahlen, das Wasser da reinlaufen lassen, damit unsere Kinder baden konnten. Davon gibt es noch ganz viele Fotos."

Der Kater hatte derweil die Lage erkundet und tummelte sich auch auf dem Platz vor dem VEB Deutsche Schallplatten, wo die LKW parkten. „Abends habe ich den immer reingeholt und musste oft über den Eisenzaun klettern, der von der Rampe bis quer zur Wand, wo das Pförtnerhäuschen steht, ging, um die Katze da rauszuholen, die unter irgendeinem LKW saß. Zu den Menschen da drinnen hatten wir aber nie Kontakt, außer Guten Tag sagen. Wir haben ewig lange gar nicht gewusst, dass die dort Amiga-Schallplatten versenden. Wir hatten ja genau vor unserer Tür diese rot-weißen Grenzpfähle, die die Sperrzone markierten. Also selbst die von der Schallplatte durften zu uns nicht rein.

© Paul Lorenz, 1980er, Auffahrt Mengerzeile 1-3

Ich habe noch heute Kontakt zu Uwe, der eine Weile hier gewohnt hat. Der war bei den Grenztruppen und ist jetzt noch beim Bundesgrenzschutz. Der war für die Bautruppen verantwortlich. Als die Mauer fiel und das Schlesische Tor freigemacht wurde, war er gerade leitender Offizier, ich glaube Oberstleutnant. Innerhalb von 24 Stunden musste das alles freigelegt werden. In dieser Nacht klingelte um zwei Uhr das Telefon. Paul war ja Volkspolizist und einer der wenigen, die eins hatten, haben mussten. Er wurde zu einem Sondereinsatz aus dem Bett geholt. Um sieben kam er wieder, völlig verstrahlt, ich hatte ja gar nichts mitbekommen. Ich wollte gerade zur Arbeit gehen. Er sagte, mach mal den Fernseher an. Der war kreidebleich. Ist irgendwas gewesen? Wozu haben die dich geweckt? Gab es einen Anschlag oder was? Die Mauer ist offen, sagte er. Was denn für'ne Mauer? Ich wusste gar nicht, wovon der spricht! Ja, sagt er, heute Nacht ist es passiert. Ich habe dann nur vor dem Fernseher gesessen, habe mich krank gemeldet und bin nicht arbeiten gegangen. Ich konnte das gar nicht glauben. So ging das von einem Moment auf den anderen, peng! Deutschland ist jetzt eins! Was? Wie bitte? DDR ist tot, so haben wir das erlebt.

Uwe war ja öfter mal bei mir in der Wohnung. Der wurde nicht befördert, weil er mit mir Kontakt hatte und weil ich Westfernsehen geguckt habe. Bitte woher wussten die das? Wir hatten ja hier eine Abhöranlage. In jeder Wohnung gab es eine Steckdose, die keine Steckdosenfunktion hatte. Ich wollte mir die Haare föhnen, und diese Steckdose funktionierte nicht. Als ich einen Elektriker geholt habe, sagte der, das wäre keine richtige Steckdose.

Was ich von der Grenze mitbekommen habe, waren vor allem die Aktionen auf dem Turm. Die haben uns ja immer schön mit der Lampe angeleuchtet, besonders nachts. Dann diese Maschinen, mit denen sie hier langgefahren sind, auch mit Trabis. Uwe war auch öfter mal mit dem Trabi hier und hat bei mir Mittag gegessen. Aber im Grunde genommen, das Geschehen, das war üblich, das waren wir gewohnt. Die wollten natürlich nicht, dass wir zu den Neuköllner Nachbarn Kontakt aufnehmen. Die Häuser auf der anderen Seite sind so nahe, eigentlich hätten wir uns ja unterhalten können. Wir haben natürlich auch rübergewinkt, das haben wir uns nicht nehmen lassen. Ich habe auch runtergebläkt, wenn die mit dem Motorrad rumgefahren sind und Krach gemacht haben. Ich war sauer, ich musste früh arbeiten gehen und um fünf aufstehen, das kann doch nicht sein, dass die nachts erst mal dreimal ums Karree fahren. Und diese DDR-Maschinen mit Beiwagen klangen ja noch ein bisschen anders als die heute. Ich habe die gehasst, ich habe die echt gehasst, und habe auch öfter runtergebrüllt, ich will schlafen! Einschneidende Dinge sind hier nicht passiert, manchmal hat man was von Fluchten und so gehört, aber das wurde ja alles vertuscht."

Nach der Maueröffnung hatte Karin Lorenz bis zum Sommer gezögert, in den Westen zu gehen. „Ich habe mich nicht getraut. Ich wollte das alles nicht, ich wollte nicht nach dem Begrüßungsgeld gieren. Die sind ja alle losgerannt. Weißt du, wie viele Leute am Wochenende zu mir kamen, nur um an diese hundert D-Mark ranzukommen? Das fand ich so beschämend. Diese unendliche Gier nach dem Geld."

Karin Lorenz erinnert sich an den regen Zulauf, der nach Mauerabriss plötzlich vor ihrer Tür herrschte. „Hunde, Menschen, alle kamen rüber. Das hat mich befremdet, muss ich ehrlich sagen, das war ganz ungewohnt. Meine Katzen sind nie wieder runtergegangen. Ich wusste erst mal gar nicht, wie gehe ich denn damit um? Das war ja alles noch kahl, die hatten ja da Chemikalien gestreut, damit nichts wächst, und auf einmal liefen hier die Menschen lang. Wenn du so viele Jahre gewohnt bist, nichts zu sehen, fünfzehn Jahre hatte ich hier gewohnt, und dann laufen da auf einmal alle herum. Unsere Kinder haben auch lange gebraucht, bis sie sich getraut hatten, über diesen Streifen zu gehen. Da zu spielen. Komisch war das schon. Die ersten Begegnungen, als wir dann dort waren, haben mich auch sehr befremdet. Da waren die Verkäuferinnen, die gleich auf einen losgingen, wahrscheinlich weil sie gesehen haben, dass wir Ossiverschnitt sind. Das mag ich ja nicht so. Ich wollte da nicht so als dumme Ossitante stehen."

Zur Wendezeit hatte Karin Lorenz gerade bei der Fotoland GmbH gearbeitet. „Die war dann innerhalb kürzester Zeit zu. Da ich 1991 im März unsere zweite Tochter bekam, war ich dann im Mutterschutz. Dann war ich das erste Mal in meinem Leben arbeitslos. Sieben Jahre war ich zu Hause. In den sieben Jahren hatte ich mir dann meine Umschulung erkämpft, eine Umschulung zur Kauffrau für Bürokommunikation. Mit dem Beruf als Hilfslaborantin konnte ich ja gar nichts anfangen. Die vom Arbeitsamt hat immer gesagt, was wollen Sie denn, Ihr Mann ist doch Beamter, bleiben Sie mal schön zu Hause. Aber da wäre ich ja wahnsinnig geworden, dann hätte ich mich irgendwann auch nur

© Uwe Kämpfe, Mauerabbau Harzer Straße 1990

noch über Windeln und Kinder unterhalten können. 2000 habe ich dann erst wieder im Berufsleben Fuß fassen können und im Huss Medien Verlag gearbeitet, ehemaliger Verlag Wirtschaft.

Vom Auszug der Schallplatte haben wir gar nichts mitbekommen, da war ganz schnell alles weg und ruhig. Und die Künstler, also mehr oder weniger waren die auf einmal da. Und ich erinnere mich an die Einladungen, die krampfhaften Versuche, Kontakt zu uns zu bekommen, die ständig fehlschlugen, weil die hier einfach nicht verstanden haben, dass das einfach Menschen sind. Wir waren ja auch mal gucken, zu den offenen Ateliers, für mich war das völlig in Ordnung. Von der Schallplatte hatten wir ja vorher auch nicht viel gesehen, außer dass ständig LKW vor- und wegfuhren. Wenn ich von der Arbeit kam, war da auch schon Feierabend, um drei viertel sieben musste ich anfangen. Auf dem Hof bei uns war ja vorher auch nicht so viel los zu Mauerzeiten, das war ja erst später, da konnten wir uns ja frei entfalten. Vorher waren wir ja schon irgendwie gehemmt."

© Monika Mann, Mauerabbau 1990, Bouchéstraße, Harzer Straße, Mengerzeile

Die „Neue"

Charlotte, 1975 in Halle geboren, war etwa 1993 nach Berlin in die Lohmühlenstraße gezogen. „Direkt das letzte Haus vor Kreuzberg, wo im Film ‚Der Himmel über Berlin' der Engel darüber fliegt", erinnert sie sich. „Ich bin mit meinem damaligen Freund eingezogen, ganz oben in die vierte Etage. Meine

Schwester hat in dem Haus gewohnt, deshalb haben wir auch die Wohnung bekommen. Die war ganz schön, aber die Gegend war damals Anfang der 90er so was von überhaupt nicht angebunden, das war so tot. Da gab es zwar einen Bus, aber der ist zweimal am Tag gefahren, jedenfalls vom Gefühl her. Dann war mein Umsteigeplatz immer der Hermannplatz, und das war damals so gruselig, das hat überhaupt keinen Spaß gemacht. Ich war Studentin, ich wollte ausgehen, was erleben, und da war nichts. Man musste immer irgendwo andershin fahren. Ich bin nach zwei Jahren wieder weggezogen, nach Prenzlauer Berg an den Helmholtzplatz, da war ich zehn Jahre. Bis ich etwa 2009 dann in die Bouchéstraße 37 gezogen bin."

Mit ihrem Sohn und dem Mann ist Charlotte mal den Mauerweg entlanggegangen, über die in den Boden eingelassenen steinernen Wegmarken. Dann haben sie dem Kleinen erklärt, dass sie nie zusammengefunden hätten und es ihn nicht geben würde, wenn die Mauer nicht gefallen wäre. Charlottes Mann ist aus dem Westen. „Als die Mauer fiel, hatte ich tatsächlich ein bisschen Angst, ich war 14, ich wusste, irgendwas verändert sich. Wenn man nicht weiß, was passiert, wenn man am Anfang von etwas Neuem steht, dann hat man erst mal Angst, was wird da draus?"

Natürlich ist Charlotte froh, dass die Mauer gefallen ist. „Ich habe auch fast nur Vorteile davon. Meine Eltern hat es schon härter getroffen, beide haben ihren Job verloren. Ich hatte in Halle angefangen zu studieren. Ursprünglich wollte ich Lehrerin für taubstumme Kinder werden, musste aber beim Praktikum in der Schule feststellen, dass ich gar nicht die Geduld dafür habe. Da dachte ich, holla, zum Glück kann ich wechseln, zum Glück ist das nicht vorgegeben, ich hatte die Freiheit zu entscheiden, nein, das will ich nicht, ich will was ganz anderes. Dann bin ich auf Germanistik und Medienkommunikationswissenschaften umgeschwenkt, das Fach wurde in Halle gerade neu eingerichtet. In Berlin bin ich an die FU gegangen und habe Neuere Deutsche Literatur studiert und Theater- und Filmwissenschaften. Es war eine schöne Studienzeit – eine sehr lange Studienzeit auch, weil ich mich selbst finanziert und währenddessen schon Vollzeit in einer Casting-Agentur gearbeitet habe. Jetzt arbeite ich als Assistentin in der Projektentwicklung einer großen Filmproduktion."

Dass die Stadtviertel immer weiter verdichtet werden und Berlin fast „aus allen Nähten platzt", macht sich für Charlotte darin bemerkbar, dass die Räume, die Treffpunkte verschwinden. „Hier im Haus ist das ganz exemplarisch festzustellen. Man merkt, dass alles anonymer wird, weil man sich kaum noch begegnet. Mir fehlt es, mit den Nachbarn im Garten zu sitzen. Ich bin froh, dass es diesen Garten nebenan noch gab, als mein Sohn so klein war. In Halle, in dem Haus, in dem ich groß geworden bin, gab es eine ganz enge Nachbarschaft, es gab einen Partykeller, wo immer zusammen Silvester gefeiert wurde. Ich kenne das aus meiner Kindheit so, dass man nicht einfach in die Wohnung geht und die Tür hinter sich zumacht."

Massimiliano Bariola wohnt seit ungefähr einem Jahr in der Bouchéstraße. Er kam im August 2017 nach Berlin und hatte fünf Monate in einem Hotel in Schöneweide gearbeitet, wo er als Software-Experte half, das Computersystem einzurichten. Er ist dafür nicht bezahlt worden, sondern durfte als Gegenleistung umsonst dort wohnen, während er sein Projekt vorbereitete. Als das nicht mehr möglich war, musste er innerhalb von neun Monaten neunmal umziehen. Schließlich fand er die Wohnung in der Bouchéstraße 37.

Massimiliano hatte einen Jahresvertrag mit dem Eigentümer abgeschlossen. Der Computer Science Engineer, Informatik-Ingenieur, vermutet, dass er die Wohnung vor allem deshalb bekam, weil er sich auf diesen begrenzten Vertrag eingelassen hatte. Für ihn sollte Berlin so lange dauern, wie es sein aktuelles Projekt erfordert. Er wollte ursprünglich in seinem Heimatland eine Start-up-Firma gründen.

„Ich war es leid, in Italien anderen Leuten zu Reichtum zu verhelfen, ich wollte mein eigenes Ding starten. Aber in Italien ist das sehr schwierig. Es gibt kein Geld, aber viel Bürokratie. Nach vielen Jahren, in denen ich erfolglos versucht habe, es in Italien umzusetzen, habe ich nachgedacht. Okay, ich spreche Spanisch, aber Spanien ist dafür nicht geeignet. Ich spreche Englisch, aber England mit dem Brexit scheint auch nicht günstig zu sein. Ich wollte nicht nach Asien, auch nicht in die USA oder nach Australien. Berlin schien mir ein guter Ort für Start-ups, außerdem habe ich hier Freunde. Also dachte ich, ich versuche es in Berlin.“

Hier hatte er MitstreiterInnen gesucht und ein Jahres-Stipendium der TU Berlin bekommen, um sein Start-up aufzubauen und an der Idee eines smarten Handschuhs zu arbeiten. „CROVE“ heißt das „Smart Wearable“ mit dem Aussehen eines Handschuhs. Das Wearable vereint alle für den Einsatz nötigen Werkzeuge an der Hand, während diese selbst frei zum Verrichten der Arbeit bleibt. Das soll Laufwege vermeiden helfen sowie Ermüdung und Arbeitsunfällen vorbeugen.

Hatte Massimiliano denn geahnt, an welchen geschichtsträchtigen Platz er geraten ist? „Anfangs wusste ich nichts von der Historie dieses Ortes“, gesteht Massimiliano. „Aber als ich dann hier eine Weile wohnte und öfter in der Gegend herumgelaufen bin, habe ich diese Stele an der Ecke Harzer Straße, Bouchéstraße gesehen und die in den Fahrdamm eingelassene Stein-Linie. Und ich dachte, okay, irgendwas ist hier passiert. Aber ich wusste nicht, was. Dann begann ich mich zu erkundigen, und jetzt weiß ich ein bisschen mehr darüber.“

Tut es ihm weh, wenn er wieder weg muss? „Ich bin wie eine Taube“, erwidert Massimiliano, „ich komme hierher für ein Jahr und fliege weiter.“

Neue Zeiten

In den Sommerferien, es war 2016, erwachte ich an einem Mittwochmorgen von den Vibrationen meines Zimmerbodens. Ich stürzte ans Fenster und entdeckte unten vor dem Haus eine Gruppe von Männern in leuchtend gelben Arbeitsoveralls. Einer von ihnen stellte sein Messgerät vor den Rosenbusch im Hof, andere zogen einen etwa zwei Meter hohen Zaun quer durch den Garten, den die Hausgemeinschaft im Nebengrundstück angelegt hatte. Aufgeregt lief ich nach unten. Dort trennte bereits eine hohe Abzäunung unser Wohngebäude vom benachbarten Atelierhaus Mengerzeile. Zwei Künstler standen hinter der Absperrung und debattierten mit den Arbeitern auf der anderen Seite des Metallgitters.

Das war kein künstlerisches Reenactment des Mauerbaus am 13. August 1961. Hier am Platz im Norden Treptows, an der Grenze zu Neukölln und einen Steinwurf von Kreuzberg entfernt, im ehemaligen Grenzgebiet mit Todesstreifen, begannen die Bauarbeiten zu einem ausladenden Wohnkomplex mit 276 Eigentumswohnungen und Tiefgaragen, und eine neue Ära wurde eingeläutet ...

© CSuhr, Mauernarbe 2015

© Michael Krumm, Ausbaggern der Mauernarbe 2016 / Anke Zeuner aufgeschichtete Mauernarbe

Flirten mit den Grenzpolizisten – die Bouchéstraße in Neukölln

Flanieren im Osten

© Fotoarchiv Museum Treptow Köpenick
Bouché/Ecke Graetzstraße 1938

Ende der 1950er Jahre flanierte Brigitte Apel des Öfteren mit ihrer Schwester die Bouchéstraße bis zur Karl-Kunger-Straße hinunter, die damals noch Graetzstraße hieß. Manchmal wurden sie dann von den DDR-Grenzpolizisten aufgehalten und nach dem Ausweis gefragt. Dann wurde mit kokettem Augenaufschlag geantwortet: „Aber wir sind doch erst vierzehn! Wir haben doch noch gar keinen Ausweis!“
Den Bau der Mauer 1961 beobachtete die Familie aus dem Küchenfenster ihrer Wohnung im West-Berliner Teil der Bouchéstraße, der zu Neukölln gehört. „Plötzlich sahen wir einen Mann von der anderen Straßenseite losspurten, über den unfertigen, noch halb hohen Zaun springen, an den verblüfften Posten vorbei, auf unsere Haustür zu“, erinnert sich Brigitte Apel. „Anscheinend war sie offen, denn als ich runtergerannt kam, saß der Mann ganz verstört im Hausflur. Kleinere Schürfwunden hatte er bei seinem riskanten Manöver davongetragen. Ich holte Pflaster aus der Wohnung, half beim Aufkleben, dann ging er davon, keine Ahnung, wohin, gesagt hat er nichts, nur: Danke!“

© PSB, 1950er, Harzer Straße, Bouchéstraße

© Landesarchiv Berlin, Ludwig Ehlers, 1967, Harzer Straße, Bouchéstraße

© Ullstein-Bild, 1961, Harzer Straße, Bouchéstraße

© Imago, Jürgen Ritter, 1987, Bouchéstraße Neukölln

© Dieter Waschke, 1990, Maueröffnung Bouchéstraße

Brigitte Apel, geb. 1940, wohnte bis zu ihrer Heirat im November 1962 in der Bouchéstraße Neukölln. „Ich habe meine Kindheit in der Bouchéstraße auf dem Fahrdamm verbracht, da haben wir Prellball gespielt, wir sind Rad gefahren, haben Spiele gespielt wie ‚Fischer, Fischer, wie tief ist das Wasser?'", erzählt die Neuköllnerin. Wenn sie aus dem Haus kam, war sie praktisch schon in Treptow, und da spielte sich vor Mauerbau ein großer Teil ihres Lebens ab. „Meine Schwester und ich hatten schräg gegenüber bei einer Familie, ich glaube, die hießen Schellhase, in der Schmollerstraße, wir waren ja auch erst acht oder neun, deren Kinder gehütet. Die waren so zwei bis zweieinhalb Jahre alt. Und gegenüber, da war eine kleine Drogerie, da hat meine Mutter mich immer hingeschickt. Wir haben eigentlich immer im Osten eingekauft, wir konnten ja eins zu sieben umtauschen, darf man ja eigentlich gar keinem erzählen."

© Karin Lorenz, 1990,
Wachturm Harzer Straße, Bouchéstraße

© Schikkus-Verlag , 1980er

Kino im Westen

Manfred Andersson, ein Jahr älter als Brigitte Apel, hatte wiederum einen großen Teil seiner Kindheit und Jugend in Kreuzberg, also im Westen verbracht. Aber wer weiß, vielleicht sind die beiden sich sogar begegnet, denn schließlich wohnte er von 1946 bis 1964 in der Graetzstraße, wo es diesen „wunderbaren Eisladen" gab … „Da konnte man immer für einen Ostgroschen Eis kaufen", erzählt Brigitte Apel. „Im Westen kostete das ja auch einen Groschen, aber Westgeld. Dann gab's da Sauerkraut in einer Tüte aus Zeitungspapier." Brigitte Apel erinnert sich auch noch an den Kohlenplatz in der Schmollerstraße, wo sich gegenüber die Gründerhäuser befanden mit der besagten Drogerie. „Und weiter runter die Bouchéstraße, da waren lauter Laubenpieper, das ist ja heute alles bebaut."

Manfred Andersson liebte dagegen die Kinos im Westen, die meisten in seiner Reichweite als sogenannte „Grenzkinos" von den Westalliierten eingerichtet, die bis 1961 mit Unterhaltungs- und Abenteuerfilmen abtrünnige OstberlinerInnen lockten, die sich die verpönten westlichen Filme ansehen wollten. Nach Mauerbau mussten die meisten der rund dreißig Säle wegen Zuschauerschwund nach und nach schließen.

„In der Schlesischen Straße, da gab es das Lido, das existiert heute noch, da veranstalten sie Konzerte, dann gab es das WBT, dann das Casino in einem alten Fabriksaal nahe dem Landwehrkanal", erinnert sich Manfred Andersson. „Nahe der Brommystraße auf der Spreeseite das Stella, dann in der Wiener Straße eins, in der Oppelner Straße, beide Kinos waren nach dem Straßennamen benannt. Die boten jeden Tag für 25 Pfennige West oder umgerechnet in Ost, je nachdem wie der Kurs stand, Vorstellungen. Die erste war um halb zehn morgens, die nächste um halb zwölf und dann wieder um halb zwei. Da wurden dann nicht die ganz aktuellen Filme gezeigt, sondern schon etwas überlagerte, also Meuterei auf der Bounty mit Charles Laughton und solche Dinge, und dann natürlich Wild-West-Filme mit Erroll Flynn, Clark Gable und John Wayne. Ende der 1950er Jahre gab es dann folgende Regelung: Alle Filme mit dem Prädikat wertvoll oder besonders wertvoll konnten in allen Westberliner Kinos nach Vorlage des DDR-Ausweises 1:1 in Ostmark bezahlt werden.

Da bin ich dann ein-, zweimal in der Woche hingegangen. Denn hier [im Osten] gab's ja nur die Sternwarte, die hatten ein Kino. Na ja, die Filme, die sie da gezeigt haben, oft sowjetische, und die DDR-Filme in der Zeit waren ja auch nicht so … DEFA hat ja später auch gute Filme gemacht. Das lag ja nicht an den Leuten, sondern an den Möglichkeiten, die sie hatten. Aber auch so Propagandafilme mit Thälmann liefen da, das war Pflicht, da wurden wir von der Schule hingebracht, so was gab es auch. Aber da ist nichts hängen geblieben", betont er lachend.

Brigitte Apel weiß noch, dass sich viele Kids aus der Nachbarschaft um den Schmollerplatz in der Bouchéstraße versammelt hatten. „Da konnte man wunderbar Völkerball spielen, Schlagball. Da war so ein kleiner Wall hinter der Heidelberger, wo sich die Grenzstation befand und die Volkspolizisten standen, bis 1961 konnte man da trotzdem rüber. Aber die Jugendlichen, mit denen wir Schlagball gespielt haben, interessierten sich nicht für uns, dafür waren wir denen zu klein." Eingeschult wurde Brigitte Apel zunächst in Treptow, später, als die Grundschule in der Neuköllner Elbestraße fertig gebaut war, besuchte sie die Schule im Westen und verlagerte ihren Kreis dorthin.

Manfred Andersson trieb sich statt in der Bouchéstraße lieber auf den Brachen und Baustellen herum. „Hier die Ecke zur Isingstraße, da war alles kaputt, da sind wir herumgeklettert. Auf den Straßen standen Loren auf Gleisen, wie man sie auch auf Baustellen hat. Da konnte man drauf rumklettern." Bis zum Mauerbau war Manfred Andersson in einem Kreuzberger Tischtennisverein. „Dadurch hatte ich dort auch Freunde. Aber die Freunde, die hier in Treptow waren, sind alle abgehauen in den Westen mit den Eltern. Dann kam die Mauer, wir hatten uns noch Briefe geschrieben, aber die hatten dann natürlich ganz andere Interessen, das wurde dann weniger. Die ganzen Freunde, die ich hatte, die waren alle weg."

Brigitte Apel erinnert sich, wie die Mauer nach und nach gebaut wurde. „Anfangs war das ja nur ein Zaun, und dann haben sie die Mauer gebaut, dahinter war praktisch gar nichts, so habe ich das in Erinnerung. Die Straße war noch da, da patrouillierten manchmal Fahrzeuge, im Osten und auch im Westen. Unser Vorgarten wurde verkleinert, und dann haben sie da einen Fahrweg für die amerikanischen Jeeps gebaut, deshalb konnten wir unser Haus eine Zeit lang nur durch den grauligen Keller betreten. Hundestaffeln gab es anfangs noch nicht. Die Mauer wurde Bestandteil unseres Lebens, sie störte uns nicht wirklich, durch Ausbildung und Arbeit hatten sich die Lebenswege Ost und West längst getrennt.

© PSB, 1950er, Heidelberger Straße, Sülzhayner Straße

Der Vater meines Mannes wohnte in Friedrichshain, wir sind dann jede Woche am Sonntag rüber, als es möglich wurde. Der war Jahrgang 1893 und wurde langsam blind und brauchte immer ein bisschen Hilfe. Da haben wir uns abgewechselt. Wenn wir da rüberfuhren, fand ich das immer spannend. Das war eine andere Welt. Als meine Töchter noch kleiner waren, sind sie ja meist mitgekommen zum Großvater. Die sind dann in Papierwarenläden gegangen und haben für sieben Pfennig Hefte gekauft und Bleistifte und Radiergummis, das war wie eine Oase für die. Man hatte ja durch den Umtausch immer ein bisschen Geld, das musste verballert werden. Dann sind sie Eis essen gegangen, es wurde

© PSB, 1960er, Bouchéstraße, Ecke Schmollerstraße

Kuchen gekauft, Bücher, Klassik-Schallplatten. Andere Verwandte von uns lebten in Mecklenburg und in der Prignitz. Mithilfe des Passierscheinabkommens besuchten wir sie später vielleicht öfter, als wir das ohne Mauer getan hätten. So kurios das klingt, aber es war einfach interessant zu hören und zu sehen, wie das Leben in der DDR war. Umgekehrt war das natürlich nicht möglich, da haben sich in anderen Familien sicher größere Dramen abgespielt."

Zur Maueröffnung war Brigitte Apel nicht in Berlin, sondern in Hamburg bei den Schwiegereltern. „Da wurde dann abends die Tagesschau gesehen. Plötzlich dachten wir, wir sehen nicht richtig, was, die Mauer fällt? Das war wirklich ein dolles Ding. Allerdings hat mich das, was ich im Fernsehen gesehen habe, nicht animiert, dahin zu gehen. Meine eine Tochter war da und meinte, viele Wessis wären so fürchterlich besoffen gewesen und hätten die Leute sexistisch angegraben, die ist gleich wieder gegangen. Man sah immer den Hype im Fernsehen, aber das musste eine Szene gewesen sein, die wirklich nicht angenehm war. Solche Bilder wurden nicht gezeigt, das passte ja nicht ins Konzept."

Hanno Haubach, ein anderer Bewohner der Bouchéstraße in Neukölln, hatte 1989 ebenfalls kuriose Erfahrungen gemacht. „Nach der Maueröffnung kam meine Frau vom Einkauf bei Aldi und sagte: Ich habe nichts mehr gekriegt, nicht mal Bananen. Dann hatte ihr sogar jemand vor der Nase die letzte weggeschnappt mit der Bemerkung, jetzt sind wir mal dran. Sie musste alles in einem teureren Laden einkaufen."

Der Neuköllner, „Baujahr 1954", war zum Mauerbau noch ein kleines Kind. „Als ich in der zweiten Klasse war, sind wir in die Neuköllner Finowstraße gezogen. Ich bin mit meinem kleinen Fahrrad immer unterwegs gewesen, hab die Gegend erkundet und dabei entdeckt, dass ich ja ganz dicht an der Mauer wohnte. Das war für mich erst mal unglaublich interessant. Da bin ich in der Harzer Straße oft auf dieses Aussichtspodest gestiegen, das die Amis gebaut haben. Wenn die dann zwischendurch mal kamen, haben sie einen gebeten, runterzukommen, und als Dank gab es dann immer ein Stück Schokolade. Das war vielleicht Vorschrift, dass da niemand mit denen zusammen drauf stehen darf."

Eingesperrt oder nicht?

In der Schule in Neukölln wurde das Thema Mauer ziemlich schnell „abgehakt". Aber als Kind beschäftigte ihn doch etwas. „Meine Eltern haben mir immer gesagt, dass die da drüben eingesperrt wären, das fand ich total irrsinnig. Denn wir konnten ja nicht aus Berlin raus, ohne durch die Mauer fahren zu müssen. Die Grenzkontrollen haben auf mich als Kind auch schon ziemlich Eindruck gemacht, und ich war da immer im Zweifel, ob man mir wirklich die Wahrheit gesagt hat. Von wegen, die sind eingesperrt, wir müssen doch immer da durch! Wir konnten ja nicht eben mal nach draußen ins Grüne fahren, außer an den Wannsee oder in den Grunewald, und da war's ja immer voll."

Mit 18 ist Hanno Haubach aus dem Grenzbereich weggezogen, wohnte eine Weile in Steglitz, dann in Schöneberg und schließlich in Kreuzberg, wo er in einer Parterrewohnung mit Außentoilette untergekommen war, das war Anfang der 1970er Jahre. „Da war das wesentliche Thema Hausbesetzung", erzählt Hanno Haubach. „Alle kannten sich, das war sehr nachbarschaftlich. Leute von zwei Straßen weiter kamen und fragten, ob ich ihnen Zucker leihen kann. Man kannte alle und jeden. Wir hatten auch oft spontan auf der Straße gesessen und bis in die Nacht gequatscht. Die Künstlerszene da war auch spannend. Da war richtig was los, Tag und Nacht."

Dann ist er 1981 mit seiner neuen Patchwork-Familie wieder nach Neukölln gezogen. „Da gab es an jeder Ecke eine Kneipe, es war aber eine ganz andere Szene als Kreuzberg." Hanno Haubach war etwa vierundzwanzig, als er beim Tiefbau angefangen hatte. Da es dort im Winter nie Arbeit gab, musste er sich immer etwas anderes bis zum Frühjahr suchen. Eine Zeitlang diente er, der damals intensiv Kampfsport betrieb, für die US-amerikanischen Streitkräfte als Wachpersonal.

„Ich habe eine richtige Uniform von den Amis bekommen, als Private First Class angefangen. Wir standen auch oben auf dem Teufelsberg, da gab es zwei Sicherheitsringe, im äußeren wir Deutschen und im inneren die Militärpolizei der Amis. Wir hatten in Zehlendorf unsere Kaserne, von dort wurden wir mit Bussen oder LKW zu den jeweiligen Objekten gefahren. Wenn man Glück hatte, musste man Dienst am Tor machen, das war immer interessant. Vor allem am Wochenende, wenn die GIs in die Kneipen und Clubs zogen. Die sind immer in Zivil los, und wenn sie besoffen wieder zurückgekommen sind, das war immer ein Hallo. Die Amis sind auch im Osten Patrouille gefahren, die Russen auch im Westen und haben Fotos von den US-Objekten gemacht, das mussten wir dann immer melden. Dann kam die US-Militärpolizei und hat die interviewt."

Über die skurrilen Grenzüberschreitungen der West-Alliierten hat die Historikerin Stefanie Eisenhuth einen Aufsatz in „Zeithistorische Forschungen" geschrieben. Nicht selten hatten vor allem die Amerikaner in Ostberlin „den dicken Max" gemacht und mit ihren Kneipenbesuchen und Einkäufen dort ambivalente Reaktionen hervorgerufen („Freizeit beim Feind. US-amerikanische Soldaten in Ost-Berlin").

Hanno Haubach hatte sich auf der Abendschule weitergebildet und war dann geprüfter Polier und Leiter von Tiefbau-Baustellen. „Als die Mauer geöffnet wurde, gab es ja viele, die bei der Armee gewesen waren und nicht wussten, was sie machen sollten, die hatten ja nichts anderes gelernt. Dann hatte ich die als Arbeiter. Das waren junge, kräftige Leute. Aber wir waren immer noch der Klassenfeind. Die waren sauer, dass sie nicht mehr bei der Armee dienen durften, und hatten uns Wessis noch als Vorgesetzte beim Tiefbau. Den Hass, der rübergekommen ist, hat man richtig spüren können.

Einer hat ganz klar gesagt, dass sie uns [die WestberlinerInnen] ohne mit der Wimper zu zucken umgebracht hätten. Es soll schon detaillierte Pläne gegeben haben, wie Westberlin von den Truppen der Volksarmee überrannt werden kann. Darauf waren die getrimmt worden. Wenn der Russe grünes Licht gegeben hätte, wären die losgezogen. Das hätten wir gar nicht groß mitgekriegt, dann wäre Westberlin über Nacht Osten geworden. Der Ami hatte ja in Berlin nur eine Drohkulisse gehabt. Das war nur eine Hand voll Soldaten. Die Panzer, die die hier hatten, hätten ins Museum gehört. Die haben sie immer nur mit Mühe repariert, damit die fahren konnten.

In der Westberliner Verfassung stand ja, dass eine Wiedervereinigung angestrebt werden soll. Deswegen haben wir beim Tiefbau auch ganz dicke Rohre bis an die Mauer gebaut. Die Wasserbetriebe waren angehalten, immer so zu bauen, dass wenn es zur Grenzöffnung kommen sollte, nicht viel Aufwand getrieben werden muss, um alles wieder so zusammenzuschließen wie vorher in Gesamtberlin. Die Wasserbetriebe im Westen hatten sich auch von der Höhe und dem Gefälle der Rohre so eingerichtet, dass es passte, es gab ja noch Pläne vom Osten. Und da wurde auch nichts geändert, da wurde ja immer nur hier und da geflickt. So ist man dann als Westberliner immer wieder an die Grenze gestoßen.

Diesem ehemaligen NVA-Soldaten hatte ich jedenfalls geantwortet: Weißt du, ich bin Arbeiter, ich mache mein Ding, damit alles funktioniert, damit Wasser aus unserer Leitung kommt und Gas strömt, wenn wir den Herd anmachen. Deswegen arbeite ich hier im Tiefbau und verdiene meinen Lebensunterhalt, damit ich meiner Familie was zu essen kaufen kann, eine Wohnung habe und, und, und. Und nichts anderes hätte ich gemacht, wenn ich im Osten gewesen wäre. Weil ich den Beruf geliebt habe. Wenn man morgens um fünf auf der Baustelle steht und die Sonne geht auf, es gibt nichts Schöneres. Und wenn du abends über die Baustelle guckst und siehst, was du tagsüber geschafft hast. Es gibt kein schöneres Gefühl.

Darüber kann man natürlich streiten, aber das hat der nachvollziehen können. Na, meinte der, er wäre nicht so sicher, ob wir dann unsere Arbeit weiter hätten machen dürfen. Aber wer hätte denn hier im Westen die Rohre verlegen sollen? fragte ich den. Habt ihr denn den Überblick über die eingebaute Technik? Pumpen, die wir hier eingebaut haben, die gab es ja im Osten gar nicht. Da

© DieterWaschke, 1990, Mauerabbau Harzer Straße, Bouchéstraße

hättet ihr unser Knowhow schon gebraucht. Und ihr hättet uns weiterarbeiten lassen, da bin ich mir total sicher. Auch weil ich kein Kapitalist bin, sondern einfach nur Arbeiter. Das hätte alles passieren können, wenn die Russen beschlossen hätten, dass sie das nicht mehr mitmachen. Wir haben uns schon öfter mal ausgemalt, was gewesen wäre, wenn wir Osten geworden wären. Ich hätte nicht für die Freiheit gekämpft. Was ist Freiheit? Freiheit ist immer relativ."

Hanno Haubach findet es falsch, dass nach der Grenzöffnung die Mauer so schnell abgebaut und alle Spuren beseitigt wurden. „Man zerstörte ja Geschichte, da hätte man viel mehr Stücke von der Mauer stehen lassen sollen, damit sich jeder, der möchte, daran erinnern kann, was hier abgelaufen ist. Diesen Wahnsinn kann sich, glaube ich, heute gar kein junger Mensch mehr vorstellen. So ein Todesstreifen und dass die geschossen hätten, wenn ihre Nachbarn die Grenze hätten übertreten wollen. Ich sehe das ja an meiner Enkelin, die ist jetzt 14. Wenn wir manchmal von Ereignissen von früher erzählen, das muss ihr vorkommen wie von einem anderen Planeten. Das ist für die Generation gar nicht mehr fassbar."

© Dieter Waschke, 1990, Mauerabbau Harzer Straße, Bouchéstraße

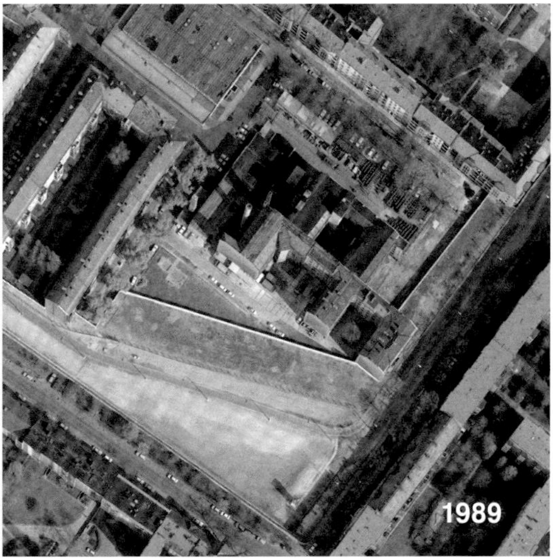

Kapitel 5

Ich sehe was, was du nicht siehst: Die Harzer Straße an der Grenze zu Treptow

© Uwe Kämpfe, 1980er, Blick auf den Landwehrkanal

„Mein Balkon müsste mal gestrichen werden“, dachte Uwe Kämpfe, als er einen Tag nach der Nacht, in der das „deutsche Volk das glücklichste der Welt“ war, mit der wogenden Masse aus seiner Wohnung an der Lohmühlenstraße durch die geöffnete Mauer auf die bunte Seite des Bauwerks getrieben wurde. Seit zwanzig Jahren hatte er aus seinem Fenster im Haus Nummer 37 direkt hinter der Mauer am Anfang der Harzer Straße auf die Brücke, den Kanal, den Wachturm und die Ausläufer Neuköllns und Kreuzbergs geblickt.

© Archiv Uwe Kämpfe, 1990, Lohmühlenplatz

Der TV-Kameramann aus Leipzig brauchte als Bewohner des Grenzgebiets einen extra Pass. „Selbst für meine Mutter musste ich bei der Polizei einen Passierschein beantragen.“ Die Freundin hatte er heimlich eingeschleust, da wurden sie auch schon mal nachts von den Vopos mit aufs Revier genommen, „zur Klärung eines Sachverhalts, wegen unberechtigtem Betreten des Grenzgebiets“. Ansonsten, er brauchte sich dort nicht vor Einbrechern zu fürchten. Wenn nachts jemand ins Haus stieg, waren das Volkspolizisten, Grenzer oder Stasibeamte, die vom Dachboden aus den Rundumblick nutzen wollten.

So manches Mal stand er hinter den eigens für diese konspirative Handlung angeschafften Gardinen und fotografierte, was er sah. Wegen der strengen Verbote wurden die Negative im Keller entwickelt und niemandem gezeigt. „Nur als Zeitdokument“, dachte er. Denn irgendwann … „Es hat ja keiner geglaubt, dass die Mauer mal fällt, aber irgendwie hat jeder gedacht, das kann doch nicht bis ans Lebensende bleiben“, erinnert sich Kämpfe.

Der Weg in seine Stammkneipen in Mitte und Prenzlauer Berg gestaltete sich allerdings sehr umständlich, da hatte er sich dann auch schon mal ein Privattaxi geleistet. Diese wurden von stolzen Trabi-BesitzerInnen betrieben, die sich etwas dazuverdienten. „Die standen vor den Etablissements: Suchen Sie ein Taxi?“ Normalerweise setzte man sich auf den Rücksitz, nur wenn eine Vopo-Kontrolle gesichtet wurde, rutschte der Fahrgast auch auf den Beifahrersitz. „Wenn das offizielle Taxi vom Prenzelberg 15 Ostmark gekostet hat, das war ja viel Geld, da hat man dem einen Zehner gegeben, dann war der glücklich.“

In dem Buch „Denk ich an Deutschland“ beschrieb Uwe Kämpfe in seinem Kapitel „Im Niemandsland“ die Wohnsituation an der Mauer: „Nachts ist es hell in der Wohnung, Scheinwerfer suchen das Gebäude ab, fahles Licht von Bogenlampen wird vom sterilen Weiß der Mauer reflektiert. Motorradscheinwerfer lassen für Bruchteile MPi-Schützen erkennen, die auf Streife sind, manchmal knallt eine Leuchtkugel in die Nacht. Zigarettenglut aus dem Turm. Menschen, die auf Menschen abgerichtet sind, wie ihre Hunde, die an der langen Leine auf Beute warten …“

Bei ihm klingelten keine Bekannten oder ArbeitskollegInnen mal spontan. „Ich hatte kein Telefon, das war das Schlimmste“, erinnert sich Uwe Kämpfe, „und ich musste mit meinem damaligen Brötchengeber, das war das DDR-Fernsehen, immer nur per Telegramm kommunizieren, weil die ja auch nicht zu mir durften. Die haben zwei Häuser weiter geparkt, dann bin ich zu denen runtergegangen. Ich hatte ja manchmal aktuelle Dienste. Wie das alles ging, ohne dass man sich zu sehr aufgeregt hat, dass man das so hingenommen hat, nach dem Motto, das kann nicht so bleiben, das ist kein Normalzustand ...“

Außerhalb des Hauses hatte sich der TV-Kameramann nie aufgehalten. „Das war nur Fluchtpunkt Wohnen“, berichtet er. „1986 wollte ich da weg und habe beim Sender gesagt, sucht mir eine Wohnung. Der Chef des Ostfernsehens hat mich empfohlen, das ist ein guter Kameramann, ihr müsst den aus dem Grenzgebiet austauschen. Ja, wir bemühen uns. Und dann standen sie drei Jahre später, 1989 vor der Tür, Wohnungsamt: Ich habe hier Ihre acht Anträge, die sind dann wohl hinfällig geworden ...“

Fluchtpunkt Lohmühlenplatz

Am Lohmühlenplatz sitzen junge Leute bei warmem Wetter vor der „Schmetterlingswiese“ und blicken über den Landwehrkanal, der vom Kreuzberger Urbanhafen kommend hier einen Knick macht und zur Spree nach Osten geleitet wird. „Dreiländer-Eck“ heißt diese besonders breite Wasserstelle bei Neuzugezogenen und Touristen, ein wahrer Hotspot mit Biergärten, Liegewiesen und Grill-Treffs ist die Stelle inzwischen, wo die Bezirke Treptow, Neukölln und Kreuzberg zusammentreffen.

© Ullstein-Bild, 1962, Lohmühlenplatz

Hier an der Lohmühlenbrücke beginnt die Harzer Straße, die bis zur Treptower Straße führt. Zwischen Lohmühlenstraße und Mengerzeile gehören die Häuser auf der Ostseite zu Treptow, die Straße aber bereits zu Neukölln. Genauso wie in der Bernauer Straße animierte das viele

AnwohnerInnen nach dem Mauerbau 1961 zum Fenstersprung in den Westen. Zahlreiche Berichte in der Polizeihistorischen Sammlung und im Bundearchiv dokumentieren die Tragödien und manchmal auch tragikkomischen Geschichten. So seilte sich der 26-jährige Dieter W. am 3. März 1965 aus dem Fenster in den Westen ab. Drei Jahre zuvor hatte der Maschinenbauingenieur Ursula

© PSB, 1960er, Harzer Straße: mit Wasserwerfer und Tränengas gegen Fluchtversuche

K. kennengelernt und regelmäßig in ihrer Wohnung in der Harzer Straße 119 besucht, bis er Ende Februar 1965 eingezogen war. Drei Tage später fand seine Lebensgefährtin morgens nur noch das offene Wohnzimmerfenster vor. Die in dieser Nacht wachhabenden Grenzposten waren keine Gefahr für seine Fluchtaktion gewesen, weil ihnen ihre dicken Pelzmützen im heftigen Schneetreiben die Sicht verdeckt hatten (Vgl. BArch, DVH 60-4/20040, Bl. 17-23). AB 1967 wurden die Häuser an der Mauer auf Treptower Seite abgerissen, nachdem bereits im August und September 1961 zahlreiche MieterInnen der Grenzhäuser zwangsgeräumt worden waren.

Auf der entstandenen Brache nach Maueröffnung hatte das Grün wieder sein Territorium erobert. Wer sich einen Weg durch die üppige Vegetation von der Harzer Straße zur dort einmündenden Grabowstraße bahnt, steht schließlich vor den ausladenden Betonkübeln, die zu Zeiten der Mauer weitere Durchbrüche mit Kraftfahrzeugen in den Westen verhindern sollten.

Die Harzer Straße zum Lohmühlenplatz hin war Schauplatz diverser Fluchten, auch vor dem Mauerbau. „Fast an der Lohmühlenstraße, auf der Ostseite, gab es auch einen Kuhstall", erinnert sich der Anwohner Manfred Andersson aus der Graetzstraße, der heutigen Karl-Kunger-Straße. „Eines Morgens, das muss so 1951 gewesen sein, ich war in der 6. Klasse, hat er seine Kühe genommen und ist dann rüber. Das ging ja schnell, da konnte ihn keiner aufhalten. Gesehen habe ich es nicht, aber in den Zeitungen stand es, da wurde protestiert, dass die Kinder die Milch brauchen, dass er die DDR verraten hat und so. In der Schule wurde das auch besprochen, der hat euch verlassen oder verraten, die Milch wird doch gebraucht und solche Dinge …"

Dietrich Schwanke, Jahrgang 1928, aus Neukölln hatte nach dem Mauerbau auch mitbekommen, wie die Westberliner Feuerwehr Fluchthilfe leistete. „Eines Tages, als ich etwa gegen 7 Uhr vom Nachtdienst kam, konnte ich beobachten, wie ein Feuerwehrwagen ohne Blaulicht und Martinshorn die Harzer Straße in Richtung Lohmühlenbrücke entlangfuhr und vor einem der östlichen Mietshäuser anhielt. Die Feuerwehrleute waren offenbar verständigt worden, dass Menschen aus dem Osten nach Westen aus dem Fenster springen wollten. Das Sprungtuch wurde aufgespannt, und die Mauerspringer sprangen nacheinander in die Freiheit." („Errichtung der Berliner Mauer am 13. August 1961", in: LeMO-Zeitzeugen, Lebendiges Museum Online)

Nichts ahnend an die Mauer

Der Journalist Lutz Göllner ist mit seiner Familie kurz vor Mauerfall in die Harzer Straße gezogen. „Keiner hat geahnt, dass die Mauer geöffnet wird. Der erste Gedanke am Abend des 9.November war: Ach du Scheiße. Mir war schon klar in dem Augenblick, als die Übergänge geöffnet wurden, was in der Folge passieren würde. Ab da war es keine Überraschung mehr. Weder der schnelle Zusammenbruch der DDR-Regierung noch dass dann die CDU mit riesengroßer Mehrheit gewählt wurde."

Da Göllner genau einen Monat nach dem Mauerbau am 13. August 1961 geboren wurde, hatte die Teilung erst mal das Familienleben durcheinandergebracht. „Tante Lieschen konnte nicht mehr zu meiner Taufe rüberkommen. Die Familie väterlicherseits kommt aus Potsdam, die sind gleich nach 1945 aus Potsdam geflohen. Mütterlicherseits habe ich noch Verwandte in Leipzig gehabt und in Belzig vor allem. Es muss das dritte oder vierte Passierscheinabkommen gewesen sein, da kann ich mich erinnern, dass wir uns alle in Berlin getroffen haben. Da wo heute das Tacheles ist, ich war so fünf oder sechs Jahre alt und kann mich auch noch an die Trümmerberge erinnern, die da lagen", berichtet Lutz Göllner.

Doch irgendwann stellte sich während der Jahre der Teilung der Alltag ein. „Wie wohl jeder Berliner habe ich die Mauer als was ganz Normales empfunden. Politisch habe ich das schon so eingeordnet, ja, das ist halt der Preis, den Deutschland hat zahlen müssen für seine Verbrechen." Doch auch zu Mauerzeiten reiste Göllner nach Ostberlin, aus beruflichen Gründen, aber auch aus Neugier. „Ich habe immer Bücher im Osten gekauft. Was vom Umtausch übrig blieb, haben wir in der Regel versoffen." In den 1980ern hatte er sehr schnell herausgefunden, in welchen Gaststätten man sein Geld schneller loswurde als woanders. „Zum Abschluss des Tages, bevor wir zurück wollten, sind wir immer gegenüber vom Tränenpalast in die Weinstube Ganymed gegangen. Die gibt es immer noch, aber damals war die absolut legendär. Wahnsinnig teuer für Ostberliner Verhältnisse, teures Essen, teure Weine, die Kellner alle in Frack. Das war total faszinierend, wenn du da reingekommen bist, da wurde natürlich geraucht, und an den Tischen saßen Offiziere aller Alliierten. Briten, Franzosen, Amis, Russen, die haben da zusammen gesoffen und Klatsch ausgetauscht. Das war wirklich ein ganz faszinierender Laden. Da bist du die 25 Mark relativ schnell losgeworden. Wir haben da Gulasch gegessen, dann zu zweit oder zu dritt eine Flasche guten Tokaya geteilt, und dann war das Ostgeld weg."

Früher, so Göllner, sei sein Verhältnis zur Mauer „sehr kühl, sehr zynisch, sehr berlinerisch" gewesen. „Jetzt erst, wo ich sehe, was da noch für Ungeheuerlichkeiten übrig sind, diese Überreste dieses Regimes, die abgesägten Häuser, die in den Todesstreifen ragten. Häuser, die unten geweißt waren. Wenn da jemand langgegangen ist, konnte man den Schatten sehen und auf ihn schießen. Am Friedhof Pankow ist eine ganze Reihe von Gräbern, die entfernt wurden, damit man freies Schussfeld hat. Der Friedhof ist zwar wieder so groß wie früher, aber die Reihe Gräber, die ausgehoben wurden, ist niemals ersetzt worden. Vor dem Friedhof stehen immer noch die Original-Grenzlampen. Nur die Schirme und Beleuchtung sind ausgetauscht worden. Unten an den Pfeilern ist ein grün-weiß-grünes Zeichen, dass jeder Grenzsoldat, der sich jenseits dieses Pfeilers aufhält, erschossen wird. Das mag jetzt kitschig klingen, aber das hat mich total erschüttert."

Zum regelrechten Mauer-Hasser wurde der Hallenser Raik Adam, Heavy-Metal-Fan und bereits als Dreizehnjähriger „Parasit im Fleische des Sozialismus“. Mit zwanzig hatte er einen Ausreiseantrag gestellt, das war 1984. Nach anderthalb Jahren durfte er nach Westberlin umsiedeln. Die Mauer hatte er nicht nur im wahrsten Sinne des Wortes ständig im Blick, wenn auch anfangs eher als Nebensache, denn er fand, dass er nun auf der richtigen Seite gelandet sei. „Wir haben in der Harzer Straße gewohnt, etwa zweihundert Meter von der Grenze nach Treptow entfernt“, erinnert sich Raik Adam. „Also ich kann mich kaum erinnern, in den ersten Jahren zur Mauer gelaufen zu sein. Wir haben Richtung Stadt geguckt, Kreuzberg, Neukölln war noch Schlafstadt. Die erste Wohnung, die ich dort hatte, 60 Quadratmeter, 125 D-Mark, das war schon gut.“

© Raik Adam, 1989, „Mauerkrieger“

Raik Adam hatte anfangs kein großes Interesse, sich an der Mauer „abzuarbeiten“, wie es einige der umgesiedelten Bekannten taten. „Mir ging es wirklich um Westberlin, das war eine Millionenstadt, und damit war ich ausgelastet, muss man so sagen.“ Auf dem Weg nach Kreuzberg ging es eine Weile mit dem Fahrrad unweigerlich an der Mauer lang. „In der Wiener Straße hatten wir ein paar Locations, da gab es die Bronx, das war so unser Stammsitz, wenn wir unterwegs waren. In der Glogauer Straße gab es eine Blues- und Rockkneipe, Dezentral hieß der Laden. Und danach konnte man auch alkoholisiert die Harzer Straße schön nach Hause fahren.“

Und dann kamen sie immer an diesem Wachturm an der Harzer Straße, Ecke Bouchéstraße vorbei. Der so wahnsinnig nahe an der Mauer stand. Von der Aussichtsplattform davor konnten sie hören, wie die Grenzer sich im Wachturm unterhielten. „Wir dachten, wenn so ein Wachturm brennt, das wäre spektakulär“, erzählt Raik. „Wir“, das waren sein Bruder und zwei Kumpel aus Halle, die nach ihm ausgereist waren. „Es gab ja im Frühjahr 1989 von Honecker die Ankündigung, die Mauer steht in fünfzig oder hundert Jahren noch, wenn die Gründe dafür sich nicht geändert haben“, berichtet Raik Adam. „Darüber haben wir schon die ganze Zeit nachgedacht, auch über die versteckte Drohung, ‚wir können ähnlich reagieren wie auf dem Platz des Himmlischen Friedens‘, wenn die DDR-Bevölkerung aufmuckt. Und dieser Turm an der Harzer Straße … wir haben immer überlegt, wie kriegen wir die Mauer kaputt?“

Das erste „Versuchsfeld“ In Sachen Brandsätze werfen wurde dann ein Mauerabschnitt, wo die S-Bahnbrücke die Kiefholzstraße überspannt. Die Aktion beendeten die vier „Mauerkrieger“ in ihren Augen sehr erfolgreich. „Laut Stasi-Akten haben wir ja da tatsächlich 165 Quadratmeter unter Feuer gesetzt, das ist eigentlich schon ein Riesending“, sagt Raik Adam nicht ohne Stolz. „Der Erfolg mit den Molotow-Cocktails war eigentlich unsere Premiere, mit Brandsätzen zu arbeiten.“

Dass dieses verhasste Bauwerk dann Monate später in rasantem Tempo quasi von den Erbauern selbst abgerissen wurde, hätten sich die vier Freunde aus Halle sicher nicht vorstellen können. Dreißig Jahre später haben Raik Adam und Dirk Mecklenbeck ihre Mauerattacken zur Graphic Novel „Todesstreifen“ verarbeitet. Raik Adam berichtet, dass die beiden Autoren dann bei der Buchvorstellung in ihrer Herkunftsstadt auch auf Unverständnis stießen und sich fragen lassen mussten, warum sie nicht versucht hätten, für eine bessere DDR zu kämpfen. „Dann habe ich angefangen aufzuzählen, wo der Ansatz gewesen sein sollte. Zum einen: Ihr Bürgerrechtler wart eine absolute Minderheit, die DDR-Wirtschaft war restlos im Arsch, nicht konkurrenzfähig, die Industriebetriebe waren heruntergewirtschaftet, marode. Gerade wo wir herkamen, in Halle, das war ein ökologisches Notstandsgebiet, dagegen war das Ruhrgebiet, das ja auch nicht gerade die beste Luft bot, hochmodern. Und wo hättet ihr ansetzen wollen? Oder wie wäre euer Umgang mit den ganzen Systemträgern gewesen? Was hättet ihr mit den ganzen Stasileuten gemacht? Glaubt ihr, die hätten sich von 300 Bürgerrechtlern das neue System diktieren lassen? Diese Leute haben kriminelle Energien entwickelt, das waren Mörder, Entführer, Totschläger, die sich während ihrer Staatssicherheitsexistenz an keine Regeln gehalten haben. Was hättet ihr mit den Leuten gemacht, die in den Kampftruppen waren? Die paramilitärisch ausgebildet waren. Meint ihr, die hätten nach eurer Pfeife getanzt? Mit eurer Idee von einem menschlichen Sozialismus? Während die Grenzen offen sind? Da hat er auch gesagt, wahrscheinlich war es nur eine fixe Idee, sich mit diesem System als Idealist anzulegen und es umwälzen zu wollen. Die ganze SED-Clique hätte sich nie das Heft des Handelns aus der Hand nehmen

© Adam/Mecklenbeck, aus „Todesstreifen“, 2019

lassen wollen. Ich glaube, das war eine Schnapsidee. Es gab ja auch keine Mehrheiten dafür. In Halle hatte das neue Forum bei der ersten freien Wahl um die zwei Prozent, eine Katastrophe."

Für die Aussichtsplattform an der Harzer Straße, Ecke Bouchéstraße hatten sich viele der AnwohnerInnen aus den unterschiedlichsten Motiven interessiert. Die Künstlerin Eva Winnersbach war 1987 in die Harzer Straße gezogen und schwärmt heute noch von der wunderschönen Altberliner Eckkneipe gegenüber der Aussichtsplattform, in der es eine gediegene Holztheke, Holzmöbel „vom Allerfeinsten" und farbige Glasfenster gegeben hatte. Als sie einmal mit einem Freund aus der Pinte kam, stieg sie auf das Podest, um über die Mauer zu gucken. In seinem angeheiterten Zustand überlegte der Freund, sie solle doch da oben einen Striptease veranstalten, damit die Grenzer abgelenkt wären und jemand flüchten könne. „Aber die Idee habe ich aus unterschiedlichsten Gründen zurückgewiesen", erklärt Eva lachend. Auch den Einfall, Bananen rüberzuwerfen, fand sie letztendlich nicht so originell.

Die Harzer Straße an dem Stück, wo die Mauer von der Bouchéstraße bis zur Lohmühlenbrücke ging, war, nachdem Eva 1989 ihre Ente geschenkt bekommen hatte, eine sichere Strecke auf dem Weg nach Kreuzberg gewesen, wo sie andere KünstlerInnen, oft auch die ehemaligen Braunschweiger StudienkollegInnen, getroffen hatte. „Als Neuling war ich ja noch ein bisschen unsicher mit der Vorfahrt rechts vor links. Aber von der Bouchéstraße konnte ich dann bis zur Lohmühlenbrücke durchbrettern. Da wusste ich, dass da nichts von rechts kommen kann."

© Uwe Kämpfe, 1988-90, Lohmühlenplatz

„Durchbrettern“ konnte man allerdings bis zur Lohmühlenbrücke erst kurz vor der Maueröffnung. Nach dem Gebietsaustausch 1988 zwischen der DDR und dem Westberliner Senat gehörte das vorher eingemauerte Stück danach zu Westberlin. Die bis zum Mauerbau stark genutzte Brücke über den Neuköllner Schifffahrtskanal wurde lange saniert, bevor sie befahrbar wurde. Für die FußgängerInnen diente zu Mauerzeiten und lange danach bis 2014 ein schmaler Steg zum Kiehlufer hin, der sogenannte Kiehlsteg, zur Überquerung des Kanals.

Nach dreißig Jahren an gleicher Stelle

Die Frage, wie man von der Harzer Straße auf schnellstem Weg zum Kreuzberger Maybachufer kommt, durfte sich der Schlosser und Schweißer Falk Weiss in den 1980er Jahren nicht stellen. Vor über dreißig Jahren hatte er hier an der Harzer Straße die Grenze bewacht. Nachdem er von seiner Brandenburger Baufirma als Zeitarbeiter zu den „Bouchégärten“ beordert worden war, um die Geländer an die Balkone zu montieren, „damit es schick aussieht und keiner abstürzt“, stellte er fest, dass er an dieser Stelle bereits einmal tätig gewesen war. „Diese Baustelle liegt genau in dem Bereich, in dem ich als Grenzsoldat meinen Wehrdienst geleistet habe, das war mein Abschnitt“, erinnert sich Falk Weiss.

„Als ich 19 war, im Herbst 1984, kam die Einberufung. Das ging nach Berlin, da habe ich schon gesehen, Grenztruppen, man hatte mich gar nicht mehr gefragt. Aber eine Ablehnung hätte Repressalien zur Folge gehabt, nun war es so. Und dann war ich zwischen zwei Mauern und hab in den goldenen Westen gesehen.“ Von dort aus wurde ihnen dann schon öfter mal provokativ mit Cola-Büchse zugeprostet oder pralle Bananen zum Betrachten hochgehalten. „Im Sommer lagen manchmal die Mädchen am Ufer an der Lohmühlenbrücke oben ohne, die wussten genau, dass wir das beobachten. Manchmal wurden auch Zeitschriften rübergeworfen, die mussten wir dann aber unserem Vorgesetzten geben, weil es ja Schmutzliteratur war, aber erst nachdem man ein Auge draufgeworfen hatte. Manchmal lag auch ein Fußball da, den haben wir zurückgeschossen, wenn's keiner gesehen hat. Die Kinder konnten ja nichts dafür.“

Hatte er sich manchmal auch gedacht: Was mache ich denn, wenn einer flüchten will?

„Na ja, das ist schon eine richtig gute Frage“, erwidert Falk Weiss. „Man sollte ja denjenigen erst mal anrufen, Halt, stehen bleiben! Aber ich glaubte nicht, dass jemand stehen bleibt, wenn er schon so weit gekommen ist. Dann sollte man einen Warnschuss abgeben und ansonsten in die Beine. Aber ob das so funktioniert hätte in der Panik, keine Ahnung. Dann wäre man wahrscheinlich so aufgeregt gewesen und hätte unter Schock gestanden, ich weiß es nicht. Zum Glück ist bei mir nichts vorgekommen. Aber ich hab es mal erlebt, als Nebel war, dass es so geraschelt hat an der Mauer. Ich hatte schon Angst, es wäre was passiert, und bin auf und ab gelaufen, der Grenzstreifen war ja geharkt, und man konnte sehen, ob da Fußspuren sind. Zum Glück war da nichts.“

Beim Mauerfall hatte er vor dem Radio gesessen und gedacht: Die spinnen. „Zwei Tage später bin ich dann nach Westberlin gefahren. Das war schon ein komisches Gefühl. Zu der Zeit war ich noch Schlosser und Schweißer in einer Firma. Dann wurden wir wegrationalisiert, die Treuhand hat da sehr zugeschlagen. Und dann ist meine Tochter geboren, da war ich dann ein halbes Jahr in Elternzeit. Danach bin ich eine Weile auf Montage gegangen, viel im Stuttgarter Raum. Später habe ich glücklicherweise wieder bei uns in der Region Arbeit gefunden, und dann war ich im Kraftwerk, wo ich schon mal gelernt habe."

© Uwe Kämpfe, 1990er, Lohmühlenplatz

Was ist das eigentlich für ein Gefühl, jetzt an fast gleicher Stelle auf einer Baustelle zu arbeiten, denkt er dann manchmal an die Militärzeit? „Ja, schon", erwidert Weiss, „aber mehr mit einem Schmunzeln. Es war eine harte Zeit, aber auch eine Erfahrung für einen jungen Menschen, dass man das machen musste und sich kaum weigern konnte." Heute geht es ihm insofern besser, als er reisen könne, wohin er wolle, sagt Weiss. Die DDR wünscht er sich jedenfalls nicht zurück. „Aber das war eine einmalige Erfahrung, in der DDR zu leben, denn diesen Staat gibt es ja nicht mehr, wer kann davon schon erzählen? Ich hatte auch eine sehr schöne Jugend, tanzen konnte man, trinken, und Kumpels hatte man auch."

© Uwe Kämpfe, 1990, Begegnungen

Kapitel 6

Vom Sperrgebiet zur „Luxusmeile“: Die Mengerzeile

© CSuhr, 2019, Mengerzeile

Meret Eikenroth:

Spaziergang zur Gentrifikationsgeschichte

Ein warmer Tag an einem Wochenende im Juni 2019. Die Sonne scheint. In der Mengerzeile, einer Straße im Stadtteil Treptow, herrscht sommerliche Stimmung. Aus einem geöffneten Fenster dringt Musik, aus einem anderen hallt das klappernde Geräusch von Kochgeschirr über die Straße. In den Haselnussbäumen, die den Bürgersteig säumen, zwitschern Vögel. Blumige Düfte wehen von den frisch bepflanzten Balkonen. Nur hier und da zieht ein Schwall fauligen Geruchs von der Kanalisation vorüber.

Sommerlich gekleidete Menschen, manche an Eiswaffeln lutschend, spazieren in der Harzer Straße an der Einmündung zur Mengerzeile vorbei, FahrradfahrerInnen kreuzen diese Ecke. Die Bürgersteige der Mengerzeile wirken dagegen fast wie ausgestorben. Und das verwundert kaum – denn eine riesige Baustelle fast über die gesamte Straßenseite hinweg verbreitet Lärm und Staub.

Die 1929 angelegte Straße, benannt nach dem österreichischen Ökonomen Carl Menger, misst nur knapp einhundert Meter. Doch sie hat eine bewegte Geschichte. Im Zweiten Weltkrieg fanden hier im Kiez noch die letzten blutigen Straßenkämpfe statt. Bis vor einigen Jahren ganze Häuserzeilen renoviert wurden, waren die zahlreichen Einschusslöcher in den Fassaden der Altbauten Zeugen davon gewesen.

Nachdem 1961 die Grenze zwischen Ost- und Westberlin dicht gemacht wurde, gehörte die Mengerzeile zum Sperrgebiet. Die Häuser an der Ecke Mengerzeile und Harzer Straße wurden abgerissen, um weitere Fluchten zu verhindern, denn

© PSB, 1950er, Mengerzeile

© Bundesarchiv, 1960er, Mengerzeile, Ecke Harzer Straße

© Stiftung Berliner Mauer, 1968, Harzer Straße, Mengerzeile

der Bürgersteig der Harzer Straße gehörte bereits zu Neukölln, also zum Westen. Daran, dass hier einst die Berliner Mauer verlief, erinnern nur noch die in den Boden eingelassenen Steinmarkierungen und ein Messingschild.

Gigantische Kräne ragen in der Mitte der Straße in die Höhe. Hier wurde gerade der Neubau von Argos Real Estate mit der Adresse Mengerzeile 1-3 fertiggestellt, während nebenan noch die Eigentumswohnanlage „Bouchégärten" entsteht. Hinter der neuen Fassade von Argos versteckt sich das Atelierhaus Mengerzeile, das 1993 von um die dreißig KünstlerInnen in der alten Pianofabrik Hoepfner gegründet worden war und von dem jeder glaubt, dass es nicht mehr existiert, nachdem das Haus 2014 verkauft wurde. Doch verdeckt vom Neubau der Argos Real Estate, Eigentümerin des Atelierhauses, verbergen sich noch immer hinter einer inzwischen schicken Fassade um die 30 Ateliers.

Im Februar 2019 zog das Start-Up „somethingcreative.agency" in einen der von Argos neu geschaffenen Gewerberäume. Firmengründer Samuel Frey, seine zwei Mitgründer sowie zwei weitere Angestellte entwickeln und designen hier seitdem Interfaces für Computerprogramme, Websites und Apps. 1000 Euro Warmmiete zahlen sie für das rund 50 Quadratmeter große Büro. „Für Gewerbe ganz okay", findet Frey. Ihr Vertrag ist auf zwei Jahre befristet. Länger würden sie jedoch ohnehin nicht bleiben wollen, erklärt der 23-Jährige, der ursprünglich aus Bremen kommt. Denn sie möchten noch expandieren. Trotzdem: Das erste eigene Büro ist für sie „schon irgendwie etwas Emotionales".

Die Küchenzeile haben Frey und seine Kollegen selbst eingebaut und im hinteren Teil des Büros eine Sitzecke mit Sofa und Bücherregal eingerichtet. Im Kühlschrank lagern Limonade und Bier, daneben steht ein Stapel Getränkekisten.

Neben der Arbeit studieren Frey und drei seiner Kollegen noch an der CODE University, einer privaten Hochschule für digitale Studiengänge, die in der Factory-Berlin in der Lohmühlenstraße ansässig ist. Vor über einem Jahr sorgte die Factory mit ihrem Einzug in das alte Agfa-Fabrikgebäude im Kiez für großen Protest, nachdem die vielen kleinen dort ansässigen GewerbemieterInnen vorher vertrieben worden waren.

Das Büro von Frey und Kollegen in der Mengerzeile ist für die Mitarbeiter zugleich ein sozialer Treffpunkt. Oft sitzen sie hier nach Feierabend noch mit Freunden aus der Uni zusammen, bei milden Temperaturen auch gerne auf der Holzbank direkt vorm Haus. Das brachte ihnen bereits die ein- oder andere Beschwerde wegen Lärmbelästigung ein – bisher sei dies tatsächlich der einzige nähere Kontakt zu ihren NachbarInnen gewesen, sagt Frey lachend. „Wir achten jetzt

© CSuhr, 2019, Hofgarten Mengerzeile 1-3

© Ullstein-Bild, 1961, Harzer Straße

darauf, dass wir ein bisschen leiser reden und nach 23 Uhr nicht mehr draußen sitzen“, hat sich der junge Firmengründer vorgenommen. „Ich glaube, das pendelt sich gerade ganz gut ein.“

Auch die junge und noch kleine „somethingcreative.agency“ gehört zum Gentrifizierungsprozess, der in diesem Alt-Treptower Kiez nicht zu übersehen ist. Bundesweit sind die Mieten in den letzten Jahren in keiner anderen Stadt so rasant gestiegen wie in Berlin – inzwischen haben sie das Niveau von Hamburg und Köln erreicht. Das durchschnittliche Einkommen der Hauptstädter ist allerdings weiterhin wesentlich niedriger als in diesen Städten. Für sozial Schwächere wird das Leben in der Innenstadt zunehmend unbezahlbar.

An der Mengerzeile, Ecke Harzer Straße, lässt sich dieses Phänomen besonders gut beobachten. Seit Oktober 2015 werden hier die „Bouchégärten“ hochgezogen, ein Projekt der Immobilienfirma Archigon. Der riesige Eigentumswohnhauskomplex erstreckt sich über einen gesamten Block. Mit seiner schwarz-weißen Fassade und den kantigen Balkonen dominiert er schon jetzt das Bild der Straße. Es ist die Art moderner Architektur, die stets kühl und unnahbar wirkt. Für fünfzehn Euro Kaltmiete pro Quadratmeter bieten die Käufer der luxuriösen Apartments hier bereits Wohnungen an. (Quelle: immowelt.de)

Vielen ist der Neubau ein Dorn im Auge. Auf der Straße darauf angesprochen, äußert ein Mieter von gegenüber unverhohlen: „Watt'n, woll'n se dit wieder abreißen? Bin ick dabei!“ Denn gerade hier leiden die AnwohnerInnen besonders unter der Baustellenaktivität. Sara Schmidt lebt seit siebzehn Jahren in einer der Wohnungen, die in den 1920er Jahren als Teil einer

Gehag-Siedlung erbaut wurden. Seit 1998 ist die ehemalige Genossenschaft teilprivatisiert, 2007 übernahm die in Berlin inzwischen berüchtigte Deutsche Wohnen AG die Mehrheit der Anteile des Unternehmens.

Bei ihrem Einzug hatte Schmidt aus ihrem Fenster noch auf die „Hundewiese", das riesige Brachgelände geblickt, auf dem sich vor dem Bau der Mauer noch Gartenlauben befunden hatten. „Das war schön, auch wenn der Zirkus da war", erzählt sie. Oder wenn die Rettungshubschrauber auf dem Platz niedergingen, das heizte die Kommunikation unter den NachbarInnen an." Nun verschattet der Neubau ihre Wohnung. „Das Haus sieht hässlich aus, das wirkt so aggressiv mit diesen spitzen Balkonen, so abweisend wie eine Festung", findet sie. Die anderen im Haus seien alle nicht so begeistert davon, fügt sie hinzu. Und dann der Baulärm, Schmutz und Staub, seit über drei Jahren. Nie könne man das Fenster öffnen, klagt Schmidt. Bis vor Kurzem habe der Betonmischer sogar noch direkt vor der Tür gestanden. Im Moment krachen und klirren die Metallgerüste, die am ersten Bauabschnitt von der Fassade entfernt werden.

Da könnten der Anwohnerin schon eher die „Treptower Zwillinge" gefallen, zwei Mehrfamilienhäuser am anderen Ende der Mengerzeile am Schmollerplatz, die 2016 fertiggestellt wurden. Die Architektur sei offener, findet sie. „Allerdings wohnen die da drin wie auf dem Präsentierteller mit diesen tiefen Fenstern, da kann man vom Balkon bis in die Küche gucken."

Das Besondere an den von den Zanderroth Architekten entworfenen und dem Hamburger Projektentwickler Garbe gebauten Gebäuden: Die Wände bestehen aus massivem Schwarzwald-Holz, eine Bauweise, die von Garbe als nachhaltig und ökologisch gepriesen wird. Der Quadratmeterpreis der insgesamt 78 Eigentumswohnungen und Tiefgaragen unterscheidet sich mit 15 Euro Kaltmiete allerdings nicht von dem der „Bouchégärten" (Quelle: immowelt.de). Der Kaufpreis betrug zwischen 3100 und 4900 Euro pro Quadratmeter. Erst vor ein paar Monaten hatte hier ein „Kiez-Spaziergang", organisiert vom Sozialbündnis Alt-Treptow, stattgefunden, auf dem darauf aufmerksam gemacht wurde, dass Eigentumswohnungen sich entgegen anderer Behauptungen auf den Mietspiegel auswirken, da sie oft nicht von EigennutzerInnen gekauft werden, sondern um sie lukrativ zu vermieten.

In den Laden am anderen Ende der Mengerzeile, Ecke Harzer Straße, ist Francesco Passantino mit seinem Plattengeschäft eingezogen. An seine Wände hat er die Comic-Bilder eines Künstlers aus der Nachbarschaft gehängt. Hier herrscht an diesem Nachmittag gute Stimmung. Eine junge Frau blättert durch die LP-Sammlung, ein DJ spielt auf einem erhöhten Pult Minimaltechno. Seit zwei Jahren hat Passantino sein Geschäft in der Mengerzeile 14. Anfangs seien die AnwohnerInnen noch skeptisch gewesen, vor allem die älteren, sagt er. Inzwischen scheint man ihn aber zu akzeptieren.

Im Keller, in den man über eine Wendeltreppe gelangt, hat der 40-Jährige sein Studio. Mit einem Diamantschneider fertigt er Schallplatten-Unikate auf Bestellung. Er produziert auch selbst Musik und hat sein eigenes

© PSB, 1968, Abriss der Häuser an der Harzer Straße

Label gegründet. Laufkundschaft gibt es hier zwar kaum. „Dafür kommen die Besucher aber nicht nur zum Gucken, wie in anderen Bezirken", erklärt er. Der Neubau gegenüber stört den Musikproduzenten eher nicht. Nur die Preise, die seien enorm, sagt er mit einem Kopfschütteln.

An der Stelle, wo sich heute Passantinos „Berliner Vinylwerk" befindet, hatte bis Oktober 1961 die Familie Reuter ihre Wohnung. Das Genossenschafts-Haus wurde wenige Wochen nach dem Mauerbau entmietet und abgerissen, der Neubau der GEHAG entstand in den 1990er Jahren.

Hier hatte sich am 13. August 1961 ein Drama abgespielt. Reiner Reuter, der Sohn der Familie, wollte seinen dreizehnten Geburtstag mit FreundInnen und Verwandten feiern. Mit dem Blick auf das Schild, auf dem an der Ecke zur Harzer Straße das „Ende des amerikanischen Sektors" angekündigt wurde, hatte die Familie jahrelang gelebt. Die Mengerzeile gehörte zum sowjetischen Sektor der Stadt, aber in Reiners Leben hatte das nie eine Rolle gespielt.

Dass an diesem Morgen etwas anders war, hatte der Junge sofort gemerkt. Von der Straße, die sonntags für gewöhnlich eher ruhig war, drang schon in der Früh ein ziemlicher Lärm ins Kinderzimmer. Reiner ging auf den Balkon, um nachzusehen. Was er dann beobachtete, sollte sein Leben für immer verändern. Nur wenige Meter von der Haustür der Familie entfernt, hatten bewaffnete Kampfgruppen der Nationalen Volksarmee die Straße besetzt. Eine Sperre aus Stacheldraht wurde errichtet und Ostberlin abgeriegelt. Der Westsektor, wo viele seiner Geburtstagsgäste und Verwandten lebten, wurde plötzlich unerreichbar (Vgl. „Nichts blieb, wie es war. Vierundsiebzig Tage im Jahr 1961").

Für Freitag, den 14. Juni 2019, hatte das Museum Treptow in Johannistal zu einer Pressekonferenz geladen. Im Rahmen eines Vortrags zu „Begegnungen an der Mauer" trafen an diesem Tag zwei Frauen zusammen, die als „Mauermädchen" in die Geschichte der Bundesrepublik eingingen: die ehemaligen Schulfreundinnen Rosemarie Badaczewski und Kriemhild Meyer, inzwischen 73 Jahre alt. Schon vor Jahrzehnten hatten sie den Kontakt zueinander verloren – zuletzt sahen sie sich 1961. Ein paar Monate zuvor entstand das Foto von Horst Siegmann, das die beiden damals 15-jährigen Schülerinnen zeigt, wie sie sich über die hüfthohe Mauer an der Harzer Straße, Ecke Mengerzeile hinweg die Hand reichen: Badaczewski in Treptow, Meyer in Neukölln. Im Hintergrund steht ein junger Grenzpolizist der DDR mit einer Blume in der Hand.

© CSuhr, 2019, „Mauermädchen"

Diese Szene, von mehreren Fotografen aufgenommen, wurde zum Sinnbild für all die menschlichen Schicksale, die mit der plötzlichen Teilung Berlins verbunden waren. Das Foto von Horst Siegmann hängt seit Jahren im Museum Treptow, die gefilmte Szene wurde in das UNESCO Programm „Memory of the World" aufgenommen. Heute lebt Badaczewski in Hessen, Meyer in der Schweiz. Nach einem Aufruf des Museums hatte sich Rosemarie Badaczewski auf den Artikel in der Berliner Woche hin gemeldet, und mit ihrer Hilfe konnte der Kontakt zu ihrer ehemaligen Schulfreundin – nach 58 Jahren – hergestellt werden.

Rosemarie Badaczewski, die damals in der Mengerzeile 12 gewohnt hatte, war noch im August zusammen mit ihrer Mutter aus dem Hochparterrefenster einer Nachbarin auf die Harzer Straße gesprungen, der Vater war bereits ein paar Tage vorher geflohen. Tatsächlich hatten die beiden in diesem Moment, als der Fotograf auf den Auslöser drückte, über Rosemarie Badaczewskis Flucht gesprochen. Ihre Freundin war bereits Jahre zuvor nach Neukölln umgesiedelt (Quelle: Pressekonferenz 14.6.2019).

Nur kurze Zeit nach Badaczewskis Flucht wurden die Fenster und Türen zur Harzer Straße zugemauert. Die Mengerzeile lag seit Mauerbau im Sperrgebiet. Für die AnwohnerInnen bedeutete dies, ständig unter Fluchtverdacht zu stehen. Kontrolle und Schikane waren an der Tagesordnung, Freunde und Verwandte durften sie nicht besuchen, wenn überhaupt, dann mit schriftlicher Sondererlaubnis.

Kurz nach dem 13. August 1961 begann die Zwangsumsiedlung von BewohnerInnen in Sperrgebieten, Tausende wurden aus ihren Wohnungen vertrieben, oft von einem Tag auf den anderen. Allein im Stadtteil Treptow mussten 240 Familien ihr altes Umfeld verlassen (Vgl. „Halt! Grenzgebiet! Leben im Schatten der Mauer", S. 45f). Zuerst traf es die MieterInnen im Parterre der Harzer Straße und einmündenden Nebenstraßen wie die Mengerzeile. Doch die folgenden „Sicherheitsvorkehrungen", also die Vergitterung oder Zumauerung der unteren Fenster und der Türen, reichten nicht aus. Selbst aus dem vierten Stock seilten sich noch GrenzbewohnerInnen zur Harzer Straße ab (Vgl. BArch, DVH 60-4/20040, Bl. 17-23).

Auch Herr Reuter aus der Mengerzeile 12 erinnerte sich noch Jahrzehnte später lebhaft an jenen Morgen im Oktober 1961: „Da standen vier Mann vor der Tür, einer mit Maschinenpistole. Die kamen gleich in die Wohnung rein." Während Frau Reuter und ihr Sohn innerhalb weniger Stunden sämtliches Hab und Gut der Familie zusammenpackten, musste der Vater aus drei Optionen ihre neue Wohnung wählen. So wurde Oberschöneweide das neue Zuhause der Familie. Bis zu ihrem Tod lebte das Ehepaar Reuter dort (Vgl. „Nichts blieb, wie es war", S.71).

Die Mengerzeile – lange Sperrgebiet, heute „Luxusmeile". Die alten Markierungen sind hier längst neuen gewichen. Wo früher Grenzsoldaten an der Mauer patrouillierten, bewachen heute private Sicherheitsfirmen die Baustelle. Und anstelle der Führungselite des DDR-Regimes bestimmen nun private Investoren über die Verteilung des Stadtraums. Die kleine Straße in Treptow ist ein Paradebeispiel: für die Kämpfe in der Stadt um Raum und dafür, wie rasant und rücksichtslos sich der „urbane Wandel" vollziehen kann.

Kapitel 7

Luftrettung, Zirkuskuppel und Hunde: Der Platz als Ort der Zwischennutzung

© CSuhr, 2009, Besuch in der Mengerzeile

Gärten und Kunst

Dass es sich bei ihren Kleingärten um eine „Zwischennutzung“ handelte, war den AnwohnerInnen auf dem Gelände zwischen Harzer Straße, Mengerzeile und Bouchéstraße sicher nicht klar. Bis im August 1961 im Zuge des Mauerbaus alles Grün abgeholzt wurde, um das Sperrgebiet zwischen Hinterlandmauer und „Vorderem Sperrelement“ übersichtlich zu gestalten.

Wie an den Luftbildern, die seit 1928 von diesem Gelände vorliegen, zu erkennen ist, hatten sich bis zum August 1961 dort keine Gebäude, sondern immer Gärten befunden. In der Nachkriegszeit bildeten die privaten Fleckchen Erde eine wichtige Versorgungsquelle, auch vom Berliner Magistrat am 15. Oktober 1945 mit der sogenannten „Brachlandverordnung“ abgesegnet. Schafe und Ziegen wie zu jener Zeit vor dem Charlottenburger Schloss wird es in den kleinen Parzellen der AnwohnerInnen Alt-Treptows wahrscheinlich eher nicht gegeben haben, aber Rüben, Petersilie und andere Kräuter und Gemüse sowie Obstbäume, dazu ein paar Lauben.

Vierzig Jahre später starteten AnwohnerInnen und KünstlerInnen aus dem Atelierhaus einen Versuch, die Gartentradition fortzusetzen. Das Grüppchen träumte von einem Ort der Begegnung zwischen der einst geteilten Nachbarschaft, einer Art Erinnerungslandschaft und gleichzeitig Ort des Zusammenwachsens bei der gemeinsamen Kartoffelernte, Herbstfeuer und Schulungsgärten. Selbst den Hunden sollte ein Teil zugestanden werden – hauptsächlich, um sich keine Feinde zu machen.

© blauPage, 1999

Doch die Idee scheiterte, weil ein offenes Verfahren des Grundstückserben keine Zwischennnutzung zuließ. Es hätte eine soziale Skulptur werden können, wären die Beteiligten nicht an der Bürokratie, der Unsicherheit der Eigentumsverhältnisse und letztendlich auch an der nur knapp zur Verfügung stehenden Zeit und Kraft gescheitert.

Temporäre Kunstaktionen konnten dagegen eher durchgesetzt werden. Zu allererst kamen die Müll-KünstlerInnen. Ein Problem des vom Bundesvermögensamt verwalteten Areals war die zunehmende Vermüllung. So manches ausgediente Auto oder auch nur dessen Einzelteile wurden heimlich des Nachts auf dem Brachgelände abgestellt. Die KünstlerInnen des anliegenden Atelierhauses Mengerzeile hatten hin und wieder große Räumaktionen gestartet, was jedoch eine Sisyphusarbeit war.

EdDi Lösch und Alenka Mullin machten daraus 1999 eine Kunstaktion und sammelten in blauen Overalls und Gummihandschuhen sämtliche Hinterlassenschaften von der Hundewurst bis zum Ohrensessel für ihr „Grenzland-Museum". Trotz Tanz und Performance schafften sie eine ganze Menge vom Platz und füllten einen Container, den das Umweltamt bereitgestellt hatte.

Fünf Wochen später überquerte der New Yorker Bildhauer Ward Shelley mit seiner „Voyage Platform" den ehemaligen Mauerstreifen, begleitet von seinen Kollegen David Brody und Ole Olaussen. Sieben Tage dauerte der Weg mit der Reiseplattform, denn Shelley hatte die denkbar schwierigste und

© Svea Pietschmann, 1999, „Voyage Platform"

langwierigste Fortbewegungsart gewählt, indem die drei Künstler ohne ihren Stand zu verlassen einen Teil am hinteren Ende abbauten und vorn wieder anfügten.

Die „Voyage Platform“ war Teil des Projekts „Zwischenfälle“, initiiert von Hildegard Skowasch, Mieterin des Atelierhauses Mengerzeile. Mit dem ständigen Blick aus ihrem Atelierfenster auf den brachliegenden früheren Todesstreifen wuchs ihr Bedürfnis, die Betroffenheit über diesen geschichtsträchtigen Ort künstlerisch auszudrücken. Die Unmöglichkeit, über die Mauer hinweg zu kommunizieren, und die damals immer noch bestehenden Verständigungsschwierigkeiten zwischen Ost und West – auch ohne Mauer – schienen wie ein düsterer Geist über dem Brachgelände zu schweben. Mit ihrer Klanginstallation „Fischer, Fischer, wie tief ist das Wasser?“, bei der Kinderstimmen im Wechsel von einer Seite zur anderen schallten, wies sie auf diese Situation hin.

Irgendwann fühlte sich das Bundesvermögensamt veranlasst, einen hohen, hässlichen Zaun zu ziehen, um wildes Parken ausgedienter Autos und Müllabladen zu verhindern. Eine neue Mauer war entstanden, mit Hunden drin. Der schwedische Künstler Thomas Henriksson baute 2011 zusammen mit seiner englischen Kollegin Heather Allen daraufhin am Rand des Grundstücks die ehemalige Aussichtsplattform an der Mauer Harzer Straße für „48 Stunden Neukölln“ nach.

Die Plattform konnten BesucherInnen für 48 Stunden erklimmen, um über das Gelände zu blicken. Hier, wo sich einmal ein Todesstreifen zwischen Treptow und Neukölln befunden hatte, sah man über das Land, um das zu jener Zeit noch immer gestritten wurde. Mit dem Motto des Neuköllner Kunstfestivals, „Paradies“, wurde dieser Blick zur symbolischen Handlung: Aus dem „Paradies“ Nord-Neukölln, in dem es bereits eng wurde, auf der Suche nach Neuland?

Mit dem Bau des Wohnkomplexes „Bouchégärten“ war Schluss mit den Zwischennutzungen. Zum 30. Jubiläum der Maueröffnung 2019 können sich die Künstlerinnen und Künstler mit der Ausstellung „anders Platz“, die im Rahmen des Projekts „Der Platz – Geschichten um einen ehemaligen Todesstreifen“ konzipiert wurde, diesem Ort nur noch in ihrer Vorstellungskraft nähern.

© Thomas Henriksson, Collage 2011nach einer Postkarte vom Schikkus Verlag

© CSuhr, 2011

Hannah Krug:

ADAC Luftrettung: Wir finden immer ein Plätzchen!

Der Blick aus der Luft verwandelt das bodengebundene Berliner Treiben zu einem weit entfernten, übersichtlich geordneten Kosmos. Im Cockpit des Helikopters löst sich die gewöhnliche Straßenverkehrsordnung auf, und auch eine in der Großstadt übliche Geschwindigkeitsbegrenzung spielt hier keine Rolle mehr. Die Entscheidungen des Piloten werden aus der Vogelperspektive gefällt: Was aus tausend Fuß Höhe noch wie ein Frühstücksbrettchen erscheint, erweist sich im nächsten Moment als geeigneter Helikopterlandeplatz ...

Der von der Bouchéstraße, Mengerzeile und Harzer Straße flankierte Platz, nach 1945 Grenzgebiet zwischen Neukölln und Alt-Treptow und nach Mauerbau ein breites Segment des Todesstreifens, verwandelte sich nach der Wiedervereinigung, wie viele andere Sperrgebiete auch, zu einer wild bewachsenen Brache. Dieser „Nicht-Ort“ stellte sich schnell als ein ausgezeichneter Landeplatz für den Rettungshubschrauber Christoph 31 heraus. Nicht selten kam es in dem dicht besiedelten Wohngebiet auch zu Verkehrsunfällen, sodass die Anwohnerschaft Alt-Treptows des Öfteren Zeuge einer actionreichen Hubschrauberlandung wurde.

© Anne Lahr, 1997

© CSuhr, 2013

© Anke Zeuner, 2014

Der Lärm des Triebwerks und der scharfe Windzug, welcher durch die schnell rotierenden Rotorblätter erzeugt wird, versetzt die allermeisten Neugierigen in erwartungsvolle Erregung. Das Gras neigt sich im Sturm zur Seite, Frisuren werden zerzaust, und manch einer streckt haltsuchend die Hand aus. Und während es weiter mit einem Höllenlärm in der Luft brodelt, wird der kleine Schatten größer und größer, bis schließlich ein insektenartiges Getriebe auf dem Boden aufsetzt. Wann landet schon einmal ein Luftfahrzeug mit solchem Getöse vor der eigenen Haustür? Für viele ein Großereignis.

Christoph 31

Auf der von Hieronymus Bosch um 1496 bis 1505 gestalteten Altartafel trägt der heilige Christophorus das Jesuskind auf seinen Schultern über einen Fluss. In der westkirchlichen Ikonografie wird er oft als Hüne mit Stab dargestellt. Heute gilt er als Schutzpatron für alle Reisenden und Autofahrenden. „Christoph 31" wurde der Berliner Rettungshubschrauber 1987 getauft, nachdem bis 1983 eine Reihe von 30 gelben Helikoptern seit Ende der 1970er Jahre in der Bundesrepublik abgehoben hatten, nummeriert nach den Einsatzgebieten.

Anfangs wurden die Berliner Christophs von US-amerikanischen Piloten der Firma „Omniflight Airways" gesteuert, begleitet von einem Notarzt und einem Rettungssanitäter des Deutschen Roten Kreuzes. Die dreiköpfige Crew verbrachte die Wartezeit zwischen den Rettungsflügen in einem Container neben dem Landeplatz beim Benjamin Franklin Klinikum in Steglitz. Viel Platz gab es nicht, die Sommer in diesem Container wurden heiß und die Winter kalt, erinnert sich der Notarzt Jörg Beneker, der von 1988 bis 1997 mit Christoph 31 Einsätze flog. Der Pilot konnte sich zwischenzeitlich in einen kleinen Ruheraum zurückziehen, ansonsten fand im Aufenthaltsbereich noch die Vor- und Nachbereitung der Einsätze statt. Protokolle wurden geschrieben und Medikamente wieder aufgefüllt. Viel Zeit blieb jedoch meist nicht, Christoph 31 gehörte damals wie heute zu den am häufigsten eingesetzten Rettungshubschraubern in Deutschland (2018: 3.147, siehe https://www.rth.info).

Die Anfänge

Zivile Hubschrauber wurden in der Bundesrepublik Deutschland für den Rettungsdienst erstmalig Ende der 1960er Jahre sporadisch eingesetzt. Ihre Verwendung war jedoch zunächst höchst umstritten. Der beengte Kabinenraum des ersten vom ADAC gecharterten Hubschraubers des Typs BELL Jet Ranger bekam nicht umsonst den Funkrufnamen „Kolibri". Den für Bodenrettungsfahrzeuge neu auferlegten Normen von 1967 entsprach er nicht (Kugler, Gerhard: „Adacopter – Aufzeichnungen einer Entwicklung", S. 9). In diesem Hubschraubertyp gab es neben der Transportliege nur Platz für Pilot und Arzt, die Anordnung der Innenausstattung erlaubte keine Kommunikation mit dem Patienten. Groß war auch die Angst der Bodenrettungsdienste vor einem generellen Systemwechsel zur Luftrettung, der für sie den Verlust wichtiger finanzieller Mittel bedeutet hätte. Außerdem brachte man der Technik und Sicherheit noch großes Misstrauen entgegen.

Während die bundesdeutschen Straßen sich stetig mit Kraftfahrzeugen füllten – die Zahl der Verkehrsunfalltoten stieg seit 1967 bis zu 20.000 im Jahr an –, wurde über den Einsatz von Luftrettung diskutiert. Es war schließlich der private, 1903 in München gegründete Automobilclub, heute der Allgemeine Deutsche Automobil-Club (ADAC), der eine erfolgreiche Testphase 1968/69 mit „Kolibri" und ab 1970 mit der neuen Rettungshubschrauber-Generation im Bundesgebiet einleitete. Der Typ BO 105 war deutlich geräumiger und mit zahlreichen medizinischen Geräten nicht nur Transportmittel, sondern auch eine „fliegende Intensivstation". Arzt und Rettungssanitäter saßen hinter dem Piloten und konnten, sobald der Patient hereingeschoben wurde, direkt mit der Behandlung, wie zum Beispiel der Sauerstoffzufuhr, beginnen. Am 1. November 1970 begann der erste Dauerbetrieb des Helikopters Christoph 1 vom städtischen Krankenhaus München-Harlaching und der Aufbau der öffentlich-rechtlichen Luftrettung durch Katastrophenschutz/Bundesgrenzschutz.

Der Traum Westberlin

In der gesamten Bundesrepublik wurde der Luftraum als Rettungsweg erobert, während über Westberlin aufgrund des Viermächtestatus kein Hubschrauber fliegen durfte. Nachdem die vier Siegermächte USA, Sowjetunion, England und Frankreich die Hauptstadt unter sich aufgeteilt hatten, bewachten sie streng die territorialen Grenzen. Das galt auch für den Luftraum, der für deutsche Flugzeuge generell gesperrt war. Für die Nutzung der drei Luftkorridore von Frankfurt, Hannover und München nach Westberlin besaßen ausschließlich die westlichen Alliierten eine Erlaubnis.

Trotz der strengen Vorschriften bastelte der ADAC hartnäckig an dem Plan, die Luftrettung ebenfalls in Westberlin zu installieren. Damit konkurrierte er gegen die Björn Steiger Stiftung, die 1986 den in den USA zugelassenen Learjet

„Berlin“ als erstes deutsches Flugzeug nach dem Zweiten Weltkrieg in Westberlin zum Anschluss an das bundesdeutsche Luftrettungsversorgungsnetz stationiert hatte und einen Rettungshubschrauber mit US-Zulassung erwarb.

„Es wurde möglich unter der Flagge eines Alliierten, und da kamen nur die Amis infrage“, erinnert sich Reinhard Sedelmaier, von 1986 bis 1996 Flugbetriebsleiter der ADAC-Luftrettung GmbH. Nötig dafür waren „informelle Verbindungen“ zur amerikanischen Botschaft in Bonn bis hin in die deutsche Außenpolitik, berichtet er. Sicherlich sei es auch eine Geldfrage gewesen, denn die Berliner Behörden bekamen durch die amerikanischen Alliierten finanziell den Rücken gestärkt. Über einen Besuch im Frühsommer 1987 in Berlin berichtet Sedelmaier: „Eines Morgens sind mein Chef und ich für einen Termin beim Innensenator nach Berlin geflogen, um konkretere Einzelheiten des Flugbetriebs zu besprechen. Wir rechneten mit einer größeren Runde von vier bis sechs Vertretern des Roten Kreuz’ und der Flughafengesellschaft. Als wir den Saal betraten, war dieser mit dreißig bis vierzig Leuten gefüllt, die alle etwas sagen wollten und Geld dafür bekamen. Aber als es darum ging, dass wir einen Hubschrauber in Tempelhof in einem Hangar unterbringen wollten, war das nicht möglich. Alle Berliner Behörden waren sich einig: Das geht nicht, da sind wir drin! Schneeräumer und Reinigungsfahrzeuge besetzten den Hangar, sodass uns nichts anderes übrig blieb, als den Hubschrauber unter das fünfzehn mal zehn Meter große Dach der Eingangshalle zu stellen.“

Unter amerikanischer Flagge

Im Spätsommer 1987 erfolgte dann die Zustimmung der Alliierten unter der Bedingung, dass sich ein Betreiber aus den USA, Frankreich oder Großbritannien findet. Der ADAC schloss noch im selben Jahr einen Vertrag mit der US-Firma Omniflight Airways Inc. ab und startete im Oktober die ersten Trainingsflüge. Auf dem leuchtend gelb lackierten Hubschrauber prangten der „Star of Life“ und in schwarzen Lettern die amerikanische Kennung N4573T. Der Alliiertenstab übernahm jedoch für die Sicherheit der US-Piloten keine Verantwortung. Die mussten sich während der Trainingsflüge mit dem Mauerverlauf vertraut machen, um nicht in das Lufthoheitsgebiet der sowjetischen Alliierten zu geraten. Außerdem gab es Ausnahmeregelungen, wie zum Beispiel ein Flugverbot über dem russischen Ehrenmal im Stadtteil Tiergarten. Reinhard Sedelmaier erinnert sich an hohe Anforderungen, die während der Grenzflüge entstanden. „Die Piloten durften auf keinen Fall nach Ostberlin rüberfliegen. Wenn wir Grenzflüge gemacht haben, war das ein richtiges Abenteuer. Auf hundert Meter genau wurde dann die Grenze abgeflogen. Die amerikanischen Piloten mussten da erst richtig geschult werden. Vor allem wenn man gewohnt war, über freies Land zu fliegen. Das war gar nicht so einfach, denen beizubringen, wo sie lang durften und wo nicht. Auch knapp vor der Mauer sind sie später einige Male gelandet, wenn da irgendwelche Notfälle waren.“ Am 13. Oktober 1987 hob Christoph 31 schließlich von Tempelhof ab.

Alltag an Bord

Gary Dean McKinney war einer der Piloten der ersten Stunde, er flog den Rettungshubschrauber fast 25 Jahre lang. Ein häufiger Begleiter von Pilot und medizinischem Personal war der Fotograf Bernhard Huhn. Er arbeitete über 40 Jahre in der Harzer Straße als Filmkopienanfertiger, ein Lehrberuf aus vordigitaler Zeit, dessen Ausbildung über drei Jahre lief und als Sprungbrett zum Kameramann diente. Während der Mittagspause vor seinem Labor konnte er beobachten, wie auf der Westberliner Seite kurz vor Beginn des Mauerbaus „alles abgebaut" wurde. „Ganz hinten stand ein Wachturm. Die haben wahrscheinlich alle fotografiert, die da noch rumgelaufen sind, ob da nicht vielleicht jemand dabei ist, der bei einer Flucht geholfen hat." In der Luftrettung sah Bernhard Huhn zwei für ihn wichtige Dinge vereint. „Menschenleben retten und mit der Fliegerei Kontakt haben." Als Fan der Fliegerei war er Mitglied im Pilotenclub Berliner Bären e.V. Der 1987 gegründete Club ermöglichte es den flugbegeisterten Westberlinern, ihre Flugstunden in der Bundesrepublik zu absolvieren. Gerhard Huhn bevorzugte schon immer den Hubschrauber gegenüber dem Flächenflugzeug. „Es ist ein ganz anderes Gefühl, ob man auf dem Flugplatz startet und man hat ein weites Gelände vor sich, oder aber man steht mitten in der Stadt im Häusermeer, und plötzlich hebt dich eine Kraft senkrecht hoch und man schwebt über die Dächer hinweg."

Im Frühjahr 1988 hatte alles angefangen. Vor dem Geyer-Kopierlabor in der Neuköllner Harzer Straße sah Huhn das erste Mal Christoph 31 landen und begann das beliebte Objekt mit seiner Kamera am Einsatzort neben dem Klinikum Steglitz einzufangen. „Einmal fragte die Crew mich: Wenn Sie hier fotografieren, dann geben Sie uns doch mal ein paar Abzüge. Als ich die Fotos mitbrachte, fragten sie: Was kostet das? Da sagte ich: Gar nichts und schenkte ihnen eine Vergrößerung. Als ich später nach Hause kam, sagte meine Frau: Die Crew von der Luftrettung hat angerufen. Die möchten dich mal mitnehmen nach Tempelhof."

Ab da nahm Gary Dean McKinney den Hubschrauberfan Bernhard Huhn häufig als Fotograf mit ins Cockpit. Er verrät, dass der Profi-Pilot bei den Überführungen von Steglitz nach Tempelhof nicht gerne allein geflogen ist und sich stets über Begleitung freute. In den ersten Jahren, solange es in Steglitz noch keinen Hangar gab, musste der Rettungshubschrauber für die Nacht immer zurück nach Tempelhof geflogen werden. „Als ich ihn während meiner Fotoarbeit kennenlernte, bekam ich sofort Kontakt zu ihm. Ich hatte immer das Gefühl, wir kennen uns schon Jahre." So fand sich Huhn nach der Arbeit oft in Steglitz ein, wo er sich mit der Rettungs-Crew während der Wartezeiten unterhielt, bis Christoph 31 Schluss machen musste. In Tempelhof wartete der amerikanische Mechaniker, der sich um die Wartung kümmerte.

Das Starten und Landen im großstädtischen Labyrinth stellt die Piloten vor große Herausforderungen. Nicht immer können sie da aufsetzen, wo sie es sich vorstellt haben. Nico Hellmann, Pilot und heutiger Stationsleiter der Berliner Basis, berichtet, dass noch immer ein Bolzenschneider aus alten Zeiten im Büroschrank liegt. „Ich denke, bis vor drei, vier Jahren war der noch dabei, um zum Beispiel Zäune an Sportplätzen aufzuschneiden und gefahrlos zum Patienten zu kommen. Irgendwann hat sich dann mal ein Grundstücksbesitzer beschwert, und daraufhin wurde das dann gelassen. Es ist wirklich so, dass wir oftmals wirklich perfekte Landeplätze finden, Sportplätze zum Beispiel. Aber gerade an Wochenenden und Feiertagen, wenn die geschlossen haben, dann steht man da zwar mit dem Hubschrauber super, aber unser Personal kommt nicht vom Platz. Es kommt manchmal auch zu kuriosen Situationen, dass wir aus der Luft sehen, auf dem Sportplatz spielen Kinder, da rennen zwanzig Kinder einem Fußball hinterher, dann sagen wir uns, okay, wenn die dort sind, ist der Platz offen, landen dort und müssen feststellen, die sind alle über den Zaun geklettert. Alles ist abgeschlossen. Wir haben eine Rettungstasche dabei, die wiegt etwa 12 Kilo, einen Monitor, der wiegt bestimmt auch zehn Kilo und kostet so um die 30.000 Euro, damit kann man nicht einfach mal schnell über einen zwei bis drei Meter hohen Zaun klettern."

Wie jede Großstadt verzeichnet auch Berlin eine hohe Wachstums- und damit architektonische Veränderungsrate. Hellmann berichtet von dem Beispiel des Stuttgarter Platzes in Charlottenburg: „Da hatten wir zwar eine relativ kleine Fläche, die war aber doch gut geeignet zum Landen. Irgendwann kamen wir morgens dort an, und da standen die Bagger. Man ärgert sich zwar ein bisschen, aber wir sind aufgrund der vielen Einsätze so geübt, dass es kein Problem ist, auf einem kleinen Platz zu landen. Und wenn es zu heikel erscheint und der Arzt sagt, das ist mir zu heiß, da landen wir nicht, dann suchen wir uns eine Alternative." Mit dieser Spontanität muss insbesondere die Polizei leben, wenn sie den Landeplatz absperren muss. „Die fragen über Funk, wo wollt ihr denn landen? Und wir müssen immer sagen, wir wissen's noch nicht, am besten auf dem Erdboden. Wir hatten auch schon einen Fall, als wir neben einem Altersheim landen wollten, wo es eine relativ große Wiese gibt, die immer als

Landeplatz von uns genutzt wurde. Eines Sonntagnachmittags wurde da gerade eine riesengroße Kaffeetafel aufgebaut, mit weißen Tischtüchern. Da musste ich sagen, hier nicht, sonst hätten wir die ganze Tafel abgeräumt."

Die wichtigste Aufgabe des Piloten ist es, Notarzt und Sanitäter so nah wie möglich zum Patienten zu fliegen. Eine der ersten Ärztinnen an Bord, die Kardiologin Luise Schnitzer, erlebte einen spektakulären Einsatz, bei dem sie ein Kind vor dem Ertrinken in der Krummen Lanke gerettet hatte. „Da gab es nix zum Landen!", erinnert sie sich. „Man sah schon von Weitem, dass die Kinder einer Schulklasse ganz aufgeregt am Winken waren. Der Pilot ist dann ganz nah an die Bucht geflogen, hat uns dort mehr oder weniger ins Wasser geschüttet und ist dann wieder abgeflogen. Die große Kunst war wohl, dass der Rotor nicht in die Bäume und das Heck nicht ins Wasser kam."

Männerdomäne

Wie war es denn überhaupt, als Frau in einer Männerdomäne zu arbeiten? Luise Schnitzer praktizierte von 1987 bis 2016 im Klinikum Steglitz, seit 1994 Universitätsklinikum Benjamin Franklin, und fuhr in Notarzteinsatzfahrzeugen und später im Rettungshubschrauber in Westberlin mit. Als sie in der Kardiologie anfing, gab es dort drei Ärztinnen, später war es paritätisch. Wenn man sie danach fragt, ist ihre Antwort recht abgeklärt: „Frauen sind immer unterrepräsentiert." Der Fokus lag bei Luise Schnitzer auf ihrer Arbeit. Viele ihrer PatientInnen aus einem Rettungseinsatz suchten sie in ihrer Sprechstunde wieder auf, oft pflegte sie auch über den Einsatz hinaus Kontakt mit ihnen.

Schwerer dürften es die Pilotinnen haben, die in ein Umfeld stoßen, in dem viele der Kollegen aus einer militärischen Ausbildung kommen. Vor sieben Jahren begann Melanie von Allwörden als erste Frau einen ADAC-Rettungshubschrauber zu fliegen. Ihre Ausbildung zur Hubschrauberpilotin hatte sie bei der Polizei Hamburg absolviert. Später war sie zur ADAC-Luftrettungsstation in Perleberg übergewechselt, wo auch der Pilot Marian Lindner arbeitete. Für ein Interview konnte sie leider nicht gewonnen werden. Heute gibt es in der ADAC Luftrettung zwei Pilotinnen unter 148 männlichen Kollegen. Es wird wohl noch eine Weile dauern, bis sich dieses „Herrschaftsgebiet" etwas neutralisiert hat.

Ost-West-Kollaboration

Der Pilot Marian Lindner flog von 1994 bis Anfang dieses Jahres für die ADAC Luftrettung. Seine Pilotenausbildung machte er in der DDR bei der Nationalen Volksarmee. „Mit der Fliegerei habe ich dort 1980 begonnen", erzählt er. „Das war ein Transporthubschrauber, den ich damals geflogen bin. Mit dem gleichen Typ war ich dann noch an der Flugschule und habe Flugschüler ausgebildet." Neben Transport- gab es in der DDR noch Kampf- und Minenabwehrhubschrauber der NVA. Sehr selten wurden diese auch für Krankentransporte genutzt oder als Suchdienst für Luft- und Schifffahrt eingesetzt. „Es gab eine Seenotrettung an der Ostseeküste. Dort absolvierten Jet-Flieger Trainingsflüge, und falls es mal zu einem Zwischenfall kam, konnten die Piloten mit der Winde des Helikopters aus dem Wasser gerettet werden. Nur in ganz wenigen Ausnahmefällen gab es neben den gewöhnlichen Bodenrettungswagen Flüge zur Rettung ziviler Patienten. Der organisatorische Aufwand, Genehmigungen zu erlangen, war so groß, dass es nicht die Regel war."

© Gerhard Kugler, 2002/W. Wolfsfellner Medizinverlag

Nach der Wende wechselte Lindner zur Bundeswehr. Mit dem Ende seiner Dienstzeit dort 1993 bewarb er sich beim ADAC, absolvierte den Aufnahmetest und bekam eine Einstellung. Nachdem er den Hubschraubertyp geschult hatte, konnte er schließlich direkt in Berlin anfangen, wo er die nächsten zehn Jahre blieb. Er löste die amerikanischen Piloten ab, wenn sie mit Erreichen des sechzigsten Lebensjahres aus dem Rettungsdienst ausschieden.

Der Arzt Jörg Beneker erinnert sich an eine durchweg positive Kollaboration zwischen Ost und West, die nach dem Mauerfall eingeleitet wurde. „Wir sind relativ frühzeitig in Kontakt mit den Leuten vom Rettungsamt in Berlin Ost, die für die Notfallrettung der DDR zuständig waren, getreten. Das war von Anfang an eine gute Zusammenarbeit, man kannte sich relativ schnell sehr gut, und die Zusammenführung von den Rettungssystemen ging dann auch recht zügig vonstatten. Die Berliner Feuerwehr übernahm das Rettungsamt, und wir haben uns dann auch auf der ärztlichen Ebene sehr früh zusammengesetzt und geschaut, wie wir weiter zusammenarbeiten können."

Die erste Landung eines zivilen Hubschraubers in Ostdeutschland fand zwar in Potsdam statt, aber spektakulärer war für die Medien das Aufsetzen von Christoph 31 am 7. April 1990 auf dem Alexanderplatz mit einem amerikanischen Piloten an Bord. Anlass war, die Koordinationsarbeit der neuen Leitstelle in der DDR zu testen. Auch Bernhard Huhn machte sich mit seiner Kamera eilig auf den Weg, wurde jedoch kurzfristig aufgehalten: „Ich wusste, dass Gary auf dem Alexanderplatz landen sollte. Zu Übungszwecken, wie es hieß. Vorher hatte der ADAC allerdings tüchtig die Werbetrommel gedreht. Viele neugierige Ostberliner sind dann dahin geströmt. Ich musste jedoch, obwohl die Mauer schon weg war, in der Friedrichstraße meinen Ausweis abgeben und konnte erst durch eine Kontrollstelle nach Ostberlin gelangen." Bernhard Huhn fotografierte dann, wie Gary aus dem Hubschrauber stieg und den neugierigen OstberlinerInnen freundlich zuwinkte. Lokalpolitiker des Ostberliner Magistrats drängelten sich mit ernster Miene bis zum Cockpit nach vorne, um vor einer knipsenden Menge dem amerikanischen Piloten freundschaftlich die Hand zu schütteln.

Generationenwechsel

In Plastikfolie eingewickelt hatte er im Sommer 1987 über den Landweg Westberlin erreicht und legte dort einen nahezu unfallfreien Lebensabschnitt hin. Fast 15 Jahre lang war es der Typ BO 105, der Christoph 31 seinen Charakter verlieh. Besonders markant war sein 50 cm hohes Landegestell, das an die Beine einer Tigermücke erinnert. Die erhöhten Landekufen erleichterten das Aufsetzen an beengten Stellen im anspruchsvollen Einsatzgebiet einer Großstadt. Der Hubschrauber hatte über einige historische Etappen viele Fans gewonnen, die alles gaben, um jede seiner Landungen als Foto oder Film einzufangen.

2001 war es schließlich so weit, der Typ BO 105 hatte bei schnell fortgeschrittener Technik keine Überlebenschance mehr und musste dem Eurocopter EC135 weichen. Heute besetzt der ausgediente Christoph 31 einen Ehrenplatz vor dem Museum der Berliner Feuerwehr in Tegel. Der Nostalgie treten eine bessere Umweltverträglichkeit und mehr Sicherheit entgegen. Eine weitere

© Bernhard Huhn,1990, Alexanderplatz

© Bernhard Huhn, Gary am Alex 1990

erfreuliche Entwicklung gab es auch für das Einsatzteam. Ebenfalls Anfang des neuen Jahrtausends wurde der neue Hangar am Klinikum Steglitz eingeweiht. Die täglichen Überführungsflüge nach Tempelhof entfielen, und es gab endlich genug Raum für Begegnung, Entspannung und Konzentration während der Wartezeiten. Der Pilot Hellmann resümiert zufrieden: „Ab dann war es so, dass die Maschine und die Besatzung hier ihr Zuhause gefunden haben." Heute gibt es jedoch abermals eine provisorische Verlagerung: 2019 steht Christoph 31 noch am Flughafen Schönefeld, während der alte Landeplatz beim Klinikum Benjamin Franklin abgebaut und ein neuer, größerer direkt am Teltowkanal errichtet wird.

Das Drohnen-Zeitalter

Die jüngste Generation Luftfahrzeug ist Segen und Fluch zugleich für den Helikopter: die Drohne. Die teilweise winzigen Multicopter werden oft nicht rechtzeitig gesichtet, um ihnen notfalls ausweichen zu können. Immer häufiger

© Reinhard Sedelmaier, 1987, Transport Christoph 31

durchkreuzen ferngesteuerte Drohnen die Flugbahn der Luftrettungshubschrauber, obwohl die 2017 im Bundesrat beschlossene „Verordnung zur Regelung des Betriebs von unbemannten Fluggeräten“ unter anderem das „Gaffen aus der Luft“ verbietet. Trotz der geringen Masse kann ihre kinetische Energie einen Hubschrauber gefährden. Sollte eine Drohne in die kreisenden Rotorblätter geraten, kann dies zu einem Absturz führen.

Auf der anderen Seite sollen in Zukunft vom ADAC auch Passagierdrohnen eingesetzt werden, um schwierige Unfallstellen besser erreichen zu können. Der sogenannte Volocopter ist eine für die Luftrettung vorgesehene Riesendrohne und darf als Vorreiter des Flugtaxis betrachtet werden. Der Multicopter kann den Arzt oder die Ärztin schneller auch zu schlecht erreichbaren Unfallorten bringen.

Die Besatzung eines Rettungshubschraubers muss sich heutzutage nicht nur an die zügig fortschreitende Digitalisierung sämtlicher Geräte und Abläufe gewöhnen, sondern sich auch in sämtlichen Luftrettungsstationen Deutschlands auskennen. Schon lange gibt es in Berlin nicht mehr nur ein bekanntes Pilotenteam, sondern stetig wechselnde Gesichter und Namen. Flexibilität und Anpassungsfähigkeit sind für ein dynamisches Arbeitsnetzwerk gefordert. Für Bernhard Huhn wird es ungemütlich: „Da denk ich immer: Ach schon wieder ein neuer Pilot, den kenn ich ja noch gar nicht!“

Der Zirkus

Vermisste Tiere

„Eines Nachts bin ich nach Hause gekommen, ich hatte ein bisschen was getrunken, konnte aber noch sehr gut Rad fahren“, erzählt eine Mieterin aus der Bouchéstraße 37. „Als ich mein Fahrrad im Hinterhof angeschlossen habe, stand plötzlich ein Lama vor mir und guckte mich an. Ich dachte erst, war das vielleicht doch zu viel Alkohol oder was? Das Tier war ausgebüxt, vom Zirkus, ist über den Zaun geklettert oder so, keine Ahnung. Am nächsten Morgen habe ich noch überlegt, ob das ein Traum war, aber das Lama gab's tatsächlich, das konnte ich dann im Zirkus bewundern.“

Gut möglich, dass die Anwohnerin des Brachgeländes, auf dem der Circus Magic einige Sommer gastierte, „Rocky, dem springenden Lama“ begegnet war. Der kleine Familienzirkus von Samuel und Isabel Endres führte normalerweise Kamele, Lamas, Ziegen und Ponys mit sich, später auch Hochlandrinder.

Als 2016 die Bauarbeiten zur Errichtung der „Bouchégärten“ begannen, war Schluss mit den Besuchen. Wo ist der Zirkus jetzt? fragten sich viele. Die Brachen in Berlin verschwinden, somit auch die Plätze, auf denen die reisenden Akrobaten ihre Zelte aufschlagen können. Brigitte Zessin, eine Anwohnerin aus der Schmollerstraße, erinnert sich wehmütig an die Besuche. „Wenn ich an den Platz denke, bedaure ich am meisten, dass man keine Holunderbeeren mehr ernten kann und dass der Zirkus nicht mehr kommt. Ich habe mit kindlicher Freude den Aufbau des Zeltes beobachtet und oft am Zaun gestanden und den Kamelen beim gewissenhaften Abgrasen der Fläche zugesehen“, berichtet sie. „Besonders angetan hatte es mir Anton, der Andalusische Bergziegenbock und wie der über den mit Auslegware benagelten Balken balancieren konnte! Manchmal ist dieses grüne, verkrautete Stückchen Freiheit noch so deutlich vor meinem inneren Auge, dass mich der reale Anblick der grässlichen Wohnmaschine erschreckt.“

© CSuhr, 2009, Hof Mengerzeile 1-3

Anima Müller spricht mit Samuel Endres vom Circus Magic

2017 gab es noch ein Lebenszeichen vom Circus Magic: Die Kamele waren wieder ausgebüxt und machten Weinböhla unsicher! Weinböhla? Fatima und Ali, die beiden Kamele, waren also mit ihrem Trupp in Sachsen. Anima Müller schaffte es nach mehreren Telefonaten, ein längeres Gespräch mit dem Zirkusdirektor Samuel Endres zu führen. Als Erstes wollte sie wissen, wie weit die Tradition des Familienbetriebs bei den Endres zurückreicht.

Samuel Endres: „Meine Kinder sind jetzt die sechste Generation, die Zirkus betreiben, die Artisten und wanderndes Volk sind. Es ist nicht leicht zu sagen, wo wir herkommen – aber wo mein Wohnwagen steht und meine Familie ist, da sind wir zu Hause. Unsere Heimatbehörde ist seit Jahren im Landkreis Teltow/Zossen. Ursprünglich stammt unsere Familie, das haben wir nachgeforscht, von Artisten aus Frankreich ab."

Anima Müller: „Sie touren durch ganz Deutschland."
Samuel Endres: „Zwei Jahre lang haben wir eine Sachsentour gemacht, jetzt sind wir wieder für einen Abstecher in Berlin. Wir waren in Marzahn, jetzt aktuell sind wir in Höhnow. Über den Sommer machen wir unsere Runde und ziehen dann wieder nach Sachsen, weil wir in Radeberg immer unseren traditionellen Weihnachtszirkus machen."

Anima Müller: „Der traditionelle Zirkus arbeitet mit drei klassischen Säulen – Akrobatik, Clownerie, Tierdressur. Orientieren Sie sich daran?"
Samuel Endres: „Genau, wir sind ein traditioneller Zirkus und haben um die 45 Tiere dabei. Wir haben schottische Hochlandrinder, mongolische Steppenkamele, Ziegen, Lamas, Hunde und sogar Hühner. Das sind alles Haus- und Nutztiere. Die sind in die Show integriert und trainieren täglich. Das ist wichtig, damit es den Tieren nicht langweilig wird. Sie sind im ständigen Kontakt mit den Menschen, sie sind fast wie Familienmitglieder. Wir könnten es uns ohne die auch gar nicht vorstellen."

Anima Müller: „Während der Show sind Sie der Herr Direktor, der die Tiere vorführt."
Samuel Endres: „Jetzt bin ich das. Vor ein paar Jahren war ich selbst noch Akrobat – zu der Zeit, als wir noch in der Harzer Straße waren. Da habe ich eine Handstandakrobatik eingeübt. Jetzt haben wir Kinder, drei Jungs und ein Mädchen, die zwischen 22 und 13 Jahre alt sind. Sie sind nun alt genug und übernehmen die Akrobatik. Dann bin ich eben nur noch der Ansager und Direktor. Bei uns muss aber jeder alles können. Vom Tierpfleger zum Zeltaufbauer, Mechaniker und Akrobat. Dafür muss man ein Multitalent sein. Meine Frau und ich kümmern uns um geschäftliche Dinge."

Anima Müller: „Das Leben im Zirkus scheint mit allerhand Komplikationen verbunden zu sein. Eigenes Zelt, Abhängigkeit von Besucherzahlen und Wetter."
Samuel Endres: „Natürlich ist es nicht einfach, man muss sich immer wieder durchkämpfen und dranbleiben. Dafür braucht es Herzblut, gerade in Zeiten, wo die Verdienste schlecht sind. Es funktioniert, weil wir eine Familie sind. Diese Romantik vom armen, wandernden Bettelzirkus, der im Winter friert, ist aber ein verbreiteter Irrglaube. Im Sommer ist der Zirkus genauso schwer zu betreiben, da muss ich mir trotzdem Kostüme anziehen und schwitzen. Im Winter bei Schnee und Eis wird das Zelt beheizt. Die Winter sind heutzutage

aber auch nicht mehr so kalt wie früher. Und jeder handwerkliche Beruf hat seine Schwierigkeiten. Ich möchte auch kein Bäcker sein, der jeden Tag um halb drei aufstehen muss."

Anima Müller: „Und Sie transportieren viel."
Samuel Endres: „Wir haben einen großen Wohnwagen für die gesamte Familie. Die Jungs haben ihre eigenen Wohnwagen, um einen Rückzugsbereich zu haben. Die Wohnwagen sind hochmodern mit Fernseher, Heizung und Klimaanlage, Handys und Computer. Wir haben mehrere Anhänger, ein großes Tierzelt, Transportwagen, LKWs, PKWs. Alles, was man braucht, um einen Zirkusbetrieb selbstständig zu bewirtschaften."

Anima Müller: „Seit Ihrer Zeit in der Harzer Straße haben Sie Ihr Geschäft vergrößert."
Samuel Endres: „Als wir in der Harzer Straße waren, hatten wir noch ein vierzehn Meter großes Rundzelt, das war sehr klein. Über die Jahre, seitdem unsere Kinder älter geworden sind, haben wir uns vergrößert. Heute haben wir ein 20 Meter großes Zweimastzelt, in das 300 Leute reinpassen. Zum einen halten die Zelte halten ja nicht ewig. Alle zehn bis 15 Jahre ist eines marode und muss neu gekauft oder gebaut werden. Vor allem muss ich die Show aber vergrößern, wenn Kinder und Familienmitglieder dazukommen. Dann muss ich mehr Attraktionen einbauen und dementsprechend ein Zelt haben, das mehr Leute anspricht."

Anima Müller: „Der Alltag Ihrer Kinder unterscheidet sich vermutlich stark von dem ihrer Altersgenossen."
Samuel Endres: „Von meinen Kindern ist die einzige noch Schulpflichtige meine Tochter. Die nimmt von zu Hause Online-Unterricht, kriegt ihre Zeugnisse und macht ihren Abschluss. Die Zeiten haben sich aber sehr geändert. Als ich jung war, habe ich jede Woche eine andere Schule besucht. Dort gab es ein Schulbuch, in dem unser Schulbesuch dokumentiert wurde. Anhand dieser Unterlagen gab es dann Zeugnisse. In den Schulen waren wir immer die Exoten und wurden gebeten, Kunststücke vorzuführen. Von Woche zu Woche hat man dieselben Fragen beantwortet, da musste man sich immer durchsetzen. Da man jedes Jahr wiederkam, traf man aber auch Freunde. Trotzdem ist unser Lebensmittelpunkt traditionell die Familie. Weil wir in diese Struktur hineingeboren sind, fehlen uns andere Kontakte meistens auch nicht."

© CSuhr, 2007

Anima Müller: „Wie hat Ihre Zirkuskarriere angefangen?"
Samuel Endres: „Meine Eltern hatten einen Ponyreitbetrieb. Sie sind Artisten und haben sich ein Zirkuszelt geholt, als wir Kinder älter geworden sind. Mit acht oder neun Jahren habe ich dann eine Handstandakrobatik einstudiert. Später war ich auch Fakir, also Feuerspucker. Traditionell wird im Familienzirkus von klein auf geschaut, welches Talent Kinder mitbringen. Auch die Kleinsten machen Purzelbäume und Bodenakrobatik, da wird das spielerisch getestet."

Anima Müller: „Und die Familienmitglieder bleiben ein Leben lang dabei."
Samuel Endres: „Ja, wir bleiben bis zum Schluss im Familienverband. Jemand, der nicht mehr mitturnen kann, kommt nicht ins Altersheim. Meine Mutter wird dieses Jahr 80 und ist immer noch dabei. Zu 99 Prozent bleiben auch die Kinder und übernehmen den Betrieb. Wird die Familie zu groß, entwickeln sich neue Zirkusse. Das hängt auch von der Größe des Zelts und der Show ab. Ich habe drei Brüder und zwei Schwestern, aus meiner Familie sind drei Zirkusse entstanden. Ganz selten steigt jemand aus. Auch meine Kinder sind gut in den Zirkus reingewachsen und es scheint allen Spaß zu machen. Wenn meine Frau und ich einmal alt sind, werden wir vermutlich auch bei einem unserer Söhne mitreisen, wenn die eine eigene Familie haben."

Anima Müller: „Wie lange gastieren Sie an einem Ort?"
Samuel Endres: „Normalerweise wechseln wir den Ort jede Woche. Pro Jahr besuchen wir 50 bis 60 verschiedene Standorte. Aber es wird immer schwieriger, Standorte zu finden. Viele frühere Wiesen sind mittlerweile verbaut. Gerade in Berlin. Dabei sind die Leute es hier noch gewohnt, dass wir länger bleiben. Gerade in der Harzer Straße waren wir immer drei bis vier Wochen. Als wir vor Kurzem in der Stadt waren, sind wir ebenfalls drei Wochen geblieben."

Anima Müller: „Es macht sicherlich einen Unterschied für Ihren Verdienst, ob Sie das Zelt in Wohngebieten oder am Stadtrand aufbauen."
Samuel Endres: „Das macht einen gewaltigen Unterschied. Deswegen haben wir auch immer zugesehen, dass wir in Wohnsiedlungen vor Ort sind. In der Harzer Straße waren wir mehrere Jahre hintereinander, immer zur Sommerferienzeit. Da hieß es dann häufig: „Der Kiezzirkus ist wieder da!" Auch verdienstmäßig macht es einen großen Unterschied, ob man inmitten einer Siedlung, am Dorfrand oder auf Festplätzen ist, die fußläufig nicht gut zu erreichen sind. Wenn man fußläufig zu erreichen ist, wird man gesehen. Das ist wesentlich besser."

Anima Müller: „In der Harzer Straße gastierten Sie mitten im Wohngebiet."
Samuel Endres: „Wir waren über vier oder fünf Jahre immer zur Sommerferienzeit dort zu Gast, in der größten Hitze. Das ganze Areal war ringsum mit Bauzäunen eingezäunt. Wenn wir dort hingekommen sind, haben wir bei den

Tierwagen die Klappe aufgemacht, bevor wir mit dem Aufbau angefangen haben. Dann konnten die Tiere frei herumlaufen und haben gegrast. Die Gäste sind zu uns gekommen und haben die Tiere angeguckt. Auch die Verdienste waren einigermaßen gut über die Jahre. Wir haben uns recht wohl dort gefühlt."

Anima Müller: „Seit dieser Zeit hat sich einiges verändert."
Samuel Endres: „Ja, alles ist schnelllebiger geworden. Überall spielen Handys und Computer eine Rolle. Über die Jahre hat sich auch das Publikum verändert: Vor zwanzig oder dreißig Jahren sind immer noch Jugendliche zu uns gekommen. Das ist mittlerweile lange her. Heute kommen Oma und Opa noch zu uns und Kinder von einem bis zehn Jahren. Für alle Älteren ist das nicht mehr cool genug."

Anima Müller: „Wenn man durch die Stadt geht, entdeckt man auch immer wieder Plakate von großen Zirkussen wie Flic Flac. Stehen die in Konkurrenz zu kleinen Familienbetrieben wie Ihrem?"
Samuel Endres: „Eigentlich überhaupt nicht. Die Familienzirkusse untereinander sind schon Konkurrenz genug, da braucht jeder seinen Stellplatz. Die großen Zirkusse wie Flic Flac sprechen aber ein ganz anderes Publikum an als wir. Da gehen Leute hin, die keinen traditionellen Familienzirkus besuchen."

Anima Müller: „Beeinflusst das veränderte Publikum auch den Inhalt Ihrer Shows?"
Samuel Endres: „Man muss natürlich mit der Zeit gehen. Die Tontechnik, die Beleuchtung und Effekte machen 50 Prozent der Show aus. Die verändert sich, zum Beispiel die Auswahl der Lieder zu den einzelnen Stücken. Auch in der Show selbst gehen die Kinder heute andere Wege. Mein Sohn hat eine Clownperformance integriert, die es so vorher nicht gab. Ein Artist aus England hat sie erfunden, mein Sohn hat sie auf Youtube gesehen. In der Show nennt er sich „Mister Magic", trägt Zylinder und Frack und behauptet, er sei der beste Zauberer der Welt. Er verhunzt aber alle Tricks. Er lässt Blumen verschwinden, zeigt aber im nächsten Moment tollpatschig, dass die Blumen aus seinem Ärmel hängen."

© CSuhr, 2007

Anima Müller: „Bei allem Neuen bleiben Sie aber auch Ihrer Tradition treu."
Samuel Endres: „Das ist wichtig. Die Familien, die noch zu uns kommen, möchten auch traditionelle Ponydressur,

Kamele, Rinder und Hunde sehen. Das wird uns immer wieder gesagt: Die Gäste kommen speziell zu uns, weil wir noch Tiere haben, die hautnah erlebbar sind."

Anima Müller: „Woher beziehen Sie Ihre Tiere?"
Samuel Endres: „Die meisten wissen nicht, dass wir in Deutschland fast 300 Zirkusse haben. Man kennt sich untereinander, die Tiere werden getauscht und verkauft. Einen großen Teil kaufen wir auch von Zoos. Das sind keine alten, klapprigen Tiere – die können wir auch nicht gebrauchen. Die sollen ein gutes Leben haben. In Zoos gibt es aber Überschüsse, wenn Jungtiere geboren werden. Unter Zoos und Zirkussen wird dann gehandelt und getauscht. Die Kosten für den Kauf sind geringer, die Tierhaltung macht aber rund 40 Prozent unserer Kosten aus."

Anima Müller: „Tierschützer beklagen, dass die Lebensbedingungen in Zirkussen für Tiere nicht geeignet sind."
Samuel Endres: „In den letzten zehn Jahren sind die Vorwürfe immer schlimmer geworden. Wir unterscheiden zwischen Tierschützern und Tierrechtlern. Diejenigen, die den Zoos und Zirkusleuten Probleme machen, sind die Tierrechtler. Die sagen fanatisch, jeder Ort sei besser für Tiere, als der Zirkus. Mit diesen einstudierten Sprüchen haben wir zu kämpfen. Immer wieder müssen wir beweisen, dass es unseren Tieren gut geht. Letztens hatten wir wieder eine Demonstration vor der Tür. Denen habe ich angeboten, sich unsere Tiere im großen Freigehege anzugucken. Da wurde mir gesagt, man wisse, wir seien Tierquäler, darum müsse man sich das gar nicht anschauen."

Anima Müller: „Andere Zirkusse zeigen aber auch Exoten wie Giraffen und Elefanten. Finden Sie das artgerecht?"
Samuel Endres: „Davon gibt es nur noch eine Handvoll in Deutschland. Außerdem gibt es den Paragraphen 11 des Tierschutzgesetzes, der eine entsprechende Qualifikation vorschreibt, um beruflich mit Tieren umzugehen. Der Zirkus ist der meistkontrollierte Tierbetrieb in Deutschland. Jede Woche, egal wo wir sind, müssen wir uns beim Veterinäramt anmelden. Dann kommt eine unangemeldete Kontrolle. Auf einer ellenlangen Liste werden die Transportwagen oder tierärztlichen Behandlungen wie Wurmkuren dokumentiert. Zirkusse, die Exoten anbieten, werden noch strenger kontrolliert als wir. Die vier oder fünf Zirkusse mit Exoten, die ich noch kenne, halten die Tiere meiner Meinung nach so gut es irgendwie möglich ist."

Anima Müller: „Glauben Sie, der Zirkus ist noch zeitgemäß?"
Samuel Endres: „Eine Sache bestätigt sich immer wieder: Zirkus gehört zur Kultur. Es gibt kaum einen anderen Ort, an dem Kinder und ihre Familien so dicht an das Geschehen und die Tiere herankommen. Gerade in der Stadt gibt es viele Kinder, die noch nie aus nächster Nähe ein Kamel gesehen haben. Deswegen glaube ich: Solange es Kinder gibt, bleibt auch der Zirkus bestehen."

Hannah Krug/Laura Seime:

Die Hundewiese

Der erste Berliner Mauertote hatte goldbraunes Fell, hörte auf den Namen Rex und gehörte zur Gattung des Deutschen Schäferhunds. Dem von DDR-Grenztruppen erschossenen Opfer vom 14. August 1961 wurde jedoch keine Gedenktafel gewidmet, denn die aufrührende Nachricht stammte aus einer satirischen Intervention der Gruppe „Christiane Schulte & Freund_innen". Mit ihrer Betrachtung der deutsch-deutschen Teilung aus dem Blickwinkel des Schäferhundes, ein Fake-Artikel für die wissenschaftliche Publikation „Totalitarismus und Demokratie" des Hannah-Arendt-Instituts für Totalitarismusforschung Dresden, machte die AktivistInnengruppe 2015 auf die lasche Überprüfungspraxis für wissenschaftliche Artikel aufmerksam und kritisierte insbesondere die Human-Animal Studies.

Doch das änderte nichts an unserer Neugier. Wir wollten mehr über die von der DDR für den Grenzschutz eingesetzten Vierbeiner erfahren, die auf dem Todesstreifen einen Großteil ihres Hundelebens verbrachten. Wie lebten sie, was geschah mit ihnen nach Maueröffnung, während die Stadthunde ohne Zwang die zurückgelassenen Brachen der ehemaligen Grenzgebiete eroberten?

1381 Kilometer Länge maß die Grenze, mit der sich die DDR von der Bundesrepublik Deutschland und der gesamten westlichen Welt abschottete. Zwischen Ost und West befand sich meist ein hundert bis zu zweitausend Meter breites Sperrgebiet zwischen „Hinterland- und Vorderlandsicherung", dazwischen diverse Abschreckungs- und Überwachungseinrichtungen wie unter anderem mit Grenzsoldaten besetzte Wachtürme, Signalzäune, Stolperdrähte, Panzergräben, außerstädtische Minenfelder, Metallgitterzäune und Hundelaufanlagen. Allein um Westberlin verlief eine um die 160 Kilometer lange Grenzanlage mit 220 sogenannten „Hundesperren". Während vor dem Mauerbau noch Wachhunde zur Begleitung von Fußstreifen ein sicher einfacheres Leben geführt hatten, wurde die nachfolgende Grenzhundegeneration in Hundeseilanlagen, vorzugsweise an unübersichtlichen und für Fluchten besonders beliebten Stellen, eingesetzt.

Unter den Grenzhunden gab es nicht nur Deutsche Schäferhunde, sondern unter anderem auch Riesenschnauzer, Rottweiler und Airdale-Terrier. Sie alle einte eine stattliche Körpergröße, die der Abschreckung diente, auch wenn nicht alle Tiere sich durch gewünschtes aggressives Verhalten potenziellen Flüchtenden gegenüber auszeichneten. Mehrere Wachhunde an einem Grenzabschnitt wurden im Radius einer fünf Meter langen Leine angebunden, die an ein 70 bis 100 Meter langes Stahlseil gespannt war, und bildeten eine sogenannte „Hundetrasse". Diese konnten sich außerhalb des Stadtraums auf bis zu drei Kilometer erstrecken, was den aneinandergereihten Wachabschnitten von wenigstens 30 Hunden entsprach. Neben dieser größtenteils harmlosen Hunde-Grenzpatrouille, die lediglich Alarm schlagen sollte, gab es auch

© PSB, 1990

spezielle Hundemeuten, die im Training stundenlang auf Ganzkörperschutzanzüge bissen und im Falle eines Grenzübertritts die flüchtende Person stellen sollten. Bei einem Verdachtsmoment wurde die Meute mithilfe von Hundepfeifen in das gewünschte Gebiet geleitet (Vgl. parchimer-land.de).

Häufig war ein einziger Grenzsoldat für rund 80 Hunde zuständig, die selten gut gefüttert wurden (Vgl. zeit-fuer-tiere.info). Unzureichende Ausbildung, Mangelernährung und kein Kontakt zu Artgenossen – die Seilwinden waren so angelegt, dass die Hunde sich nicht berühren konnten – sorgten dafür, dass die gestressten Tiere entweder teilnahmslos wurden und nicht anschlugen oder ständig bellten. „Grenzermacke“ wurden diese Verhaltensstörungen bei den Hunden genannt. Viele liefen immerzu im Kreis, hörten nicht auf zu heulen, lagen nur in ihrer Hütte oder gruben Löcher, in die sie sich verkriechen wollten. Die Fehlalarmquote war dementsprechend hoch und strapazierte die Nerven des Grenzpersonals sowie der AnwohnerInnen (Vgl. parchimer-land.de).

Auch auf dem Grenzstreifen an der Harzer Straße, Bouchéstraße und Mengerzeile zwischen Alt-Treptow und Neukölln waren bis in die späten 1970er Jahre Hunde stationiert, deren Leid die direkten AnwohnerInnen hautnah miterlebten. Vor allem aus den Fenstern des wenige Meter vor dem Todesstreifen gelegenen

© PSB, Hundelaufanlage 1964

Betriebs VEB Deutsche Schallplatten mit der Abteilung Absatz konnten die Mitarbeiterinnen vom Arbeitsplatz aus die Tiere beobachten. „Mich hat nur gestört, wenn es so heiß war und die Hunde so gebellt haben“, erinnert sich Renate Hein. „Dann habe ich immer geschrien: Gebt den Viechern endlich was zu saufen, oder sollen die verrecken? Ihr wollt doch auch trinken! Ja, ist gemacht, gnädige Frau, hat manchmal einer geantwortet. Ich habe meine Stullen immer über die Mauer geschmissen, die Hunde waren doch ausgehungert. Die haben ja kaum was gekriegt, damit sie auch scharf waren, wenn nachts was passierte oder so.“

Als dann die Mauer abgebaut wurde, hatten schlagartig um die 3500 Grenzhunde ihren Job und nicht selten ihr Zuhause verloren (Vgl. zeit-fuer-tiere.info). Viele ziellos umherirrende Tiere wurden noch von Grenzsoldaten erschossen, andere eingeschläfert (Vgl. mariojessat.de). Um die 1500 ehemalige Grenzhunde wurden an ostdeutsche Haushalte vermittelt, ein Großteil in westdeutsche Tierheime eingewiesen. Die ausgedienten Tiere wurden in „nicht sozialisiert“, „nicht vermittelbar“, aber auch in reinrassige und gut ausgebildete Diensthunde eingeteilt, die wiederum reißenden Absatz fanden. Vor allem die DDR-Schäferhund-Züchtung wurde nach der Wende zu einem echten Verkaufsschlager. Bis nach Japan und in die USA reichte die Handelsroute, über die der besondere Ossi-Hund für hohe Summen weltweit verkauft wurde.

Die innerdeutsche Grenze hatte nicht nur ein Volk, sondern auch deren Schäferhunde getrennt. Während in der Bundesrepublik nach ästhetischen Merkmalen wie abfallender Rücken und aufrechter Gang gezüchtet worden war, spielte bei den DDR-Schäferhunden das Aussehen eine weniger große Rolle – sie sollten vor allem ihre Funktion als Wachhund erfüllen, stark und stabil sein.

Der DDR-Schäferhund ist bei manchen Hundefans zu einem echten Mythos geworden – nicht zuletzt, weil dessen Linie nach der Grenzöffnung aus nachvollziehbaren Gründen vom Aussterben bedroht ist. Die US-Armee interessierte sich gleich für ein ganzes Rudel der DDR-Schäferhunde, um damit die Zuchtlinien in den USA aufzufrischen. Dort wird ein regelrechter Kult um die Tiere betrieben. Auf einer Facebook-Seite des amerikanische Züchters LaTorre befindet sich die Mahnung: Fotos von West-Ost-Mischlingen seien unerwünscht. Nur Bilder von echten Ossis dürften gepostet werden. Heute schicken sich einige ZüchterInnen in den USA gegenseitig gefrorenes DDR-Schäferhund-Sperma zu.

Ein Fan-Kult ist auch beim Verkaufsportal Ebay in Deutschland zu beobachten: „Altdeutscher Schäferhundwelpe, rein DDR, geboren am 29.05.2019, verfügbar in den Farben braun, schwarz und grau. Beide Eltern rein DDR; gerader Rücken und schwere, kompakte Eltern. 1200 Euro Verhandlungsbasis", heißt es dort in einem Angebot. Eine ausgewachsene Hündin wird über den privaten Tiermarkt im Juli 2019 auf dem „quoka"-Tiermarkt für 1.500 Euro angeboten. „Farbe: grau, Ahnentafel vorhanden, aus Zucht, entwurmt, gechipt, geimpft, für Hundeanfänger geeignet, Familienhund, für Senioren geeignet, kinderfreundlich".

Nachdem die Mauer abgebaut worden war, hatte sich der ehemalige Todesstreifen an der Harzer Straße zwischen Bouchéstraße und Mengerzeile zu einer wild bewachsenen Brache entwickelt, und während der Erbe des Grundstücks um die Rückgabe des Areals kämpfte, zog das Stück Land im Lauf der Jahre die unterschiedlichsten Personenkreise an. Letztendlich hatten sich die HundebesitzerInnen durchgesetzt, und zwar mit dem überzeugenden Argument von aggressiven, nicht selten zubeißenden Hunden, die offensichtlich den unausgesprochenen Wunsch ihrer BesitzerInnen verfolgten, „Eindringlinge" abzuwehren. Der Platz trug bei den AnwohnerInnen und den MieterInnen des Atelierhauses, das sich 1993 nach dem VEB Deutsche Schallplatten in der alten Pianofabrik installierte, den Namen „Hundewiese".

Die Künstlerin Gabriele Regiert, die ab 2000 ihr Atelier in Frankreich zeitweise nach Berlin in die Mengerzeile verlegt hatte, konnte die Szenerie von ihrem Fenster aus gut überblicken und feststellen, dass vor allem Hunde dort auf dem Platz ihre Bahnen zogen. Sie trugen ihre Machtkämpfe aus und hinterließen Tretminen der ungefährlicheren Art. Ihre Herrchen und Frauchen saßen derweil zum Plauschen beisammen. „Da waren unglaublich viele Hunde, ich musste immer wieder staunen, wie viele es in der Umgebung gibt", erinnert sich die Künstlerin. „Ja, ja, das muss Berlin sein, dachte ich, und die dazugehörigen Leute hatten sich genauso in Gruppen versammelt wie ihre Hunde." Der tägliche Ausblick

© CSuhr, 2008

inspirierte sie dann 2004 zu einer kleinformatigen Bodenarbeit mit grünen Stoffkreisen unterschiedlicher Größe, auf denen es von aus Autositzschoner-Holzperlen geformten Hunden wimmelt.

Auffällig waren für die Künstlerin auch die neuen Wegstrukturen auf dem Platz, die von ihrem Fenster aus besonders deutlich zu erkennen waren: Die Hunde verfolgten ihre eigene Spur, gefolgt von ihren BesitzerInnen – ohne von einer Leine oder gar Seilanlage eingeschränkt zu werden wie ihre Artgenossen zu Mauerzeiten. Für die Künstlerin stellten diese Pfade eine geradezu anarchistische Hundebewegung der Neuzeit dar. Diese unkontrollierte Zusammenkunft der Vierbeiner stieß bei „außenstehenden" AnwohnerInnen nicht immer auf Gegenliebe. Ein Neuköllner Hundebesitzer musste sich ein anderes Terrain suchen. „Ich hatte damals einen Hund, der hieß Spike, nicht gerade sehr helle, auch nicht sehr gut erzogen, aber auch sehr liebebedürftig. Und wenn ich mit dem auf die Wiese gekommen bin, dann ist der zerrissen worden von den ungebändigten Kötern da. Deshalb bin ich da nie wieder hingegangen."

Der Kampf um den Platz, der dann schließlich gekauft und bebaut wurde, scheint ein Symbol für den ursprünglichen Drang des Menschen, sein Revier zu markieren und zu verteidigen.

© CSuhr, 2009, Hundewiese

Kapitel 8

Neue Zeit mit neuen Häusern

Kiezspaziergang

Am Mittwoch, 3. April 2019, versammelt sich ein bunt gemischtes Grüppchen an der Kiefholzstraße, Ecke Plesser Straße in Alt-Treptow. Es ist eine „Aufwärmung" für die große Demo am folgenden Samstag gegen Mietwucher. Selbst gemalte Plakate mit Aufschriften wie „Haie sind geschützt, Miethaie nicht!" werden von einigen hochgehalten. Ein Kastenfahrrad wurde liebevoll dekoriert mit einem farbenfrohen Fisch, hergestellt aus vielen verschiedenen „kleinen Fischen", die aber zusammen ein großes Ganzes bilden, größer als der zähnefletschende Hai daneben, ein Aufruf und Statement. Im Transportkasten steht ein Ghettoblaster, der später als Lautsprecher dienen soll.

Während sich die SpaziergängerInnen sammeln, erläutert Sabine Rädler vom Veranstalter Sozialbündnis Alt-Treptow, warum die Buchhandlung, vor der wir stehen, nun nach 65 Jahren leergeräumt ist. Die Mieterhöhungen haben den gesundheitlich angeschlagenen Geschäftsführer schließlich zur Aufgabe seines fragilen Unternehmens gezwungen. Eigentümerin des Gebäudes ist die GdbR Kiefholzstr. 29/30, Plesser Str. 1. Die beabsichtigt nun, alle Mietwohnungen der beiden anliegenden Häuser bis spätestens 2026 in Eigentumswohnungen umzuwandeln. Niemand weiß zu der Zeit, wer dort wohl in den Laden zieht, vielleicht ein Start-up-Büro oder ein Co-Working Space, wird gemunkelt, denn wer kann sich diese Miete schon leisten, außer große Gruppen von am Computer arbeitenden Menschen, die sich die gewünschten Summen auf um die dreißig Personen aufteilen?

Nachdem zwei Polizeibeamte eingetroffen sind, die das bunte Trüppchen zusammen mit einer blauen Minna begleiten werden, geht es zum ersten Anhaltepunkt, der Bekenntniskirche in der Plesserstraße. Hier befindet sich das Nachtcafé Arche, wo Obdachlose duschen und etwas essen können, zur Ruhe kommen und eine Übernachtungsmöglichkeit finden. Obdachlosigkeit, ein guter Einstieg in das Thema Mietwucher.

Die 1932 erbaute Kirche, eingezwängt zwischen den Mietshäusern der Plesserstraße, war in den späten 1980er Jahren zu einem Treffpunkt ausreisewilliger DDR-BürgerInnen und kritischer Geister geworden. „Wir haben einen Gottesdienst hier gehabt, da waren 800 Menschen, die Kirche war überfüllt", erzählte mir der 2018 verstorbene Treptower Anwohner Georg Friedrich Triebler vor vielen Jahren. „Es ging um das Thema Gerechtigkeit. Unter diesen 800 waren schätzungsweise 90 Prozent Nichtchristen. Die kamen alle hierher, weil Pfarrer Hilse schon bekannt war." „Doppelkreuz" hieß die von der Stasi angelegte Akte, weil oben auf dem Turm zwei Kreuze thronen. Er habe den Gottesdienst so regelmäßig besucht, erklärte mir Triebler lachend, dass in seinen Stasi-Akten stand, er sei Katholik. Auch damals, Ende der 1990er Jahre, gehörte die Hilfe für Obdachlose schon zur Arbeit der Gemeinde. „Wenn nicht Christen, wer soll dann helfen?", sagte Triebler, der in den 1950er Jahren beim Abendmahl in der Kirche noch gekniet hatte.

Die Zahl der Kiezspazierenden ist nun schon angewachsen, und als der Pulk in die Karl-Kunger-Straße einbiegt und am eingerüsteten Eckhaus zur Bouchéstraße den nächsten Stopp einlegt, haben sich um die siebzig Menschen versammelt, jung, alt, Kinder, Familien, sehr gemischt. Hier hatte sich aufgrund der haarsträubenden Geschäftsgebaren der Hauseigentümer Citec Immobilien in Deutschland GmbH die Mieterinitiative „Wir sind das Milieu“ gebildet, die seit zwei Jahren gegen eine rein auf Gewinn ausgelegte energetische Sanierung kämpft. Ein Mieter aus dem Haus liest aus dem Bericht der aktiven MieterInnengruppe vor, die es zumindest schon geschafft hat, dass die undurchsichtige Plane, die das gesamte Gebäude verdunkelte, wieder abgehängt werden musste. In der Karl-Kunger-Straße wurden bereits während der vergangenen zehn Jahre zahlreiche BewohnerInnen durch Modernisierungen vertrieben, Ferienwohnungen etablieren sich, möblierte Wohnungen zu 19 Euro kalt der Quadratmeter werden angeboten.

Nach einem Stopp an der Krüllsstraße 12, die vom Eigentümer Padovicz in den vergangenen zwei Jahren nach gängigem Rezept entmietet wurde, macht die bunte Gruppe am Schmollerplatz halt und blickt an der Fassade der „Treptower Zwillinge“ mit den Schwarzwaldhölzern hoch. Am Fenster im ersten Stock steht eine junge Frau mit Kind auf dem Arm. Sind das die Bösen?, fragen sich manche der SpaziergängerInnen. Tatsache ist, dass hier Personen mehrere Wohnungen gekauft haben, die sie dann teuer vermieten. Die zu 15 Euro netto-kalt angebotenen Apartments wirken sich dann wieder auf den Mietspiegel aus.

Ein weiterer „Hotspot“ ist die Grabowstraße. Die Deutsche Wohnen AG, ein stadtbekanntes Unternehmen, das für seine radikalen Maßnahmen zur Gewinnsteigerung auf Kosten der MieterInnen bekannt ist, hat hier Kaufinteresse angemeldet. In der Onckenstraße hat bereits die Konkurrentin Vonovia zugeschlagen, bis 2015 als Deutsche Annington bekannt und Käufer der Gagfah. Die früher zur Gagfah gehörenden Wohneinheiten dort wurden bereits zu Eigentumswohnungen umgewandelt und einzeln verkauft. Die ersten alteingesessenen MieterInnen haben bereits ihre Kündigung erhalten.

Nach dem Spaziergang trifft sich noch eine kleine Restgruppe im Eiscafé „Fritzze“, wo es Gemüsesuppe auf Spendenbasis gibt. Gelegenheit zu einem kurzen Gespräch mit Sabine Rädler vom Sozialbündnis Alt-Treptow. Sie lebt seit 2005 im „Kungerkiez“ in einer Ofenheizungswohnung. „Meine Küche ist nicht beheizbar, mein Bad ist nicht beheizbar, und darum ist die Miete relativ gering. Aber sie wird alle drei Jahre um 15% erhöht, das finde ich unverschämt. Andererseits wohne ich für die Verhältnisse und die Größe meiner Wohnung immer noch sehr günstig“, sagt sie. „Eine Rentnerin aus meinem Haus ist hier in der Karl-Kunger-Straße geboren. Solche Mieterinnen gilt es zu schützen. Ich denke, es müsste auch ein Recht geben, dass Menschen ab einer bestimmten Zeit nicht mehr zwanghaft verpflanzt werden dürfen.“

Das Sozialbündnis Alt-Treptow hatte den EinwohnerInnenantrag zum Milieuschutz initiiert. „Das war sozusagen unsere erste größere Aktion“, berichtet Sabine. „Seit Juli 2016 gibt es in Alt-Treptow ein sogenanntes Soziales Erhaltungsgebiet, obwohl sich die SPD bis zuletzt gesträubt hat, wir mussten die quasi über die Ziellinie tragen.“ Aber das Sozialbündnis hatte sich nicht nur wegen des Mieten-Themas gegründet. „Wir sind noch viel zu wenige, um mehr Themen zu bearbeiten“, bedauert Sabine Rädler. „Es müsste auch unter anderem einen Anlaufpunkt für Jugendliche geben, aber das Mietenthema brennt zurzeit den meisten unter den Nägeln.“

Die Veränderungen im Alt-Treptower Kiez sind nicht zu übersehen. „Ich bemerke, dass hier jetzt wesentlich mehr junge Familien wohnen als vor zehn Jahren und dass bestimmte Kneipen verschwunden sind“, sagt Sabine. „Bei mir an der Ecke gab es so eine richtige Bier-und-Korn-Kneipe, die ist weg, da ist jetzt was anderes drin, mit Tofu und Seitang und so. Hier wurde viel gebaut, weil es wegen der Mauer viele Brachen gab und man hier gut verdichten konnte, aber der Großteil davon sind Eigentumswohnungen. In der Kiefholzstraße sind Mietwohnungen gebaut worden, da kostet der Quadratmeter im Durchschnitt 15 Euro kalt.“ Gegen die erste Baugruppe hatte das Sozialbündnis noch protestiert. „Es ging darum, zu zeigen, dass es doch auch keine soziale Lösung ist, wenn die, die sich noch retten können, Wohnungen kaufen, und der Rest hat endgültig keine Chance mehr“, findet Sabine Rädler. „Ich kann individuell jeden verstehen, der eine Eigentumswohnung haben will. Aber es ist keine soziale Lösung, weil es sich eben nicht alle leisten können. Und ganz fies wird es, wenn Leute drei oder vier Wohnungen kaufen, in einer wohnen und die anderen teuer vermieten, um davon zu leben. Das beeinflusst dann wieder den Mietspiegel, der ja eigentlich ein Mieterhöhungsspiegel ist. Weil nur die Mieten der vergangenen vier Jahre berücksichtigt werden und die Mieten permanent steigen, ist das wie ein Perpetuum Mobile. Das Ding gehört abgeschafft“, ereifert sich Sabine, „oder man muss die Mieten weiter zurückrechnen, wie auch immer. Richtig gruselig ist ja, dass wenn man Vergleichsmieten findet, die höher sind als der Mietspiegel, berechtigt das auch zur Mieterhöhung, da gibt es Gerichtsurteile.“

Auch Zosch, ein Bewohner des Wagendorfs Lohmühle, das sich 1991 auf dem ehemaligen Todesstreifen unter der Görlitzer Bahnbrücke angesiedelt hatte, registriert die rasante Veränderung in Alt-Treptow. „Die Entwicklung des Kiezes vom verschlafenen, abgeschlossenen Stadtdorf zum urbanen Metropolenkiez hat Verlierer und Gewinner hervorgebracht“, konstatiert er. „Gäbe es keinen so großen Bestand an städtischen und genossenschaftlichen Wohnungen, wäre die Trennung zwischen Menschen, die sich eine Wohnung im Kiez leisten können, und denen, die es nicht können, noch weitaus radikaler. Fast alle Neubauten im Kiez sind Eigentumswohnungen. Kosteten die Eigentumswohnungen am Beginn der Entwicklung noch 2000 Euro pro Quadratmeter, kosten sie heute bereits 4000 oder mehr. Was der Zuwachs an höherem Einkommen für die Infrastruktur des Kiezes bedeutet, bleibt abzuwarten. Noch ist eine ausreichende Infrastruktur für Ärmere vorhanden und die soziale Mischung noch relativ intakt. Allerdings stöhnen die kleineren Gewerbetreibenden bereits über höhere Gewerbemieten, und einige angestammte Gewerbebetriebe haben bereits zugemacht. Gleichzeitig kommen zum Beispiel Designer, Bürogemeinschaften oder andere, die über höhere finanzielle Möglichkeiten zum Beispiel durch Raum-Sharing verfügen, die aber nichts für den Kiez anbieten. Als Gegensatz zu den immer teureren

Eigentumswohnungen steht die zunehmende Obdachlosigkeit, die auch im Kiez sichtbar wird, vor allem zur Lohmühlenstraße hin, weil sich dort die letzten unbebauten Rückzugsflächen für diejenigen befinden, die fernab aller Versorgungsmöglichkeiten versuchen zu überleben. Sie sind Ausgegrenzte im Kiez."

Dass die ehemaligen DDR-AnwohnerInnen und die neu Zugezogenen gut zusammenleben, findet Zosch eher nicht. „Aber das hat nicht unbedingt was mit Ost-West zu tun, sondern mit den unterschiedlichen Lebensentwürfen", sagt er. Vor allem ältere BewohnerInnen wären Ruhe und Ordnung hier im Kiez gewohnt. „Die empfinden die jetzige Entwicklung mit allen sozialen Problemen, die es inzwischen gibt und die im Stadtteil sichtbar werden, als Verwahrlosung", sagt Zosch.

Sigrun, eine weitere Aktivistin aus dem Kiez, hatte in den 1980er Jahren auf der Neuköllner Seite der Heidelberger Straße gewohnt und kann sich noch gut an die Zeiten mit der Mauer, als es noch ruhig dort war, erinnern. Manchmal hielten allerdings dort an der Ecke, wo eine Aussichtsplattform stand, die Reisebusse, damit deren Insassen einen Blick „nach drüben" werfen konnten. „An dem grünen Haus gegenüber waren die unteren Fenster und Dachluken vernagelt", erzählt sie. „Und dort, wo heute Siemens ist, war der VEB Werk für Signal- und Sicherungstechnik Berlin. Wenn die Pause gemacht haben, dann hingen sie immer an den Fenstern. Da konnte man so 'n bisschen von der anderen Seite sehen. Unten war dieser Kontrollstreifen, wo die Trabis langgefahren sind, die Grenzkontrolle. Ich konnte immer sehen, wenn jemand angefahren kam, musste der anhalten, seine Parole sagen, und dann durfte der weiterfahren." Ein halbes Jahr nach Einzug hatte sie dann festgestellt, dass es Mäuse in ihrer Wohnung gab. „An einem Regal an der Wand hing auf einmal aus meinem türkischen Brot ein Mäuseschwanz raus. Anfangs hab ich die noch eingefangen und in den Hof gesetzt, die waren im ganzen Haus. Im Winter kamen sie nachts die Fallleitungen hoch. Irgendwann wurde mir das zu viel, da habe ich sie am Schwanz gepackt und vom Balkon aus über die Mauer geschmissen, damit sie nicht wiederkommen können."

Mit Maueröffnung konnte Sigrun nur noch zusehen, wie sich ihre Miete nach den 16 Jahren, die sie dort in der Wohnung gelebt hatte, fast verdoppelte. „Dann hatten wir immer mehr Alkoholiker im Haus", erinnert sie sich, „und einmal kam ich runter, da war von meinem Fahrrad das Hinterrad fast abgeschraubt. Das nächste Mal kam ich nach Hause, da war der Hausflur voller Blut, da haben die sich in dieser Eckkneipe Heidelberger-Elsenstraße geprügelt, das passierte öfter. Meine Tochter war zu der Zeit so zehn, elf, da dachte ich, nee, das muss ich nicht haben, die fing gerade an, sich selbstständig mit Freunden zu treffen und so. Dann kommt die nachher nach Hause und gerät in so 'ne Schlägerei." Sigrun hatte vor fünfzehn Jahren noch Glück und eine Wohnung von der Wohnungsbaugenossenschaft Treptow Nord gefunden. „Das war eine gute Entscheidung, ich hab's gut", freut sie sich. Trotzdem hat sie sich in der MieterInnenorganisation des Kiezes engagiert. „Bei den steigenden Mieten hatte ich das Gefühl, mir werden mein Umfeld, meine Freunde und meine ganze Lebensart weggenommen, viele sind weggezogen, manche nach Wilmersdorf, andere gleich nach Stuttgart, weil's denen hier zu voll und zu teuer wurde. Ich meine, wir haben in den Achtzigern zu den Besetzerzeiten auch über Gentrifizierung diskutiert, wir haben versucht, über dieses kollektive Eigentum Wohnraum zu sichern, der für alle zugänglich ist und qualitatives Wohnen ermöglicht. Aber jetzt habe ich manchmal das Gefühl, es war alles umsonst."

Eine neue Bewohnerin des Eigentumswohnkomplexes Bouchégärten betonte, dass sie keine Fronten entstehen lassen wolle, sondern auf gute Nachbarschaft hoffe. „Das sind alles ganz normale Leute, die hier einziehen, mit Familien und Kindern." Trotzdem wollte sie nichts über sich und ihre Vorstellungen im neuen Kiez für das Projekt „Der Platz" erzählen, „aus Zeitgründen". Viele NachbarInnen aus den umliegenden Straßen befürchten – nicht ohne Grund –, dass sie durch überhöhte Mieten oder gar KäuferInnen ihrer Wohnungen, die auf Eigenbedarf klagen, verdrängt werden, und sind auf „die Neuen" nicht gut zu sprechen. Aber es gibt auch junge Familien, die die erworbenen Wohnungen selbst beziehen. Nicht selten handelt es sich um ein Geschenk der Eltern, oder man rechnet sich aus, dass eine Eigentumswohnung bei den heutigen überzogenen Mieten mit gleichzeitig niedrigem Zinssatz günstiger ist, als zu mieten. Ein junges zugezogenes Paar hatte ich vor dem Einzug in die Bouchégärten besucht.

Die „Neuen"

Der Norden Neuköllns brutzelt in der heißen Mittagssonne, als ich Linda Schwarz in ihrer 2-Zimmerwohnung besuche, die sie mit ihrem Mann und zwei kleinen Kindern bewohnt. Linda war vor über zehn Jahren zum Studieren aus Niedersachsen nach Potsdam und dann nach Berlin gezogen. Dort hatte sie erst in einer WG in Friedrichshain gewohnt und war dann 2011 in den Norden Neuköllns umgesiedelt, der inzwischen schon zu den begehrten Vierteln Berlins gehörte.

„Wir sind als WG zusammen hierhergezogen, und es war schon relativ teuer", erinnert sich Linda. Die junge Frau trägt ihre schlafende dreieinhalb Monate alte Tochter in einem Hängetuch vor dem Bauch und wippt auf ihrem Gymnastikball auf und ab, damit die Kleine nicht aufwacht. Bei jeder Bewegung gibt der blaue Kunststoff unter ihr ein knarzendes Geräusch von sich. Eine schwarze Perserkatze schleicht um uns herum und setzt sich schließlich in die Mitte des Geschehens.

Linda ist Kulturarbeiterin und Fotografin und arbeitet in Brandenburg. Kulturarbeit ist ein spezieller Studiengang an der Fachhochschule in Potsdam, eine Mischung aus Kulturmanagement und Kulturwissenschaften. „Die Leute kommen nachher in den unterschiedlichsten Bereichen unter", sagt Linda. „Und ich bin tatsächlich auf dem Dorf gelandet und pendle zwischen Stadt und Provinz. Das ist ziemlich spannend. Wir arbeiten an partizipativen Kunstprojekten. Eigentlich geht es im Endeffekt darum, im ländlichen Raum den erweiterten Kunstbegriff ins Gespräch zu bringen. Das Projekt wird auch von der Brandenburgischen Regierung unterstützt."

Hat sie als „Wessi“ in „Ossiland“ bemerkt, ob es Unterschiede in der Sozialisation gibt? „Ich habe ja einen Ossi geheiratet“, erwidert sie lachend. „Mit der Familie, in die ich eingeheiratet habe, bin ich ehrlich gesagt das erste Mal mit Leuten aus der ehemaligen DDR in Berührung gekommen. Wir haben viel über diese Ost-West-Thematik gesprochen. Was für mich auch neu war, denn in meiner Familie ist das weniger ein Thema.“

Und wie ist sie zu den „Bouchégärten“ gekommen?

„Meine Eltern haben die Wohnung gekauft, aber sie haben die Entscheidung mit uns abgesprochen. Die Bouchégärten befinden sich ja quasi bei uns um die Ecke. Wir haben mitbekommen, dass da gebaut wird, und haben gesagt, wir möchten gern in dieser Gegend bleiben, wenn das irgendwie möglich ist, und würden da gern einziehen.“ Von der Geschichte des Platzes hatte Linda nichts gewusst, es war „vorher eine Ecke, die für mich überhaupt nicht relevant war“, sagt sie. „Nachdem wir hierhergezogen waren, sind wir oft ausgegangen, und das passierte natürlich alles hier im Norden Neuköllns. Den Fokus auf die Bouchéstraße habe ich eigentlich erst, seit die Kinder geboren sind. Weil das ja doch eher eine reine Wohngegend ist, dieser Zipfel von Alt-Treptow. Zum Treptower Park und dem Sowjetischen Ehrenmal sind wir öfter gegangen.“

1989 war Linda erst sechs, von Mauer und Teilung hatte sie nichts mitbekommen, an die Maueröffnung und Wiedervereinigung erinnert sie sich nur dunkel in Fernsehbildern und dass sich ihre Eltern wahnsinnig gefreut haben. „Meine Eltern hatten auch Freunde im Osten und sind dort ab und zu mit mir hingefahren, aber daran erinnere ich mich kaum.“

Wie stellt sie sich das Leben in dem neuen Haus vor, befürchtet sie Vorbehalte der „alteingesessenen“ NachbarInnen?

„Ich kann es verstehen, wenn Leute, die schon lange dort wohnen, das kritisch beäugen. Aber ich denke auch, dass Berlin eine Großstadt ist, die sich verändert, und dass solche Lücken geschlossen werden. Das passiert unweigerlich, wenn viele Menschen an dem Ort wohnen wollen. Und man kann Archigon nicht gerade vorwerfen, dass sie den Platz nicht genügend ausnutzen“, sagt sie lachend. „Ich frage mich natürlich auch, wie das den Kiez verändert. Weil das ja eine Wahnsinnsmasse an Menschen ist, die dazukommt, fast 280 Wohneinheiten. Wenn man dann etwa zwei Leute pro Wohnung rechnet, das ist ganz schön viel, vor allem zusammengenommen mit den Treptower Zwillingen am Schmollerplatz und anderen Neubauten.“

Sie wollten jedenfalls in ihrer Gegend bleiben, wiederholt Linda, und deshalb sei die Entscheidung für eine Wohnung in den Bouchégärten schnell gefallen. „Ich bereue im Nachhinein, dass wir uns nicht intensiver mit dem Thema Stadtentwicklung beschäftigt haben“, fügt sie dann nachdenklich dazu. „Ich finde, es gibt sehr viele gute Ideen, ökologisch sinnvoll zu bauen. Was diese Anzahl von Menschen angeht, die jetzt hier einzieht, das finde ich auch schwierig. Ich will hier nicht weg, Leute, die dort schon lange wohnen, wollen nicht weg, man kann niemandem einen Vorwurf machen, dass er sich dieses Fleckchen zum Leben ausgesucht hat. Wem gehört Berlin?“

© PSB, 1950er, Harzer Straße, Blick in die Onckenstra0e

© PSB, 1950er, Kielufer, Ecke Harzer Straße

© PSB, 1950er, Harzer Straße/Lohmühlenstraße

© PSB, 1950er, Wildenbruchstraße mit der Röntgenschule

Anhang

AutorInnen:

Constanze Suhr
Geb. 1952 in Berlin, seit 1982 freiberufliche Journalistin und Autorin mit dem Schwerpunkt Kultur & Gesellschaft; Übersetzerin von Romanen und Kunstkatalogtexten aus dem Englischen ins Deutsche
Anima Müller
Geb. 1995 in Berlin, freiberufliche Journalistin für TIP, Zitty, taz und Tagesspiegel
Hannah Krug
Geb. 1992, Studium der Europäischen Medienwissenschaft in Potsdam, als freie Autorin in Berlin tätig
Laura Seime
Geb. 1994, Studium der Angewandten Kulturwissenschaft und Kultursemiotik in Potsdam, lebt als freie Autorin in Berlin
Meret Helma Eikenroth
Geb. 1989 in Düsseldorf, Studium der Europäischen Ethnologie an der Humboldt-Universität zu Berlin, arbeitet als freie Journalistin u.a. für Zitty und Tip
Steffen Greiner
Geb. 1985 in Saarbrücken, freier Autor und Kulturjournalist, Redakteur der Zeitschrift zur Gegenwartskultur Die Epilog

Quellen, empfohlene Literatur und Filme

Literatur

ADAM, Raik, Dirk Mecklenburg: „Todesstreifen. Aktionen gegen die Mauer in West-Berlin 1989“, Graphic Novel, Berlin 2018
AMANN, Renate, Barbara von Neumann-Cosel: „Von Rixdorf nach Berlin. Wohnungsbau-Verein Neukölln eG seit 1902“, Berlin 2002
BÄRTHEL, Hilmar: „Die Geschichte der Gasversorgung in Berlin. Eine Chronik“, HG: Berliner Gaswerke Aktiengesellschaft, Berlin 1997
BENZ, Wolfgang: „Wie es zu Deutschlands Teilung kam. Vom Zusammenbruch zur Gründung der beiden deutschen Staaten“, München 2018
BERLINER FORUM für Geschichte und Gegenwart e.V./Grün Berlin GmbH (HG), „Geschichte des Spreeparks“, Berlin 2017
BIRTHLER, Marianne, „Halbes Land, ganzes Land, ganzes Leben. Erinnerungen“, Berlin 2014
BLASK, Falk und Thomas Scholze: „Halt! Grenzgebiet! Leben im Schatten der Mauer“, Berlin 2006
BLASK, Falk: „Geteilte Nachbarschaft. Erkundungen im ehemaligen Grenzgebiet Treptow und Neukölln“, Berlin 1999
BRACHMANN, Helga: „Mein Sohn und die ‚Magdalene‘“, aus: „Mauer-Passagen. Grenzgänge, Fluchten und Reisen 1961-1989, Berlin 2004/2019
BRASCH, Marion: „Ab jetzt ist Ruhe. Roman meiner fabelhaften Familie“, Frankfurt/Main 2013
BRATFISCH, Rainer (HG): „Freie Töne. Die Jazzszene in der DDR, Berlin 2005

BUND DEUTSCHER PIANOBAUER e.V.: „Geschichte des Klaviers“, www.bdk.de
BUNDESZENTRALE FÜR POLITISCHE BILDUNG (HG): „Rock in der DDR 1964-1989“, Bonn 2002
CONRADT, Sylvia, Kirsten Heckmann-Jantz: „Berlin halb und halb. Von Frontstädtern, Grenzgängern und Mauerspechten“, Frankfurt/Main 1990
DECKER, Marcus: „Was ich dir immer schon mal sagen wollte. Ost-West-Gespräche“, Berlin 2015
DENK, Felix, Sven von Thülen: „Der Klang der Familie. Berlin, Techno und die Wende“, Berlin 2012
DEUTSCHES NATIONALKOMITEE FÜR DENKMALSCHUTZ (HG): „Die Berliner Mauer. Vom Sperrwall zum Denkmal“, Bonn 2009, Schriftenreihe Band 76/1
DUTSCHKE, Gretchen: „Wir hatten ein barbarisches, schönes Leben. Rudi Dutschke, eine Biographie“, Köln 1996/2007
EISENHUTH, Stefanie: Freizeit beim Feind. US-amerikanische Soldaten in Ost-Berlin, in: Zeithistorische Forschungen, 2018, S.11-39)
FICHTNER, Ralf Alex: „... und scheißen auf die Volksarmee“, Annaberg-Buchholz 2012
FÖRDERVEREIN für das Heimatmuseum Treptow e.V. (HG): „Alt-Treptow in Berlin war mehr als Ausflugsziel der Berliner“, Berlin 2004
GAEVERT, Thomas: „DT64 – Das Jugendradio aus dem Osten 1964-1993“, Erfurt 2018
GALENZA, Ronald, Heinz Havemeister (HG): „Wir wollen immer artig sein .... Punk, New Wave, Hip-Hop, Independent-Szene in der DDR 1980-1990“, Berlin 2013
GEIPEL, Ines: „Generation Mauer. Ein Porträt“, Stuttgart 2014
GEIPEL, Ines: „Umkämpfte Zone. Mein Bruder, der Osten und der Hass“, Stuttgart 2019
GLÖDE, Wolf-P. »Assi«: „... und freitags in den Jazzkeller Treptow“, in: „Freie Töne. Die Jazzszene in der DDR; Rainer Bratfisch (HG), Berlin 2005
GRAFE, Roman (HG): „Anpassen oder widerstehen in der DDR“, München 2009
GRÖSCHNER, Annett: „An langen Leinen. Von Hunden und ihren Führern“, in: „Inventarisierung der Macht. Die Berliner Mauer aus anderer Sicht“, A. Gröschner, A.Messmer, Texte, Typologien, Ostfildern 2016
HAASE, Gesine: „Der Berliner Pianofortebau“, in: Staatliches Institut für Musikforschung Preußischer Kulturbesitz (HG): „Handwerk im Dienste der Musik. 300 Jahre Berliner Musikinstrumentenbau“, Berlin 1987, S.67-90
HÄNSEL, Gerhard: „Wissenswertes aus der Geschichte des Ortsteils Treptow“, Schreibmaschinenmanuskript, Berlin 1989
HAHN, Anne, Frank Willmann (HG): „Der weiße Strich – Vorgeschichte und Folgen einer Kunstaktion an der Berliner Mauer“, Berlin 2011
HÄRTEL, Christian (HG): „Das Westpaket“, Berlin 2001
HEBSTREIT, Richard: „Grenzsoldat“, Berlin 2012
HENRICH, Rolf: „Ausbruch aus der Vormundschaft. Erinnerungen“, Berlin 2019
HERZBERG, Guntolf/ Kurt Seifert: „Rudolf Bahro – Glaube an das Veränderbare. Eine Biographie“, Berlin 2002
HUMANN, Klaus (HG): „Denk ich an Deutschland. Menschen erzählen von ihren Hoffnungen und Ängsten“, Gütersloh 1991
JAHN, Roland: „Wir Angepassten. Überleben in der DDR“, München 2014
KAMINSKY, Anna: „Frauen in der DDR“, Berlin 2016
KEIL, Dirk: „Nichts blieb, wie es war. Vierundsiebzig Tage im Jahr 1961“, in: „Geteilte Nachbarschaft. Erkundungen im ehemaligen Grenzgebiet Treptow und Neukölln“, Falk Blask (HG), Berlin 1999
KIRCHE VON UNTEN (HG): „Wunder gibt es immer wieder. Fragmente zur Geschichte der Offenen Arbeit Berlin und der Kirche von Unten (KvU), Berlin 1997
KLAUSMEIER, Axel und Leo Schmidt: „Mauerreste – Mauerspuren“, Berlin/ Bonn 2007
KLEINDIENST, Jürgen & Ingrid Hantke (HG): „Mauer-Passagen. Grenzgänge, Fluchten und Reisen 1961-1989, Berlin 2004/2019
KLÜNNER, Hans-Werner: „165 Jahre Zirkusstadt Berlin“, Berlin 1986
KNAPP, Christian: „Die englische Gasanstalt“; in: „Die Rote Insel“, Berliner Geschichtswerkstatt (HG), Berlin 1987

KRAHL, Toni: „Toni Krahls Rocklegenden“, Berlin 2016
LEITNER, Olaf: „Rockszene DDR. Aspekte einer Massenkultur im Sozialismus“, Reinbek 1983
LEITNER, Olaf: „West-Berlin! Westberlin! Berlin (West)! Die Kultur – die Szene – die Politik. Erinnerungen an eine Teilstadt der 70er und 80er Jahre“, Berlin 2002
LERCH, Gisela: „Berlin braucht Künstler – Künstler brauchen Ateliers“, in: Sektor. Artist’s Services Berlin“, Kulturwerk GmbH Berlin, Berlin 1996
LIEBERKNECHT , Ulrike: „Aber das machen doch alle! Erinnerungen ans Anderssein“, in: Roman Grafe (HG): „Anpassen oder Widerstehen in der DDR“, München 2009
LOEST, Erich, „Der vierte Zensor. Der Roman ‚Es geht seinen Gang‘ und die Dunkelmänner“, Stuttgart-Leipzig 2003
MAAZ, Hans-Joachim, Michael Lukas Moeller: „Die Einheit beginnt zu zweit. Ein deutsch-deutsches Zwiegespräch“, Berlin 1991
MAURER, Jochen: „Dienst an der Mauer. Der Alltag der Grenztruppen rund um Berlin“, Berlin 2001
MAURER, Jochen: „Halt – Staatsgrenze! Alltag, Dienst und Innenansichten der Grenztruppen der DDR“, HG Zentrum für Militärgeschichte und Sozialwissenschaften der Bundeswehr, Berlin 2015
MOELLER, Michael Lukas, Hans-Joachim Maaz: „Die Einheit beginnt zu zweit. Ein deutsch-deutsches Zwiegespräch“, Berlin 1991
MÜLLER, Wolfgang: „Subkultur Westberlin 1979-1989“, Hamburg 2013
NOLL, Chaim: „Der Schmuggel über die Zeitgrenze“, Berlin 2015
OSANG, Alexander, „Tamara Danz. Legenden“, Berlin 2008
PRAGAL, Peter: „Der geduldete Klassenfeind. Als West-Korrespondent in der DDR“, Hamburg 2008
RAUHUT, Michael: „Rock in der DDR: 1964 bis 1989“, Bonn 2002 (siehe Bundeszentrale für politische Bildung als HG)
RENFT, Klaus: „Zwischen Liebe und Zorn“, Autobiografie (HG Hans-Dieter Schütt), Berlin 1997
RESTLE, Konstantin (HG): „Faszination Klavier. 300 Jahre Pianofortebau in Deutschland“, München 2000
RICHTER, Regina, Frauke Rother, Anke Scharnhorst: „Hier können Familien Kaffee kochen! Treptow im Wandel der Geschichte“, Berlin 1996
SÄLTER, Gerhard: „Grenzpolizisten. Konformität, Verweigerung und Repression in der Grenzpolizei und den Grenztruppen der DDR 1952 bis 1965“, Berlin 2009
SÄLTER, Gerhard, Tina Schaller, Anna Kaminsky (HG): „Weltende – Die Ostseite der Berliner Mauer“, im Auftrag der Stiftung Berliner Mauer und der Bundesstiftung zur Aufarbeitung der SED-Diktatur, Berlin 2011
SÄLTER, Gerhard/ Tina Schaller, „Grenz- und Geisterbahnhöfe im geteilten Berlin“, Berlin 2013
SCHAAD, Martin: „Dann geh doch rüber! Über die Mauer in den Osten“, Berlin 2009
SCHMIDT, Dorothea: „Nicht nur Bechstein – Klavierbau in Berlin bis 1914“, Vortrag im Berlin-Saal der ZLB, 3.12.2008, www.die geschichteberlins.de
SCHMIEDING, Leonard: „Das ist unsere Party. Hip Hop in der DDR“, Stuttgart 2014
SCHNEIDER, Peter: „Der Mauerspringer“, 1982, Hamburg 2006
SCHWARZBACH, Olaf: „Forelle Grau“, Berlin 2015
SPECHT, Erich: „Treptow wie es war und wurde“, Berlin 1935
STAATLICHES INSTITUT FÜR MUSIKFORSCHUNG PREUSSISCHER KULTURBESITZ (Hg.): „Handwerk im Dienste der Musik. 300 Jahre Berliner Musikinstrumentenbau“, Berlin 1987
STEIN, Longest F.: „Sehtest. Material zur Geschichte einer Galerie“, Berlin 1996
STEMPEL, Jörg (Redaktion): „Geschichten aus 60 Jahren Amiga“, Band 1+2, Superillu Berlin 2007
STIFTUNG HAUS DER GESCHICHTE DER BUNDESREPUBLIK DEUTSCHLAND, Bundeszentrale für politische Bildung: „Rock! Jugend und Musik in Deutschland“ (Begleitbuch zur gleichnamigen Ausstellung), Dormagen 2005
STIFTUNG STADTMUSEUM BERLIN (HG), „Zirkus in Berlin“, Begleitbuch zur gleichnamigen Ausstellung, Berlin 2005
STÜRMER, Betty: „Szenegirl“, Berlin 2018
SÜSS, Peter: „Ist Hitler nicht ein famoser Kerl? Graetz. Eine Familie und ihr Unternehmen“,

Paderborn 2003
SUHR, Constanze: „Berliner Künstlerhäuser. 20 Jahre Atelierhaus Mengerzeile 1993-2013“, Berlin 2013
TÜRKE, Georg: „Treptows vergangene Pracht“, Berlin 2008
UHLIG, Judith: „Treptow. Geschichte der Berliner Verwaltungsbezirke“, Band 22, Berlin 1995
VOIGT, Jutta: „Westbesuch“, Bonn 2009
WEIL, Francesca: „Die Runden Tische in der DDR 1989/1990“, Erfurt 2014
WENDT, Gunna: „Die Bechsteins. Eine Familiengeschichte“, Berlin 2016
WENZKE, Rüdiger: „Geschichte der Nationalen Volksarmee 1956-1990“, Erfurt (Landeszentrale für politische Bildung Thüringen) 2013
WILLMANN, Frank (HG): „Mauerkrieger. Aktionen gegen die Mauer in West-Berlin 1989, Berlin 2014
WIMMER, Clemens Alexander: „Die Berliner Gärtnerfamilie Bouché 1740-1933“, in: Erika Schmidt, „Garten-Kunst-Geschichte“, Berlin 1994
WOLLE, Stefan: „Der Traum von der Revolte. Die DDR 1968“, Berlin 2008
WOLLE, Stefan: „Aufbruch nach Utopia. Alltag und Herrschaft in der DDR 1961-1971“, Berlin 2011
WOLLE, Stefan: „Die heile Welt der Diktatur: Herrschaft und Alltag in der DDR 1971 – 1989“, Berlin 2013

Zeitschriften/ Magazine/ Tageszeitungen/ Informationsbroschüren

ÁLVAREZ, Sonja: „Der Sand wird knapp“, Tagesspiegel, 24.2.2018
ATELIERBÜRO (HG): „Atelierbüro des Kulturwerks des BBK Berlins. Atelierförderung 1993-2003“, Berlin 2003
BASTIAN, Katrin, Ev Labsch, Sylvia Müller: „Zur Situation von Frauen als Arbeitskraft in der DDR“, in „Kontext. Beiträge aus Kirche & Gesellschaft, HG ev. Bekenntnisgemeinde Berlin-Treptow, Heft 7, September 1989
BREMSER, Thomas: „Auf ‚ne Coke mit … Mark Reeder“, coca-cola-deutschland.de, 4.11.2015
BUHS, Ilse, Lutfi Özkök: „Die Worte des Kanzlers“, Zeit, 30.7.1965
BW: „Gisela und Dietmar Winkler bauten ein einmaliges Archiv zum Thema Zirkus auf“, Berliner Woche, 20.11.2016
ÇIL, Nevim: „Türkische Migranten und der Mauerfall“, in: Apuz 21-22/2009 „1989“, Bundeszentrale für politische Bildung
DALLMANN, Andy: „Und sie dreht sich immer noch“, Sächsische Zeitung, 12.03.2017
DUWE, Paul F.: „Bouchégärten: Käufer warten über ein Jahr auf ihre Wohnungen“, Tagesspiegel, 9.11.2018
ERDMANN, Lisa: „Wir waren doch keine schießwütigen Killer“, Spiegel, 23.8.2007
FOLKER!, Labelporträt, 2/2003
FRIEBE, Holm: „Treptower Lava-Spiel“, Berliner Zeitung, 3.7.1999
FRITZSCHE, Jenss: „Jetzt sogar echter Weihnachtszirkus“, Sächsische Zeitung, 8.12.2017
GOLDAMMER, Bernd: „Circus Magic verzaubert Radeberg“, Sächsische Zeitung, 27.11.2017
GUNKEL, Christoph, „Anschläge auf die Mauer. „Die DDR-Grenzer sind einfach getürmt““, Spiegel, 5.11.2014
HAUSER, Vivien, Markus Thiel, „Englishman in Berlin“, keyboards.de, 18.12.2017
HEINKE, Lothar: „Die Idee – 37 Stockwerke am Landwehrkanal“, Tagesspiegel, 10.4.2018
HOFFMANN, Eric: „Aus Zirkus ausgebrochen! Kamele machen Weinböhla unsicher“, www.tag24.de, 12.6.2017
Ihr Journal, Nr. 2, Juni 2007
HUNZIKER, Christian: „Bouchégärten statt Mauerstreifen“, Tagesspiegel, 7.9.2015
KAZIM, Hasnain: „Klang des Reichtums“, Spiegel Online, 15.12.2006, abgerufen 10/2018
KELLER, Claudia: „Geburtstagsfest auf dem Todesstreifen“, Tagesspiegel, 16.2.2005
KLOTH, Hans Michael: „Anatolische Fliegenfänger“, Spiegel, 4.2.2004
MACHOWECZ, Martin: „Das Hundeelend. Wie der deutsch-deutsche Schäferhund einen akademischen Eklat an der Dresdner TU auslöste“, Zeit, 14.4.2016

MENGE, Marlies: „Dicke Luft“, Zeit, 11.1.1982/ 21.11.2012
NATZ, Stephan: „Ein Bau ohne Grundstück“, Berliner Zeitung, 16.1.1995
RADA, Uwe: „Warten auf die Gentrifizierung“, taz 2.9.2010
RAPP, Tobias: „Showdown an der Spree“, Spiegel, 24/2012
REINSCH, Ingolf: „Zirkus braucht nach Brand Hilfe“, Sächsische Zeitung, 7.9.2017
SÄLTER, Gerhard: „Zu den Zwangsräumungen in Berlin nach dem Mauerbau 1961, bpb, 16.11.2011
SCHERER, Marie-Luise: „Die Hundegrenze“, Spiegel 6/1994
SCHÖNBALL, Ralf: „Berliner haben zu wenig Geld zum Kauf einer Wohnung“, Tagesspiegel, 13.5.2016
SCHÖNEWEIDE.COM 1/2013
SCHWIONTEK, Elisabeth: „Wenn der Investor wieder klingelt“, Zitty 21.2. 2007
SPIEGEL, 7/1993: „Im Würgeisen“ (Verfasser nicht genannt)
SUHR, Constanze: „Jetzt hau'n die Künstler in die Tasten“, Morgenpost, 29.11.1997
SUHR, Constanze: „Die unfreiwillig komische Wichtigkeit“, Tagesspiegel, 9.7.1999
SUHR, Constanze: „Selbsthilfe Kunsthalle“, TIP1/2001
STOLLOWSKY, Christoph: „Tierische Ausreißer. Kamel und Würgeschlange allein unterwegs“, Tagesspiegel, 14.12.2014
TIPPACH-SCHNEIDER, Simone: „Neue Räume für die Kunst“, Junge Kunst, 11/1993
VENKER, Thomas: „Erinnerungen eines Grenzgängers“, Interview mit Mark Reeder, kaput-mag.com, 26.5.2015
WALTER, Birgit: „Michael Rauhut über Rock in der DDR. Eine Geschichte der Kapitulation: Das Ende der Klosterbrüder“, Berliner Zeitung, 2.1.2003
WALTER, Birgit: „Amiga und die volkseigenen Platten“, Berliner Zeitung, 3.2.2017
WILLMS, Mike: „Zirkus ‚Flic Flac‘ wirbt mit Hitler für neue Show“, Berliner Zeitung, 27.2.2018
YÜCEL, Deniz: „Diese verfluchte Einheit. Türkdeutsche und Ostdeutsche“, taz, 1.10.2010

Onlinequellen

a.r.: „Christiane S. und die neuen Formen des Human-Animal-Studies-Bashings“, www. chimaira-ak.org, 23.2.2016
DUVE, Klaus-Werner: „Das traurige Schicksal der Grenzhunde“, Zeit für Tiere Nr. 86, www. zeit-fuer-tiere.info/Downloads/201004_1213.pdf
GÜRTLER, Bernd, „Beschallung der DDR mit subtiler Gesellschaftskritik, Deutschlandfunk, Corso, 1.06.2013
http://alt-treptow.sozialbündnis.de
http://kanzlei-partsch.de: „Aktuelle Entwicklung der Rechtsprechung zum Mauergrundstücksgesetz“, 2008
KÖNIG, Ewald: „Bräute beiderseits der Mauer“, EurActiv 25.10.2009
KÖNIG, Ewald: „Mauergrundstücke und Moral – Die Mauer, die Menschen und die Mitte Europas“ (32), EurActiv 6.11.2009
LEUSCHNER, Udo: „Die deutsche Gasversorgung von den Anfängen bis 1998“, online 2008
PETERS, Florian: „Von totalitären Schäferhunden und libertären Mauerkaninchen“, zeitgeschichte-online.de, 1.2.2016, aufgerufen 16.7.2019
RICHTER, Christoph: „70 Jahre Plattenlabel Amiga, Geschichte von Einflussnahme, Anpassung und Zensur“, Deutschlandradio Kultur, 16.10.2017; http://www.deutschlandfunkkultur.de/70-jahre-plattenlabel-amiga-geschichte-von-einflussnahme.2156.de.html?dram:article_id=398355
SCHMIDT, Jürgen: „Berlin frißt alles weg. Lebensmittelversorgung in den Nachkriegsjahren“, WZB Mitteilungen, Nr. 121/September 2008/ www. schattenblick.de
SCHWANKE, Dietrich: „Errichtung der Berliner Mauer am 13. August 1961“, in: LeMO-Zeitzeugen, Lebendiges Museum Online, Stiftung Haus der Geschichte der Bundesrepublik Deutschland, zuletzt besucht am 27.7.2018, http://www.hdg.de/lemo/zeitzeugen/dietrich-schwanke-errichtung-der-berliner-mauer.html

www. amiga-schallplatten.de
www. archigon.de
www. bbk-berlin.de
www. bbk-kulturwerk.de
www. berlin.de/ba-treptow-koepenick
www. bmgev.de/mieterecho
www. bpb.de
www. bstu.de
www. bundesstiftung-aufarbeitung.de
www. chronik-der-mauer.de
www. circusarchiv.de
www. circus-magic.de
www. deutsche-mugge.de
www. deutschlandfunkkultur.de.

© CSuhr, 2019, Grabowstraße

www. dieter-gocht.de
www. dok-leipzig.de/projekte/dok-macht-schule/schulkino/schulscreening/striche_ziehen
www. euractiv.de
www. europiano.org/de
www.hdg.de/lemo/kapitel/deutsche-einheit/friedliche-revolution/montagsdemonstrationen.html, zuletzt abgerufen: 30.7.2019)
www. jugendopposition.de
www. pian-e-forte.de/piano/history.htm
www. planet-wissen.de/Kultur/Brauchtum/Zirkus-in-deutschland/index.html
www. quoka.de/tiermarkt/ddr-schaeferhund, abgerufen 16.7.2019
www. rhebs.de
www. stadtentwicklung.berlin.de
www. studio89.de
www. wikipedia.de

Spielfilme, Dokumentationen, Hörfunk

BECHSTEIN, C. : „Vom Werden eines Flügels“, Imagefilm von 1926, Kurzfassung mit neuem Kommentar auf YouTube
BÖTTCHER, Jürgen, „Die Mauer. Die Demontage eines Alptraumes“, DDR 1990
BURCHARDT, Reinhard im Gespräch mit Sabine Bergmann-Pohl, „Zeitzeugen im Gespräch“, Deutschlandfunk 24.7.2019
BUSSE, Christian, Olaf Leitner, „Saitenwechsel“, Berlin 1977, NDR
FIEBELER, Carsten, Michael Boehlke (Regie): „Ostpunk – Too much Future“, Deutschland 2007 (www.bpb.de/shop/lernen/filmhefte/34009/ostpunk-too-much-future)
KROSKE, Gerd: „Striche ziehen“, 2015
LEPOIVRE, Hélène & Pierre Rossignol, „Atelierhaus Mengerzeile“, Berlin 2008
RASCHIK, Nico: „Here we Come“, Deutschland 2006
SCHLOTTERER, Franziska: „Ein Volk unter Verdacht. Die Staatssicherheit der DDR“, Bundesbeauftragte für die Unterlagen des Staatssicherheitsdienstes der DDR, Deutschland 2010
SCHÖNEMANN, Sibylle: „Verriegelte Zeit“, MDR 1999
SCHUMANN, Dieter (Regie): „flüstern & Schreien“, DDR 1988
SITTNER, Heike: „AMIGA – der Sound der DDR“, MDR 2017

Danksagung

Ganz herzlichen Dank an alle ZeitzeugInnen sowie Institutionen, die mit Fotos und Rat geholfen haben (alphabetisch aufgeführt, also ohne Wertung!):

Raik Adam und Dirk Mecklenbeck / Atelierhaus Mengerzeile / Falk Blask / Corona Bodenstab / Bundeskriminalamt / Archigon GmbH und Karsten Thielker / Jeremiah Day / Jörn Fries / Dieter Gocht / Joachim Hildebrandt / Roger Hofmann / Bernhard Huhn / Matthias Idunger / Uwe Kämpfe / Jostein Kirkerud / Michael Krumm / KungerKiezInitiative e.V., Kata, Diana, Michael, Marianne, Dagmar, Tibor, Uli und alle anderen Vereinsmitglieder / Andrea Kreher von der VHS Treptow-Köpenick / Klaus Janetzki vom Landearchiv Berlin / Jack Lipke und alle KollegInnen von der Firma Köster / Eddi Lösch von blauPage / Karin Lorenz / Monika Mann / Matthias Mrowka, Andreas Haltermann und Jana Schulz von der Druckwerkstatt im Kulturwerk des bbk berlin im Bethanien / Agathe Conradi und Brigitte Hadyk vom Museum Treptow-Köpenick / Luiz Felipe Nobresc von PianoWorld / Jens Dobler, Leiter der Polizeihistorischen Sammlung Berlin / Helga Rausch / Gabriele Regiert, Marianne Wirries und Dorota Lukianska / Carla Riedel und Rosemarie Saatzen / Carlos Sandoval / Ulf Saupe / Senatsverwaltung für Stadtentwicklung und Wohnen, Geoinformation-Geodateninfrastruktur / Jörg Stempel / Alex Tennigkeit / Ulrike / Dieter Waschke / Manfred Wichmann und KollegInnen der Stiftung Berliner Mauer / Gisela und Dietmar Winkler, Zirkusarchiv / Jörg Schaller und Herr Domes vom Wohnungsbauverein Neukölln / Frau Müller und KollegInnen von der Wohnungsgenossenschaft Treptower Park / Werner Wolfsfellner, Inhaber des gleichnamigen Münchner Medizinverlags / Brigitte Zessin / Anke Zeuner.

Um ihre Privatsphäre zu schützen, haben wir für einige der ZeitzeugInnen Pseudonyme benutzt, die Personen hinter den Namen Arslan Sabah, Charlotte, Falk Weiss, Hanno Haubach, Linda Schwarz, Nico Wendt und Sara Schmidt sind den AutorInnen bekannt.

Constanze Suhr

... und tschüss!